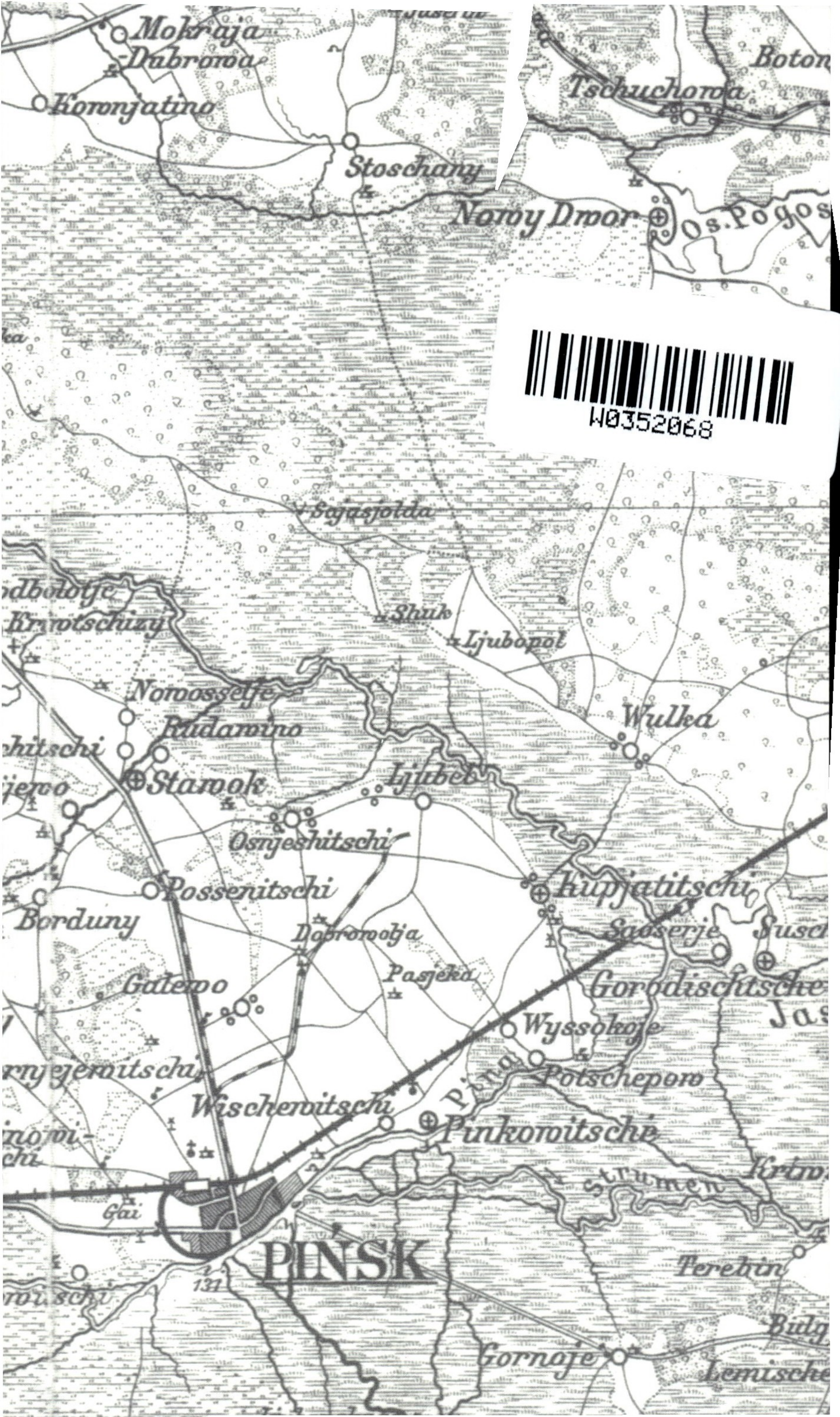

Mokraja
Dabrowa
Koronjatino
Stoschany
Tschuchowa
Nowy Dwor
Os. Pogos
Sajasjolda
Shuk
Ljubopol
Nowosseltje
Rudawino
Wulka
Starok
Ljubel
Osnjeshitschi
Kupjatitschi
Possenitschi
Borduny
Dobrowolja
Saoserje
Gorodischtsche
Pasjeka
Galewo
Wyssokoje
Potschepowo
Wischewitschi
Pinkowitsche
Pina
Gai
PINSK
131
strumen
Terebin
Gornoje

Aus dem Feuer gerissen

Aus dem Feuer gerissen

Die Geschichte des Pjotr Ruwinowitsch Rabzewitsch aus Pińsk

Herausgegeben und bearbeitet
von Werner Müller

Dittrich Verlag

CIP-Einheitsaufnahme: Müller, Werner
Aus dem Feuer gerissen / Werner Müller
Köln: Dittrich, 2001

ISBN 3-920862-30-9

Lektorat: Alexander Kunz
Umschlaggestaltung: Guido Klütsch

www.dittrich-verlag.de

Nicht mitzuhassen
mitzulieben bin ich da
Antigone

Für Elisabeth Erb
in Dankbarkeit

Vorwort

Gideon Greif
Yad Vashem, Israel

Kein Dokument ist fähiger eine alte Zeit zum Leben zu erwecken, Gefühle wieder aufleben zu lassen, Zustände und innere Konflikte darzustellen, wie die persönliche Aussage. Zu solchen Aussagen, die von erster Quelle gegeben werden, gibt es keinen Ersatz. Diese allgemeine Behauptung ist immer richtig, besonders, wenn es sich um die Zeit der Schoa handelt. Auch wenn wir durch die vorübergegangene Zeit manche Fakten nur noch unscharf erkennen können, so kann sie die Vergangenheit nicht ausradieren, insbesondere nicht, wenn es um die Epoche der Schoa geht. Dank der persönlichen Geschichten sind wir im Stande, wenn auch nie vollständig, das, was den Juden während dieser schrecklichen Zeit geschehen ist, zu verstehen, warum sie auf welche Art und Weise reagierten und was genau hinter ihren Entscheidungen und Schritten stand.

Nach vielen Jahren der Vernachlässigung spielt das Gebiet der »Interviews mit Holocaust-Überlebenden« eine wichtige Rolle in der Forschung. Tausende von Holocaust-Überlebenden wurden im Auftrag von verschiedenen Institutionen wie Yad Vashem in Israel, Holocaust Memorial in Washington, die Schoa-Foundation von Steven Spielberg und anderen befragt.

Und trotzdem gibt es noch viele Überlebende, die von den oben genannten Institutionen leider nicht entdeckt wurden, sei es, weil sie geographisch weit entfernt leben oder einfach weil sie unbekannt sind und sich nicht in die Öffentlichkeit bringen wollen. Jeder dieser Überlebenden, dessen Geschichte nicht veröffentlicht wurde, trägt einen historischen Schatz mit sich, den aufzuspüren und zu bergen unsere Verpflichtung ist. Wir müssen die Menschen zum Sprechen bringen, bevor es zu spät ist, denn die Epoche der Holocaust-Überlebenden geht unweigerlich zu Ende. Viele wichtige Informationen kommen aus den Mündern dieser Menschen – dieses Material wird der Rohstoff für die zukünftige Holocaust-Forschung sein, um neue Erkenntnisse zu gewinnen und um diese den nächsten Generationen zu lehren. Die persönliche Aussage aus der Zeit des Holocaust ist für unseren Versuch, die Schoa zu verstehen, lebensnotwendig – ein Versuch, der uns als zivilisierten und gebildeten Menschen wichtig ist. Die Überlebenden liefern uns neue Gesichtspunkte, Feinheiten und Farben, die uns sonst kein Dokument und keine andere offizielle schriftliche Quelle bieten kann. So bestehen große Zweifel daran, ob wir von der Existenz mancher Orte oder Geschehnisse aus der Zeit der Schoa wüssten, wenn wir nicht bestimmte persönliche Aussagen darüber zur Verfügung gehabt hätten. Es ist deshalb eindeutig und verständlich, dass in diesen Jahren alle Anstrengungen unternommen werden müssen, um Holocaust-Überlebende zu interviewen, jene letzten, die überlebt haben und auch bereit sind, zu erzählen. Die nächste Generation wird uns nicht verzeihen, wenn wir in der Durchführung dieser Aufgabe nachlässig sind.

Ich bin der Ansicht, dass man besonders Deutsche hervorheben soll, die ihre ganze Energie aufwenden, um Überlebende der Schoa zu interviewen. Dies ist in meinen Augen ein Symbol der Hoffnung für die beiden Völker, für das jüdische und das deutsche.

Wie in so vielen anderen Fällen, war auch hier die Initiative eines Menschen von Nöten, der ein lebendiges und empfindsames Interesse am Thema »Dokumentation von Holocaust-Überlebenden« mitbringt. Ein solcher Mensch wurde in der Person des Kölners Werner Müller gefunden, der uns in diesem Band ein wichtiges Fundament einer Geschichte präsentiert, die durch so viel Trauer, Leiden und Qualen des jüdischen Volkes gekennzeichnet ist. Werner Müller, Intellektueller, Autor und Kenner der Geschichte der Schoa hat durch Neugierde sowie menschliches und historisches Interesse den Überlebenden Pjotr Ruwinowitsch Rabzewitsch kennengelernt und freundschaftliche Kontakte geknüpft. Es ist ihm gelungen, von seinem Gesprächspartner die detaillierteste und umfassendste Geschichte dieses interessanten Mannes während der Zeit der Schoa zu erhalten. Der Autor ist ein geduldiger und sehr einfühlsamer Zuhörer und so gelang es ihm, seinen Gesprächspartner auf die richtigen Wege zu leiten – nicht wenige Interviews nehmen gerade wegen des mangelnden Könnens des Interviewers Schaden, dies ist hier nicht der Fall!

Auf dem Hintergrund der Erinnerungen von Pjotr Ruwinowitsch Rabzewitsch nähern wir uns der Geschichte der jüdischen Gemeinde der weißrussischen Stadt Pińsk. Dies war eine, was man in der jüdischen Geschichte als Ir Wa'em Be Israel (Stadt und Mutter in Israel) bezeichnet, wichtige, lebendige und reiche Gemeinde – nicht wirtschaftlich, sondern reich an Kultur und Tradition. Von den über 30 000 Juden in Pińsk, die jahrelang ein herrliches und vielseitiges Leben führten, sind nur wenige am Leben geblieben. Die jüdische Bevölkerung musste während der Nazi-Zeit grausame Folterungen ertragen. Die Aussagen über die erlittenen Misshandlungen und Qualen sind schockierend. Es scheint, dass keine Folter ausgelassen wurde. Hier ein Beispiel, das im Gedenkbuch für die Gemeinde Pińsk erscheint: Der Rabbiner Galitzki wurde von den Deutschen aus seinem Haus getrieben. Dann wurden seine Schläfenlocken abgeschnitten, anschließend warf man ihn weit über die Eisenbahnschienen und schrie: »Bringt uns Wasser! Wir haben einen stinkenden Juden angefasst«.

Die Beschreibungen all dieser unterschiedlichen Aktionen, bei denen Tausende von Juden brutal erschossen wurden, sind herzzerreißend. Kein Mitleid und kein Erbarmen wurde den Juden aus Pińsk zu teil. Mütter, Kinder, Großeltern, Brüder und Schwestern wurden geschlagen, erniedrigt, ausgeraubt und erschossen. Unzählige starben einen qualvollen Tod. Dieses Buch schenkt uns mehr als nur die reine Aussage, denn sie wird begleitet und umrahmt von klugen und relevanten Anmerkungen, einem guten Glossar und passenden Fotos. Das Buch ist ein wertvoller Beitrag zur Holocaust-Literatur und ein Denkmal für die jüdische Gemeinde von Pińsk, von der nur wenige überlebt haben, die uns über das schreckliche und furchtbare Leid, das die Deutschen unter den Juden angerichtet haben, berichten könnten.

Auch wenn es für Außenstehende manchmal nicht den Eindruck erweckt, so gibt es auch in der Forschung zur Schoa noch immer Gebiete, über die wir bis heute sehr wenig oder fast gar nichts wissen. Viele Ghettos in Osteuropa, in denen die Mehrheit der Juden ermordet wurde, besitzen keine würdigende Dokumentation, und auch aus diesem Grund muss der Arbeit des Autors die höchste Wertschätzung entgegengebracht werden.

Mit dem Wissen um Menschen wie Werner Müller und seiner Frau Margret bin ich überzeugt davon, dass Dank solcher Leute ein neues Deutschland existieren wird, denn was Werner Müller vollbracht hat, ist eine Mitzwa (gute Tat), und wie wir im Judentum wissen, vergrößert das Vollbringen einer Mitzwa die Chance ins Paradies zu gelangen. Im vorliegenden Fall beinhaltet die Mitzwa die Rettung einer historischen Geschichte, die sonst verloren gegangen wäre. Denn was ist denn die Geschichte der Schoa? Sie ist doch schließlich ein Mosaik von individuellen und sehr persönlichen Geschichten. Viele dieser Geschichten klingen sehr ähnlich, aber wenn man sie näher betrachtet, erkennt man die Unterschiede: Jedes Individuum war gefordert, mit dem Leiden, mit dem Untergang, mit dem Sterben und mit der Vernichtung auf seine Art und Weise fertig zu werden. Deshalb ist die persönliche Aussage aus der Schoa-Zeit so wichtig und von daher ist es so bedeutsam, sie zu retten, bevor es zu spät ist und sie mit ihrem Träger zu Grunde geht.

Dieses Buch wird das Vergessen einer jüdischen Gemeinde, die nun nicht mehr existiert, verhindern und das ist sehr wichtig, denn wir dürfen nicht vergessen. Das vorliegende Buch von Werner Müller wird den letzten Willen der Pinsker Juden erfüllen: dass man sie nicht vergessen soll und dass ihr Tod nicht umsonst war.

Einführung von Werner Müller

Pjotr Ruwinowitsch aus Kiew war geradezu besessen von dem Wunsch, seinen Retter zu finden. Kurz nach seiner Ankunft in Warschau, wo wir uns im Juni 1996 das erste Mal begegneten, sagte er zu meiner Frau, wir müssten ihm helfen, seinen Retter zu suchen. Es vergingen noch zwei Tage, bis wir endlich Zeit hatten, uns seine Geschichte anzuhören.

Da meine Frau und ich nicht russisch sprechen und unsere Dolmetscherin uns nicht zur Verfügung stand, war es nicht leicht, sich mit ihm zu verständigen. Seine Sprache war eine Mischung aus Deutsch und Jiddisch, in die ich mich erst einhören musste.

Pjotr Ruwinowitsch zeigte uns Ablichtungen seiner Dokumente, die er in einer Plastiktüte bei sich trug, und erzählte: Während des Krieges habe er im Ghetto Pińsk gelebt. Er sei der einzige Überlebende des Ghettos. Ein deutscher Soldat[1] habe ihn gerettet, als 28 000 Juden in Pińsk ermordet wurden. Er suche seinen Retter, um ihm zu danken oder seiner Familie zu sagen, was für ein wunderbarer Mensch er war, und wir sollten ihm dabei helfen.

Die Ermordung der geliebten Familie und Freunde und das Leid der Menschen im Ghetto hat er nicht vergessen. Es erfüllt ihn noch heute mit unendlichem

Schmerz. Jedes Jahr, wenn er im Oktober nach Pińsk fährt, um der Ermordeten zu gedenken, ist er anschließend eine Woche lang krank. Trotzdem räumt er heute dem Guten, das er in jener Zeit erlebt hat, einen größeren Platz in seiner Erinnerung ein. Er lebt aus diesem Gedächtnis des Guten und schöpft daraus seine Kraft.[2]

Er hat vom jüdischen Leben im Schtetl erzählt, wie er es in seiner Kindheit und Jugend erlebt hat und wie es in seiner Erinnerung noch lebendig ist. Die jüdischen Schtetl, ihre Menschen und ihre Kultur sind im Zweiten Weltkrieg vernichtet und ausgelöscht worden. Seine Erinnerung rettet Spuren dieses jüdischen Lebens, wenn auch nur in Bruchstücken, aus der Vergangenheit herüber in die Gegenwart.

Die ermordeten Juden haben keine Gräber. Viele Namen sind vergessen. Deshalb sollen die Namen seiner Familienangehörigen und die von Pjotr Ruwinowitsch noch erinnerten Namen der ermordeten Juden zur Erinnerung und zum Gedenken dem Vergessen entrissen werden.

Mit der Suche nach dem Retter hatten wir schneller Erfolg, als wir zu hoffen gewagt hatten. Bereits im November 1996 bekamen wir von der »Deutschen Dienststelle für die Benachrichtigung der nächsten Angehörigen von Gefallenen der ehemaligen deutschen Wehrmacht« Nachricht, die Familie des Retters sei gefunden. Der Retter war 1979 gestorben. Die Witwe des Retters lebt in der Nähe von Köln. Als wir Pjotr Ruwinowitsch am Telefon diese Nachricht übermittelten, sagte er spontan und überglücklich: »Gott, es gibt ihn noch. Ich bin neu geboren.«

Wie er uns später erzählte, hatte er seit unserer Begegnung in Warschau bis zu diesem Tag in der festen

Überzeugung gelebt, dass wir bei der Suche nach seinem Retter Erfolg haben würden.

Ich habe mehrere Tonbänder und Videoaufzeichnungen mit Interviews und Pjotr Ruwinowitschs Bericht, die alle während seines Aufenthalts in Köln 1997 und im September 1999 entstanden sind. Ganz bewusst habe ich mich entschieden, seine Geschichte nicht literarisch zu bearbeiten.

Pjotr Ruwinowitsch erzählt zum ersten Mal in Köln seine Geschichte vor einem größeren Kreis. Von links nach rechts: Margret Müller, Ewgenia Abramowna, Pjotr Ruwinowitsch und Werner Müller.

Nur Pjotr Ruwinowitsch soll zu Wort kommen. Die aufgezeichneten Interviews und alles, was er erzählt hat, habe ich chronologisch geordnet und in eine fortlaufende Erzählung umgewandelt. Dabei habe ich Wiederholungen weggelassen, sprachliche Unklarheiten behutsam korrigiert und fremdsprachliche Teile ins Deutsche übersetzt. Pjotr Ruwinowitschs Art zu erzählen sollte so authentisch wie möglich erhalten bleiben!

Es gibt unterschiedliche Schreibweisen für die Ortsnamen. Als Pjotr Ruwinowitsch geboren wurde, waren es polnische Orte, die durch den Hitler-Stalin-Pakt und die Folgen des Zweiten Weltkriegs zur ehemaligen Sowjetunion kamen. Ich habe die von Pjotr Ruwinowitsch gebrauchte polnische Schreibweise beibehalten. Abweichende mir bekannte Schreibweisen habe ich jeweils bei der ersten Nennung des Ortsnamens in Klammern hinzugefügt.

Wenn Pjotr Ruwinowitsch über das Judentum oder jüdisches Leben berichtet, gebraucht er viele jiddische Ausdrücke. Diese Ausdrücke habe ich übernommen und nicht die hebräischen Ausdrücke verwandt. Im Glossar sind sie erläutert. Die jiddischen Ausdrücke sind kursiv wiedergegeben. Es gibt jedoch nicht *das* Jiddische, sondern es wird in den einzelnen Regionen unterschiedlich gesprochen, oft sogar innerhalb einer Region von Dorf zu Dorf, ja sogar von Familie zu Familie. Die hier gebrauchte transkribierte Schreibweise lehnt sich möglichst eng an Pjotr Ruwinowitschs Aussprache an.

Pjotr Ruwinowitsch erzählt seine Erlebnisse aus der Erinnerung eines Neunzehnjährigen, der nach seinen eigenen Worten das Geschehen jeden Abend wie einen schrecklichen Film vor seinen Augen ablaufen sieht. Dieses Phänomen ist weithin bekannt. Walther Petri spricht in seinem Essay »Das Tagebuch des Dawid Rubinowicz« vom Wunder, dass überhaupt einige Menschen überlebten, ohne jedoch die Orte des Schreckens in ihrem Bewusstsein jemals ganz verlassen zu können.

Ich bin kein Historiker, beschäftige mich aber intensiv mit den Verbrechen der Deutschen während der Zeit des Nationalsozialismus und ganz besonders mit den Opfern. Durch gezielte Suche bin ich auf Dokumente und Berichte über die Ereignisse in Pińsk gestoßen, die Pjotr Ruwinowitschs Schilderungen bestätigen und ergänzen. Diese Berichte und Dokumente sind im zweiten Teil des Buches im Anhang versammelt. Ich wollte den Fluss der Erzählung nicht zu sehr unterbrechen. Andererseits aber sollte die subjektive Schilderung dieses Zeitzeugen, der Überlebender des Völkermordes an den Juden ist, eingebettet werden in Dokumente und Beschreibungen anderer Zeitzeugen, die auch verfolgt wurden oder auf der Täterseite standen und den Tathergang aus einem anderen Blickwinkel schildern.

Pjotr Ruwinowitschs Hauptanliegen ist es, die Tat seines Retters herauszustellen. Die Menschen sollen wissen: ein junger deutscher Soldat hat sein Leben für die Rettung eines Juden riskiert. Dieser Soldat überwand die Angst um sein eigenes Leben, getrieben von dem Wunsch, ein Menschenleben zu retten. »Mich aus dem Feuer zu reißen«, wie Pjotr Ruwinowitsch es formulierte.

Meine Familie

Mein Name ist Pjotr Ruwinowitsch Rabzewitsch. Ich wohne in Kiew. Am 25. Mai 1923 wurde ich in der Stadt Drohiczyn (Drogitschin) geboren. Bis zum September 1939 gehörte diese Stadt zu Polen.[3] Mein jüdischer Geburtsname ist Eruchim-Fischl Ruwinowitsch Rabinow. Der jüdische Name Eruchim bedeutet »Gott hat Erbarmen« oder »Gott erbarmt sich«. Seit dem 22. November 1942 heiße ich Pjotr Rabzewitsch. Diesen Namen hat mir mein Retter, ein deutscher Soldat, gegeben. Von 1942 bis 1956 war mein Vatersname Romanowitsch. 1956 habe ich offiziell wieder meinen jüdischen Vatersnamen Ruwinowitsch annehmen können.

Meine Eltern sind Pessel (Polina) Fischlewna Rabinowa, geboren 1892 und Ruwin Schlemowitsch Rabinow, geboren 1890. Der Familienname meiner Mutter war Korsh. Meine Eltern stammten aus Lubieszów (Ljubeschow), Gebiet Wołyń. Im Jahr 1916 wurden sie von den Deutschen nach Drohiczyn umgesiedelt.

Während des Ersten Weltkrieges hatte die deutsche Armee sehr schnell das Gebiet von Wołyń und die Stadt Lubieszów okkupiert. Als 1916 die deutsche Armee aus diesem Gebiet vertrieben wurde und sich zurückziehen musste, hat man alle Bewohner von Lubieszów nach Drohiczyn und in andere Städte in Weißrussland umgesiedelt. Dieses Gebiet war weiterhin von der deutschen Armee besetzt. Die deutsche Armee hat das gemacht, weil sie wollte, dass die Menschen besser leben sollen als es im zaristischen Russland möglich war. Die Umsiedlung wurde von der Bevölkerung dankbar angenommen, denn die Deutschen hatten in den Dörfern viel für die Bevölkerung getan. Sie hatten Häuser gebaut, elektrischen Strom gelegt und das Land entwässert, damit die Bauern mehr landwirtschaftlich nutzbaren Boden bekamen. Aus diesen Gründen waren die Deutschen bei der Bevölkerung sehr beliebt und gut angesehen. Die Menschen sahen, dass etwas für ihr Wohl getan worden war.

Wir waren sechs Kinder. Meine drei älteren Geschwister sind Ester Ruwinowna Rabinowa, geboren 1914, Lew (Lowa) Ruwinowitsch Rabinow, geboren 1916 und Riwa Ruwinowna Rabinowa, geboren 1921. Ester und Lew wurden in Lubieszów geboren. Riwa und ich in Drohiczyn. Meine beiden jüngeren Brüder heißen David Ruwinowitsch Rabinow, geboren 1925 und Aron Ruwinowitsch Rabinow, geboren 1927. Sie wurden beide in dem Dorf Mokraja Dabrowa geboren.

Meine Schwester Ester hat 1938 Awraam Warschawski, geboren 1910, geheiratet. Sie hatten eine Tochter Gitla, die zu Beginn des Jahres 1940 geboren wurde.

Mein Bruder Lew hat Ende 1938 geheiratet. Seine Frau hieß Chaja-Dwejra, geboren 1911. Ihre Tochter Dina wurde Ende des Jahres 1940 geboren.

Von meiner engeren Familie haben nur Lew, Riwa und ich die Schoa überlebt. Lew und Riwa als Angehörige der Roten Armee und ich, weil mich ein deutscher Soldat rettete. Lew lebt heute in der Nähe von Moskau, und Riwa wohnt in Priluki in der Ukraine.

Von den Familien meines Vaters und meiner Mutter sind viele ermordet worden. Nur die haben überlebt, die schon vor dem Krieg auswanderten oder vor der deutschen Okkupation evakuiert worden waren.

Meine Familie, 1938 (von links nach rechts). Obere Reihe: Lew, Chaja-Dwejra, Riwa, Ester, Awraam. Untere Reihe: Eruchim-Fischl, Mutter Pessel, Vater Ruwin, David. Vor den Eltern: Aron.

Die Familie meines Vaters hatte sich geteilt und war weit verstreut. Einige lebten in Polen, andere in den USA und in Palästina.

Drei Geschwister Rabinow haben in Polen gelebt, mein Vater und zwei Brüder. Der älteste Bruder meines Vaters, Akiwa Rabinow, geboren 1886, war Besitzer einer Mühle in dem Schtetl Pohost Zagorodzki (Pogost Sagorodskij), nicht weit von Pińsk (Pinsk). In der Mühle hatte er auch eine Maschine, mit der man Graupen machen konnte. Er war verheiratet mit Chawa Rabinowa, geboren 1887. Sie hatte zwei Söhne und drei Töchter, Jankel Rabinow, geboren 1915, Riwa Rabinowa, geboren 1917, Zerl Rabinowa, geboren 1919, Meir Rabinow, geboren 1921, und Chana Rabinowa, geboren 1924. Alle waren noch nicht verheiratet. Die ganze Familie wurde im September oder Oktober 1941 von den deutschen Kommandos in Pohost Zagorodzki ermordet.[4]

Der andere Bruder meines Vaters, Israel Rabinow, geboren 1893, wurde vor dem Einmarsch der deutschen Truppen nach Kasachstan evakuiert und hat mit seiner Familie dort überlebt. Er war verheiratet mit Frieda Rabinowa, geboren 1894. Sie hatten drei Töchter, Riwa Rabinowa, geboren 1920, Schena Rabinowa, geboren 1922 und Gogl Rabinowa, geboren 1924. Während der Zeit, als sie noch in Pińsk wohnten, war ich oft mit ihnen zusammen. Nach dem Krieg, 1945, ist dieser Bruder meines Vaters nach Amerika ausgewandert. Er und seine beiden ältesten Töchter sind in Amerika gestorben. Wann und wo seine Frau gestorben ist, weiß ich nicht. Die jüngste Tochter lebt noch in New York, ist aber sehr krank. Mein Bruder Lew in Moskau hatte nach dem Krieg Kontakt zu dieser Cousine in Amerika. Aber dieser Kontakt ist wieder abgerissen.

In New York waren drei Brüder, eine Schwester und die Eltern meines Vaters. Schon 1910 war ein Bruder meines Vaters nach Amerika ausgewandert. Nach dem Ersten Weltkrieg, zu Beginn der Zwanziger Jahre, hat er dann seine Eltern – meine Großeltern Rabinow – mit den unverheirateten Kindern, eine Schwester und zwei Brüder meines Vaters, von Polen nach Amerika kommen lassen. 1939 ist die Großmutter in Amerika gestorben. In diesem Jahr haben wir auch den letzten Brief vom Großvater bekommen. Er war 70 Jahre alt. Wann er gestorben ist, weiß ich nicht, denn mit dem Beginn des Zweiten Weltkriegs brach die Verbindung zu ihm ab. 1945, nach dem Ende des Krieges, habe ich versucht, die Verbindung zu der Schwester und den Brüdern meines Vaters wieder aufzunehmen, was mir aber nicht gelang. Offiziell war das in der Sowjetunion nicht möglich.

In Palästina waren eine Schwester meines Vaters und der Bruder meines Großvaters Rabinow mit seinen Söhnen und einer Tochter.

Anfang 1933 ist eine Schwester meines Vaters mit ihrer Familie von der Stadt Lubieszów nach Palästina ausgewandert. Dort lebte ein Bruder ihres Mannes, der ihnen Einreisevisa beschaffen konnte. Etwas später ist auch ein Bruder meines Großvaters Rabinow mit zwei Söhnen und einer Tochter nach Palästina gegangen. Einer seiner Söhne lebte bereits in Palästina und besorgte ihnen die Einreisepapiere. Bis 1939 standen wir in Briefkontakt mit ihnen. Dann brach die Verbindung ab. Nach dem Krieg hatte mein Bruder Lew aus Moskau Kontakt zu einem der noch lebenden Söhne in Israel, aber auch dieser Kontakt ist abgebrochen. Als ich 1998 in Israel war, habe ich versucht, ihn anzurufen, aber er war nicht zu Hause. Ich habe ihm meine Adresse hinterlassen, doch er hat sich nicht gemeldet.

Die Familie meiner Mutter lebte in Drohiczyn. Es waren meine Großmutter Beila Korsh, geboren 1868 mit drei Söhnen und einer Tochter, den jüngeren Geschwistern meiner Mutter. Der Großvater Fischl Korsh war 1914 noch in Lubieszów gestorben. Die Großmutter war schon sehr alt, sie wollte aber nicht bei ihren Kindern leben, sondern in einem eigenen Haus. Sie pflegte immer zu sagen, so lange ich mich noch alleine versorgen kann, will ich keinem zur Last fallen. Seit Juni 1941, dem Überfall der deutschen Truppen auf die Sowjetunion, haben wir die Familie meiner Mutter nicht mehr gesehen. Es gab keine Möglichkeit mehr, nach Drohiczyn zu fahren, das war verboten.

Die jüngeren Geschwister meiner Mutter waren: der Bruder Meir, geboren 1894, die Schwester Sara, geboren 1896, der Bruder Schmuel, geboren 1899, und der Bruder Michel, geboren 1901.

Meir Korsh war verheiratet mit Rachel Korsh, geboren 1895. Sie hatten vier Kinder. Ich kann mich nur noch an die Namen meines Vetters Neach Korsh, geboren 1912, und meiner Cousine Dwoira Korsh, geboren 1914, erinnern. Die anderen Namen habe ich leider vergessen.

Sara, die Schwester meiner Mutter, war verheiratet mit Motl Popinski, geboren 1895. Ihr Mann lebte zusammen mit ihr im Ghetto. Sie hatten vier Kinder, zwei Mädchen und zwei Jungen, an deren Namen ich mich nicht mehr erinnern kann.

Schmuel Korsh war verheiratet mit Gitl Korsh, geboren 1891. Ich weiß nicht, ob sie Kinder hatten.

Michel Korsh war verheiratet mit Reisel Korsh, geboren 1900. Sie hatten zwei Töchter. Leider kenne ich ihre Namen nicht.

Ein Bruder meiner Mutter hatte eine Tochter, die bereits verheiratet war. Aber auch hier kenne ich keine Namen.

Alle Verwandten meiner Mutter wurden 1942 im Ghetto Drohiczyn ermordet.[5]

Im Dorf Mokraja Dabrowa vor dem Zweiten Weltkrieg

1924 ist unsere Familie von Drohiczyn in das Dorf Mokraja Dabrowa gezogen. Dieses Dorf liegt etwa 30 Kilometer nördlich von Pińsk. Es gehört zur gmina Logischin, Kreis Pińsk, Woiwodschaft Brest.[6] Mein Vater bekam dort Arbeit als Käsemacher auf dem Landgut des polnischen Gutsherrn Orda. Orda war ein sehr fortschrittlicher Gutsbesitzer. Schon sein Vater gewährte, im Gegensatz zu den andern Großgrundbesitzern, allen auf seinem Gut Beschäftigten Religionsfreiheit. Seit dem 18. Jahrhundert verlangten die Großgrundbesitzer, dass die Arbeiter, die im allgemeinen Leibeigene waren und keinerlei Rechte besaßen, die gleiche Religion hatten wie sie selbst. So erklärt es sich, dass in diesem Gebiet in einigen Orten überwiegend Katholiken lebten und in anderen Orthodoxe. Im Jahre 1862 wurde in Russland die Leibeigenschaft abgeschafft.

In Logischin wohnten etwa 200 jüdische Familien. Es gab dort drei Synagogen und zwei jüdische Metzger. Auf dem Landgut in Mokraja Dabrowa waren wir die einzigen Juden. Wir waren eine fromme jüdische Familie. Bis September 1939 waren wir religiös wie alle Juden. In unserer Familie wurden alle jüdischen Sitten und Gebräuche beibehalten, und wir haben alle jüdischen Feste gefeiert. In unserem Haus wurde nur koscher gegessen. Für Pessach gab es besonderes Geschirr. Der *Schabbes* begann am Freitagabend, wenn die Mutter das *Schabbeslicht* anzündete. An jedem *Schabbes* haben wir nicht gearbeitet und nicht gekocht. Wir sind auch nicht in die Schule gegangen.

Bei den Juden gibt es verschiedene Richtungen der Frömmigkeit. Man kann sich das ungefähr so vorstellen: Alle haben die gleichen Bücher, die Tora. Die meisten religiösen Bücher der Juden beschreiben die Geschichte des jüdischen Volkes. Diese Geschichte mischt sich mit der Hinwendung zu Gott. Man liest diese Bücher nur verschieden. Das Ergebnis ist gleich, es ist egal, wie man die Bücher liest.

Alle Juden in unserer Region waren Chassidim. Auch unsere Familie war chassidisch. Mein Vater trug jedoch keinen Bart. Auch meinen Großvater kenne ich von Fotos nur ohne Bart. Mein Vater und auch wir Kinder hatten keine *Pejes*. Mein Vater und wir Jungen trugen aber wie alle männlichen Juden immer eine Kopfbedeckung. Der Vater einen Hut und wir Jungen eine Mütze. Wenn von Gott die Rede ist, muss man den Kopf bedecken. Im Cheder mussten die Jungen deshalb immer eine Mütze tragen. Auch in der polnischen Schule, wenn der jüdische Lehrer unterrichtet hat. Zu Hause beim Essen trug man eine Mütze, weil ein Gebet gesprochen wurde. Auch wenn man ein Haus betrat und die Mesusa küsste, musste man eine Kopfbedeckung tragen. Deshalb trugen Juden eigentlich immer eine Kopfbedeckung. In unserer Familie haben wir nur Jiddisch untereinander gesprochen. Jiddisch konnte man nicht in der Schule lernen, sondern nur in der Familie. Im Cheder lernte man Hebräisch und in anderen Schulen Hebräisch oder Polnisch. In den Cheder ging man mit sechs Jahren. Jungen und Mädchen wurden hier zusammen unterrichtet. Man konnte dort bleiben, bis man 14 Jahre alt war. Die Mehrheit blieb dort aber nur vier Jahre. Wenn die Eltern Geld hatten, konnte man dann in die erste Klasse des Gymnasiums gehen.

Die ganze Prägung der Familie ging vom Vater und der Mutter aus. Sie erzählten die Geschichte ihrer Jugend, von ihren Familien und wie sie gelebt haben. Im Haus bestimmte die Mutter was geschah, insgesamt hatte jedoch der Vater zu bestimmen. Nur der Vater hat durch seine Arbeit beim Gutsbesitzer Orda Geld verdient. Von diesem Geld musste die ganze Familie leben. Die Mutter hat alles im Haus gemacht. Die Kinder sollten gut angezogen sein, das Haus musste sauber sein. Die Eltern haben sich jedoch immer abgesprochen und gut verstanden. Ich habe nie gehört, dass der Vater mit hoher Stimme zur Mutter gesprochen hat. Es konnte sein, dass kein Brot im Haus war, aber der Friede und die Ruhe zwischen Vater und Mutter waren immer da. Die Kinder halfen sich gegenseitig. Die Größeren halfen den Kleineren. So war unsere Familie.

Als Kinder haben wir zusammen mit Russen und Polen gespielt. Wir haben den Unterschied nicht verstanden. Im Winter kamen diese Kinder auch in unser Haus, um mit uns zu spielen. Im Sommer haben sich alle Kinder zusammengetan und draußen gespielt, weil wir dort mehr Platz hatten. Im Wald wuchsen viele Beeren, die wir uns pflücken konnten. Man musste nur früh aufstehen und mit einem Gefäß in den Wald gehen. Rings um den Ort gab es viel Wald. Felder gab es weniger. Wollte man einen Fisch haben, konnte man ihn im Fluss fangen. Wir wussten aber, dass wir uns in den Gärten keine Früchte nehmen oder etwas ausreißen durften. Dabei machte es keinen Unterschied, ob es ein Garten eines Juden oder eines Christen war. Wir haben das auch nicht gemacht. Wenn wir einen Apfel haben wollten, haben wir den Besitzer gefragt und haben auch etwas bekommen.

Wir sind als Kinder den ganzen Sommer barfuß gegangen. Zum Winter bekamen wir Schuhe. Alle wussten, dass es für den Vater schwer war, das Geld zu verdienen. Mein Vater hatte eine körperlich schwere Arbeit. Jeden Tag musste er sehr viel Milch zu Käse verarbeiten. Wir Kinder haben ihm geholfen, soweit das für uns als Kinder möglich war.

Auch der Mutter haben wir bei allen Arbeiten im Haus und im Garten geholfen. Holz hacken, Wasser tragen, das Haus aufräumen, in den Wald gehen und czernicy (Blaubeeren) holen. Die Mutter hat sie für den Winter getrocknet. Im Winter hat sie dann Kompott daraus gekocht oder die getrockneten Beeren in die Sauerkrautsuppe getan. Das gab ein gutes Aroma. Das Sauerkraut haben wir selbst gemacht. Der Weißkohl wuchs in unserem Garten. Wir hatten einen großen Garten, etwa 100 mal 50 Meter groß. Dort wuchsen vor allen Dingen Kohl, Kartoffeln, Zwiebeln und Tomaten. Aus den Kohlköpfen machte die Mutter aber auch ein anderes wohlschmeckendes Gericht. Ein Kohlkopf wurde in vier Teile geschnitten und im Ofen gebacken. Der gebackene Weißkohl wurde dann mehrere Tage in Molke eingelegt. Dadurch bekam er einen sehr guten Geschmack.

Fleisch haben wir nicht viel gegessen. Nur am *Schabbes*. Am Freitag ging der Vater nach Logischin, um koscheres Fleisch zu kaufen oder ein Huhn vom *Schojchet*, dem jüdischen Metzger, schlachten zu lassen. Man durfte das Huhn nicht selbst schlachten, dann wäre es nicht koscher gewesen. Wir hatten viele Hühner. Im Frühling ließen wir drei oder vier Hühner brüten. Unter jedes Huhn legten wir ungefähr 25 Eier. Es mussten so viele Eier sein, weil nicht alle Eier befruchtet waren. In jedem Jahr hatten wir bis zu 50 kleine Küken. Im Frühling, wenn die Hühner viele Eier legten, wurden Eier für den Winter in einem Fass eingelegt oder in der Stadt verkauft. Von dem Geld kaufte der Vater *Maze* für Pessach, Mehl, Zucker, Fisch oder Schuhe für die Kinder. Bis 1939 hat der Vater in jedem Jahr 30 Kilogramm *Maze* für Pessach gekauft. Wir mussten so viel haben für die Freunde im Dorf, und weil wir an den ersten beiden Tagen nur *Maze* gegessen haben. Acht Tage lang gab es nur *Maze* und Kartoffeln, auch viele Nüsse, denn Nüsse machen satt. An den letzten Tagen von Pessach hat man sich schon gefreut, dass es bald wieder Brot gibt.

Gänse wurden erst geschlachtet, wenn es schon sehr kalt war und fror, weil man das Fleisch und vor allen Dingen das Fett für den ganzen Winter aufbewahren musste. Das Fett wurde in koschere Töpfe gefüllt, die zugebunden im Keller aufbewahrt wurden. Das Fett reichte bis Pessach.

Unsere Hauptnahrungsmittel waren Kartoffeln, Kohl, harter und weicher Käse und Milch. Wir hatten zwei eigene Kühe. Aus Mehl und Käse machte die Mutter einen Teig, der im Ofen gebacken wurde. Das Brot hat die Mutter auch selbst in unserem

Ofen gebacken. Jeder im Dorf hat sein Brot selbst gebacken. Montags hat die Mutter für die ganze Woche Brot gebacken. Da unser Haushalt aus acht Personen bestand, benötigte sie dazu etwa sechzehn Kilogramm Roggenmehl. Dieses Mehl mussten wir kaufen. Am Freitag hat sie *Chales*, das Weißbrot für den *Schabbes*, gebacken.

Wenn die Zeit der Pilze kam, bin ich mit meiner Schwester Riwa früh am Morgen, ehe die Sonne kam, und ehe wir zur Schule gingen, in den Wald gegangen. Wir haben Pilze gesucht. Wir pflückten hundert bis hundertfünfzig Pilze, die die Mutter für den Winter getrocknet hat. Man pflegte zu sagen: »Im Sommer mit den Füßen, im Winter mit den Lippen.« Wir sammelten einen ganzen Sack voll für den Winter.

Die Eltern wollten, dass wir Kinder etwas lernen. Auch wir Kinder wollten lernen. Wir wussten, dass ein Mensch, der etwas gelernt hat, in Zukunft besser leben kann. Er kann leichter eine Arbeit finden. Das war besonders für Juden wichtig.

Die ältere Schwester Ester und der Bruder Lew haben in Pińsk das jüdische Tarbut-Gymnasium in der Sowalnastraße besucht und dort Abitur gemacht. Dort hat man nur auf Hebräisch unterrichtet.[7]

Als meine Schwester Riwa und ich heranwuchsen, mussten meine Eltern entscheiden, welche Schule wir besuchen sollten. Die wirtschaftliche Lage der Eltern ließ es nicht zu, dass alle Kinder eine Privatschule besuchen konnten. Man musste sehr viel Geld dafür bezahlen. Der Vater hatte auch nicht genügend Geld, dass alle seine Kinder in der Stadt Pińsk zur Schule gehen konnten. Wegen der großen Entfernung zwischen dem Dorf Mokraja Dabrowa und der Stadt

Pińsk hätte man eine Wohnung für die Kinder mieten müssen, und wenn die Kinder ohne Eltern in der Stadt leben, ist das nicht einfach. Deshalb sind Riwa und ich zur polnischen Schule gegangen. Hier konnte man ohne Bezahlung lernen. In Mokraja Dabrowa hatte die Schule nur zwei Klassen, erst später hatte sie vier Klassen. Das erste Jahr, 1928, sind wir in die Schule im Dorf Mokraja Dabrowa gegangen und im zweiten Jahr dann in Logischin. Dort war eine polnische Schule, die in jener Zeit szkoła powszechna (allgemeine Schule) hieß. Sie hatte sieben Klassen. Diese Schule haben vier Kinder unserer Familie besucht. Die Schwester Riwa, ich und später auch meine beiden Brüder David und Aron.

In Logischin kam der Rabbiner der Stadt in die polnische Schule und unterrichtete die jüdischen Kinder in jüdischer Religion. Für die Orthodoxen, die prawosławny, kam der Bartuschka, und die Katholiken unterrichtete der Ksiądz, der katholische Priester. Jeder erzählte den Kindern über die Geschichte und die Religion des Volkes, zu dem sie gehörten.

In der Hauptsache habe ich Puschkin und Tolstoi gelesen, Erzählungen und Kindererzählungen. Die jüdische Literatur haben wir von Schriftstellern gelernt, die in Iwrit geschrieben haben, weil man Jiddisch als einen »Jargon« bezeichnete. Auf Hebräisch habe ich vor allem Erzählungen von Chaim Nachman Bialik gelesen. Ich habe aber auch sehr viele Bücher auf Jiddisch gelesen, Sholem Alejchem[8], Peretz[9] und andere.

Jüdische Kinder müssen die jüdische Religion und die jüdische Sprache lernen. Deshalb haben meine Eltern und die Eltern von anderen jüdischen

Kindern einen Lehrer angestellt. Nach Schulschluss in der polnischen Schule in Logischin sind wir zusammen zu diesem Lehrer gegangen. Dort haben wir Hebräisch gelernt, die Geschichte des jüdischen Volkes, jüdische Literatur, die Geographie von Israel, das damals noch Palästina war, und alles, was ein Jude über sein Judesein wissen muss: die jüdischen Feste und die jüdischen Sitten und Gebräuche.

Jüdischer Privatlehrer (19.3.1936); zweite Reihe von oben, von links: Eruchim-Fischl, David, der Lehrer und Aron.

Zum Beispiel, warum die Juden kleine Steine auf die Grabsteine legen, wenn sie einen Friedhof besuchen. Das geht zurück auf die Zeit, als die Juden nach dem Auszug aus Ägypten 40 Jahre durch die Wüste wanderten. Um die Gräber im Sand vor wilden Tieren zu schützen, musste man sie mit Steinen bedecken. Daraus ist dieser Brauch entstanden.

Vom Beginn des Frühlings an sind wir zu Fuß von Mokraja Dabrowa aus in die Schule gegangen. Das sind fünf Kilometer. Im Winter ist es für Kinder schwer, fünf Kilometer zu gehen wenn es regnet, schneit und der Weg sehr schlecht ist. Deshalb haben die Eltern im Winter für uns in Logischin ein Zimmer gemietet. Unsere ältere Schwester Ester hat mit uns in Logischin gewohnt. Sie hat für uns gesorgt, gekocht und gewaschen. Sie ist für uns wie eine Mutter gewesen. Unsere Eltern sind an allen Feiertagen zu uns nach Logischin gekommen. Wir haben die jüdischen Feste in Logischin gemeinsam gefeiert, weil man dort in die Synagoge gehen konnte. Die ganze Familie war zusammen. Vor den Feiertagen hat die Mutter in Mokraja Dabrowa Kuchen, Strudel und *Chales* gebacken und alles nach Logischin mitgebracht. In Logischin hat sie dann nur gekocht. Wenn der Feiertag auf einen *Schabbes* fiel, konnte sie nicht kochen. Dann hat sie alles schon am Freitag zubereitet.

An *Roscheschone*, dem jüdischen Neujahrsfest, brachte der Vater einen Sack Äpfel mit, denn an diesem Feiertag muss man für die Gäste oder wenn man als Gast in eine Familie geht, etwas Süßes haben, damit das neue Jahr süß und gut wird. Der Feiertag beginnt damit, dass man sich gegenseitig ein Stück Strudel mit Äpfeln und Honig, in Öl gebacken, schenkt. Das ist ein schönes Symbol. Jede Hausfrau hat diesen Strudel selbst gebacken, sie hat ihn nicht im Geschäft gekauft, denn jede wollte ihn besser machen als die anderen. Das waren immer sehr schöne Feiertage. An *Roscheschone* kamen Gäste zu einem großen Essen.

An *Jom Kipper*, dem Versöhnungstag, fastet man den ganzen Tag. Man isst nichts und trinkt nichts, und die Männer dürfen sich nicht rasieren. Nur Kranke, Frauen mit einem Säugling und Kinder vor ihrer *Bar-mizwe* brauchen nicht zu fasten. Man geht in die Synagoge, betet und stellt große Kerzen auf, mehr als einen halben Meter hoch. In der Synagoge gab es einen bestimmten Platz, wo jede Familie eine große Kerze aufstellte. Diese Kerzen wurden von den Männern angezündet, denn die Frauen hatten einen abgesonderten Platz in der Synagoge. Diese Kerzen brannten den ganzen Abend, die ganze Nacht und den nächsten Tag. Diese Lichter sind Symbol für das Leben des Menschen, es soll leuchten. Wenn ein Licht von allein ausging, sah man darin ein schlechtes Zeichen. Da man Angst hatte, eine der großen Kerzen könne umfallen und es könne ein Brand entstehen, hat man einen Christen angestellt, der in der Nacht in der Synagoge Wache halten musste. Erst am Abend, wenn der erste Stern am Himmel zu sehen ist, darf man wieder etwas essen. Weil man den ganzen Tag nichts gegessen hat, darf das Essen am Abend nicht fett sein, aber alles muss süß sein. Einer geht zum andern mit einem Stück Strudel und Wassermelone.

Der nächste große Feiertag war *Sukkes*, das Laubhüttenfest, zur Erinnerung an die Hütten beim Auszug aus Ägypten, als das Volk in Laubhütten lebte. Dann kam Simchat Tora, die Freude über die Tora, wenn nach einem Jahr die Verlesung der Tora im Gottesdienst beendet ist und man von neuem beginnt, die Tora vorzulesen. Da wird getanzt und gesungen.

Danach kommt Chanukka, das Lichterfest. Man stellt den Chanukkaleuchter auf und zündet jeden Tag ein neues Licht an. Man geht von Haus zu Haus, man spielt auf Flöten und Geigen, man singt und tanzt. Den Kindern gibt man Chanukkageld. Es kommen nicht nur Freunde, sondern auch Fremde, denen man dann etwas geben muss. Das nächste Fest ist Purim. An diesem Tag verkleidet man sich und macht Purimspiele. Dann kommen Pessach, die Erinnerung an den Auszug aus Ägypten und Schawuot. An diesem Fest erinnert man sich, dass Gott Moses am Sinai die zehn Gebote gegeben hat.

Auch als wir noch sehr klein waren und noch nicht zur Schule gingen, sind wir mit den Eltern an *Roscheschone* und *Jom Kipper* nach Logischin gefahren. An diesen Feiertagen sind wir nicht im Dorf geblieben, weil man an diesen hohen Feiertagen in die Synagoge gehen muss.

Im Sommer haben wir den *Schabbes* in Mokraja Dabrowa zusammen mit den Eltern gefeiert. Nach Beendigung des Schulunterrichts sind wir am Freitag die fünf Kilometer zu Fuß von Logischin nach Mokraja Dabrowa gegangen. Im Winter sind wir in Logischin geblieben und die Eltern sind zu uns gekommen. Sie sagten, es ist leichter für zwei Personen zu kommen als für drei. Am Freitag kamen sie mit einem Fuhrwerk nach Logischin, und am Abend des *Schabbes* kam ein Bauer und hat die Eltern mit dem Fuhrwerk wieder nach Mokraja Dabrowa gebracht. Am Freitagabend zündete die Mutter das *Schabbeslicht* an. Dann musste im Haus alles aufgeräumt und die Kinder mussten gut angezogen sein, denn jetzt durfte man nichts mehr machen. Das *Schabbeslicht* war nicht sehr groß, denn es sollte noch am Abend allein verlöschen.

Dieses jüdische Leben endete am 17. September 1939, als wir sowjetische Staatsbürger wurden. Dann konnten nur noch die Juden den *Schabbes* und die Feste feiern, die nicht arbeiteten. Nach der Besetzung durch die Sowjets musste am *Schabbes* und an den jüdischen Feiertagen gearbeitet werden. Wer nicht zur Arbeit kam, wurde bestraft.

Nicht nur ich, auch die anderen jüdischen Kinder haben zwei Tage in der Woche nicht in der polnischen Schule gelernt. Am *Schabbes* nicht und am Sonntag nicht. An den zwei Tagen konnten wir nicht lernen, weil Juden am *Schabbes* nicht arbeiten dürfen und am Sonntag die Schule geschlossen ist. An den Feiertagen *Roscheschone*, *Jom Kipper*, den ersten zwei Tagen von *Sukkes*, den ersten zwei Tagen von Pessach und am letzten Tag von Pessach gingen die jüdischen Kinder auch nicht in die Schule.

Der Lehrer wusste, dass wir am *Schabbes* nichts gelernt hatten. Montags fragte er aber, was am *Schabbes* in der Klasse gelehrt wurde. Wir mussten dann alles wissen. Wenn wir es nicht wussten, mussten wir nach Schulschluss bleiben und alles lernen, was die anderen Kinder am *Schabbes* gelernt hatten. Das haben wir Kinder gewusst. Deshalb musste man am Sonntag lernen. Wir sind zu unseren christlichen Kameraden gegangen, oder sie sind zu uns gekommen und haben uns gesagt, was sie am *Schabbes* in der Schule gelernt haben, und was wir bis Montag lernen mussten. Es war ein gutes Verhältnis. Wir spielten und lernten zusammen. Sie wussten, dass wir am *Schabbes* nicht arbeiten und lernen durften. Sie halfen uns, und wir halfen ihnen. Nicht alle Schüler hatten Bücher, denn Bücher waren sehr teuer, und nicht alle Eltern konnten die Bücher kaufen. Wir haben uns deshalb untereinander die Bücher ausgeliehen. Der eine hatte das Buch für Mathematik und der andere das für Literatur. So haben wir uns gegenseitig geholfen. In jener Zeit haben nur die Kinder gelernt, die lernen wollten, und diese Kinder haben auch Möglichkeiten gefunden zu lernen. Keiner hat sie gezwungen. Man hat ihnen gesagt: »Wenn du nichts lernst, wirst du nichts wissen.«

1935, als ich die polnische Schule in Logischin besuchte, haben die Kinder der Schule verschiedene Arbeiten für eine Ausstellung in Pińsk gemacht. Ich habe auch etwas gebaut, das Modell eines Pfluges. Es war kein normaler Pflug, sondern er war etwas modernisiert. Man hat gesagt, meine Arbeit sei sehr gut. Ich habe für diese Arbeit ein Diplom bekommen und zu dem Diplom einen Ausweis, dass ich mit der Eisenbahn in Polen in jede Stadt fahren kann, in die ich fahren will. So bin ich 1935 zum ersten Mal nach Warschau gekommen. In Warschau war ich eine Woche. Dort lebten Bekannte von unserer Familie. Sie holten mich am Bahnhof ab, und ich wohnte eine Woche bei ihnen. Ich schaute mir Warschau an. In meinen Augen war es eine großartige Stadt. Hier lebten sehr viele Juden. Es war das Jahr, in dem Marschall Piłsudski starb. Die Juden waren schon sehr unruhig. In den Zeitungen begann der offene Antisemitismus in Polen.

Bis zum Jahr 1935, als der Marschall der polnischen Armee Piłsudski Führer der polnischen Regierung war, gab es keinen offenen Antisemitismus. Als Piłsudski 1935 starb, begann in Polen der offene Antisemitismus.[10] In den Städten, wo die Mehrheit Juden waren, hat es wenig Antisemitismus gegeben. In die Schulen hat man Plakate gebracht, auf denen stand: »Der Vater der Juden ist gestorben.« In Polen hat sich in jener Zeit eine polnische nazistische

Organisation gebildet. Sie hieß »OZON Młoda Polska«.[11] Die Organisation hatte eine eigene Zeitung, in der sie antisemitische Artikel veröffentlichte. Die Mehrheit der polnischen Bürger hat diese Zeitung nicht gelesen.

Offenen Antisemitismus gegen die Juden habe ich bei uns in der Stadt nicht bemerkt. Ich weiß nur, dass die Lehrer in den polnischen Schulen sehr loyale Menschen waren. Die Katholiken, Juden und Orthodoxen wurden gleich behandelt. Manche Schüler sagten zu uns Juden »Du bist ein Fremder«. Auf Flugblätter schrieben sie nach dem Tod von Piłsudski: »Euer Vater Piłsudski ist gestorben. Jetzt können wir mit euch Juden machen, was wir wollen.« Wenn die Lehrer sahen, dass Schüler einen solchen antisemitischen Aufruf mit in die Schule brachten, redeten sie mit ihnen und sagten, dass sie keinen solchen Aufruf mit in die Schule bringen dürften, denn alle Menschen seien gleich und müssten zusammenleben.

In den Universitäten wurden »Ghettos« für die jüdischen Studenten eingerichtet. Sie durften nur in den letzten Bänken sitzen.[12] Das war an den Universitäten Lwów (Lemberg), Kraków (Krakau) und Warszawa (Warschau). Viele Studenten, die reich waren, konnten in andere europäische Länder fahren und dort studieren. Juden war es verboten, in Regierungsorganisationen zu arbeiten. Es wurde schwer, Arbeit zu finden, weil die Lage in Polen unruhig wurde.

In Logischin habe ich bis 1936 die Schule besucht. Als ich 1936 die polnische Schule beendete, war die Frage, wo ich hingehen soll, um weiter zu lernen. Ich habe in der Schule sehr gut gelernt und wollte eine

Eruchim-Fischl, 1936.

Handwerkerschule besuchen. Mein Vater hat mich nach Pińsk zur jüdischen Fachschule gebracht, und nach der ersten Prüfung hat man mich gleich genommen. Die zweite Prüfung brauchte ich nicht mehr zu machen, man hat mir gesagt, ich könne die Schule besuchen.

Die Eltern haben entschieden, dass nun auch die kleineren Brüder David und Aron in Pińsk eine jüdische Schule besuchen sollten, weil man sonst in Pińsk und in Logischin ein Quartier für die Kinder haben müsse. David und Aron haben das jüdische Tarbut-Gymnasium besucht und ich die Handwerkerschule.

Eruchim-Fischl in der Handwerkerschule, 1937.

Wir haben in Pińsk in einem Haus ein Zimmer genommen. Als wir Kinder alle nach Pińsk gingen um zu lernen, ist unsere älteste Schwester Ester auch mit uns gefahren. Sie ist unsere Mutter gewesen. Die Schwester Riwa ist mit dem Vater und der Mutter in Mokraja Dabrowa geblieben und hat dem Vater bei der Arbeit geholfen. Riwa wollte nicht die jüdische Sprache lernen. Sie hat nur eine polnische Schule besucht und die jüdische Sprache nur soweit beherrscht, wie sie es durch das Sprechen und Hören in der Familie gelernt hatte.

Mein älterer Bruder Lew wurde 1936 zur polnischen Armee eingezogen. Weil er das Gymnasium besucht hatte, hat man ihn zur Ausbildung als Feldscher in eine polnische Schule geschickt. Er hat sie mit Auszeichnung beendet und in der Armee bis 1938 als Feldscher gearbeitet.

Wir Juden hatten den großen Traum, ein eigenes Land zu haben, Palästina, in dem wir leben können. Bis 1939 gab es in Pińsk vier jüdische Organisationen. Es waren »Hashomer Hazair«[13], »Shomer-Alumi«[14] und »Revisionisten«[15]. Das waren drei zionistische Organisationen, die sagten, die Juden müssen eine Heimat, ein eigenes Land haben, Erez Israel. Shomer Alumi war links und Hashomer Hazair war rechts eingestellt. Der Unterschied zwischen den Organisationen war: Die einen sagten, man muss das Land von den Arabern kaufen, die Zweiten sagten, man muss das Land kaufen und mit Waffen verteidigen, damit es nicht weggenommen wird. Die Revisionisten sagten, man muss sich das Land mit Waffengewalt nehmen. Die vierte Organisation hieß »Bund«[16]. Der Bund sagte, die Heimat ist dort, wo man geboren wurde.

Die ersten drei Organisationen hatten in jeder Stadt in Polen einen Kibbuz. Das heißt, sie bereiteten junge Menschen darauf vor, nach Palästina zu fahren, um dort zu arbeiten. Die englische Regierung gab pro Jahr 2000 Visa, damit Juden nach Palästina fahren konnten, denn Palästina war ein englisches Protektorat. Diese Visa bekamen Menschen, die etliche Jahre in einem Kibbuz gearbeitet hatten. Der Kibbuz konnte ihn empfehlen. Dann durfte er nach Israel fahren, denn Israel benötigte Arbeiter. Jemand, der im Kibbuz arbeitete, musste lernen, schwer zu arbeiten. Nur, wem der Kibbuz bestätigte, dass er fähig sei, der konnte fahren. Für die Stadt Pińsk bekam man vielleicht ein oder zwei Visa, denn die 2000 Visa waren für die ganze Welt.

In der Schule haben wir auch davon gehört, denn die Handwerkerschule stand der Organisation »Shomer-Alumi« nahe. Wir haben die Geschichte von Palästina gelernt, wir kannten die Geographie, was dort wächst, alles haben wir gewusst. Aber wir konnten nur davon träumen, als Juden ein eigenes Land zu haben, nicht mehr.

Am ersten *Schabbes* nach meinen 13. Geburtstag wurde meine *Bar-mizwe* gefeiert. Meine *Bar-mizwe* war in Logischin. Der Vater hat Wein in die Synagoge gebracht, und es sind viele Menschen gekommen. Ich wurde zum ersten Mal aufgerufen, aus der Tora zu lesen. Zum ersten Mal habe ich auch *Tfiln* angelegt. Einen *Tales* habe ich nicht getragen, denn nach unserer Tradition durften nur verheiratete Männer einen *Tales* tragen. Ich habe aus der Tora gelesen, und danach hat man in der Synagoge, in der *Schul*, gefeiert. Es wurde getanzt, aber ohne Begleitung durch Musikinstrumente, denn in der Synagoge dürfen nach chassidischer Tradition keine Musikinstrumente spielen. Dort ist nur einer, Gott. Man kann tanzen, man kann singen, religiöse oder andere Lieder, aber nur ohne Instrumentalbegleitung.

Ich kann mich nicht mehr erinnern, welche Stelle aus der Tora ich gelesen habe. Ich erinnere mich aber noch an die Vorbereitung auf meine *Bar-mizwe*. Aus dem Talmud musste ich Gemara und zum Beispiel die Bücher Baba Quama und Baba Metzi'a studieren. An diese beiden Bücher erinnere ich mich noch. Aus diesen Büchern lernt man vor allen Dingen, wie die

Menschen sich untereinander verhalten sollen. Das eine Buch nannte sich das »Gericht«. Zum Beispiel man findet Geld, das jemand verloren hat. Darf man es behalten, oder muss man den suchen, der es verloren hat? Man muss den Verlierer suchen. Das ist nur ein Beispiel für das, was ich vor meiner *Barmizwe* aus den Büchern gelernt habe.

Die Feiern macht man in der *Schul*, weil viele Menschen kommen und das Haus, in dem man wohnt, zu klein ist. Man bringt Wein und Kuchen dorthin. Die Frauen sind auf der Empore der Synagoge. Um fröhlich zu sein, muss man nicht viel trinken, man muss einfach fröhlich sein. Die Hauptsache ist, den ganzen Tag zu feiern. In unserer Familie waren keine Zionisten. Zionisten nenne ich die Menschen, die in zionistischen Organisationen arbeiteten. Aber alle Juden wollten gern nach Palästina. Jede religiöse Feier endete deshalb mit den Worten »Nächstes Jahr in Jerusalem.« Wir konnten nur davon träumen.

Alles endete mit dem Beginn des Krieges am 1. September 1939.

In Pińsk

1938 verkaufte der Gutsherr Orda sein Landgut in Mokraja Dabrowa an verschiedene Bauern. Viele Familien, die auf dem Gut arbeiteten, wurden dadurch arbeitslos, unter ihnen auch mein Vater.

Das war eine schwere Zeit in unserem Leben. Wir Kinder haben in Pińsk in einem Zimmer gelebt und die Schule besucht. Unsere Eltern sind dann auch nach Pińsk gezogen, und wir haben eine größere Wohnung in der Moniuskistraße 10/10 gemietet. Es war ein einstöckiges Haus aus Holz mit drei Flügeln. Wir hatten zwei Zimmer, eine Küche und eine Veranda. In diesem Haus wohnten drei Familien. Es waren der Hauseigentümer Ludwinicki, unsere Familie und ein Christ namens Kołb mit seiner Frau. Der Hauseigentümer war ein Jude. Er wohnte hier mit seiner Frau, drei Söhnen und zwei Töchtern. Er und seine Söhne arbeiteten in der Streichholzfabrik. Nur der älteste Sohn war schon verheiratet. Er wohnte in einem anderen Haus. Die Töchter waren noch nicht verheiratet. Kołb arbeitete bei der polnischen Eisenbahn.

Mein Vater hat ein Jahr lang keine Arbeit gehabt. Nur meine Schwester Riwa arbeitete als Verkäuferin in einer Galanteriewarenhandlung bei Feldmann im

»Schmidthaus«. Dieses Haus wurde so genannt, weil der Eigentümer Schmidt hieß. Die Mutter hat für ein Geschäft Unterhemden genäht. Die Mutter und Riwa haben unsere Familie unterhalten müssen.

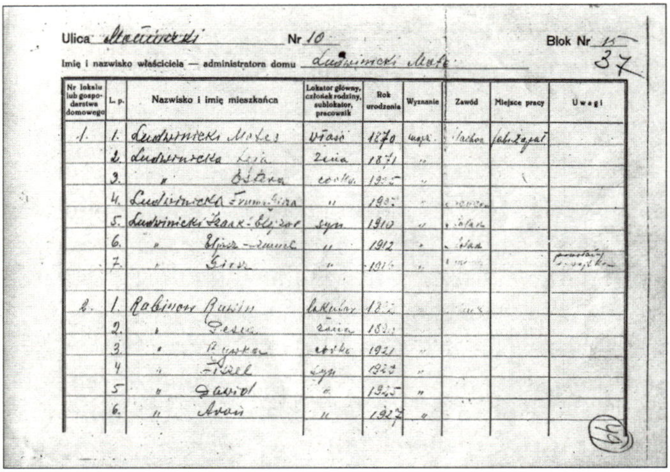

Ulica Moniuszki Nr 10 Blok Nr 15

Imię i nazwisko właściciela — administratora domu Ludwinicki Motel 37

Nr lokalu lub gospodarstwa domowego	L. p.	Nazwisko i imię mieszkańca	Lokator główny, członek rodziny, sublokator, pracownik	Rok urodzenia	Wyznanie	Zawód	Miejsce pracy	Uwagi
1.	1.	Ludwinicki Motes	właść.	1870	mojż.	[illegible]	[illegible]	
	2.	Ludwinicka Leja	żona	1871	"			
	3.	" Estera	córka	[illegible]	"			
	4.	Ludwinicka [illegible]	"	[illegible]	"	[illegible]		
	5.	Ludwinicki Izaak-Elejzor	syn	1910	"	[illegible]		
	6.	" [illegible]	"	1912	"	[illegible]		
	7.	" [illegible]	"	[illegible]	"	[illegible]		[illegible]
2.	1.	Rabinow Ruwin	lokator	[illegible]		[illegible]		
	2.	" Pesia	żona	[illegible]				
	3.	" Rywka	córka	1921	"			
	4	" [illegible]	syn	1923	"			
	5	" David	"	1925	"			
	6.	" Aron	"	1927	"			

Liste der Bewohner des Hauses Moniuskistraße 10[17].

Zu jeder Wohnung gehörte ein kleiner Garten. Kołb war schon etwa 60 Jahre alt und hatte noch Verbindung zu dem Dorf, in dem er geboren wurde. Er brauchte daher keinen Garten. Da wir eine große Familie waren, sollten wir seinen Teil dazu nehmen. Im Garten wuchsen nur Zwiebeln, Tomaten und Kräuter.

Ich habe die Handwerkerschule besucht, obwohl meine Eltern nicht bezahlen konnten. Es war eine Schule der jüdischen Gesellschaft, keine staatliche Schule. Man musste monatlich zehn Złoty bezahlen. Der Rat der Schulpflegschaft befreite mich von den Zahlungen, weil ich gut lernte. Dafür musste ich in den Ferien für die Fachschule arbeiten. Die Schule machte Arbeiten für die Bevölkerung. Im Winter machten wir insbesondere Reparaturen an den Schiffen und im Sommer reparierten wir vor allen Dingen Maschinen der Bauern. In der Schule war einer der Lehrer ein großer Spezialist für Motoren. Er hatte eine leichte körperliche Behinderung, ein Bein war etwas kürzer, so dass er hinkte. Aber er hatte sehr geschickte Hände und einen genialen Kopf. Er konnte jeden Motor reparieren. Er war ein Genie.

In der Schule hat man den Kindern, die kein Geld hatten um zu bezahlen, etwas zu essen gegeben. Aber ich habe dort nicht gegessen. Ich habe mich geschämt, dahin zu gehen.

Meine Schwester Ester hat Anfang 1938 Awraam Warschawski geheiratet. Er hatte ein kleines Kleidergeschäft. 1940 wurde ihre Tochter Gitla geboren.

Die zwei kleineren Brüder, David und Aron, haben weiterhin das Tarbut-Gymnasium besucht.[18] David war vierzehn Jahre alt. Er hat einen halben Tag in der Schule gelernt und in der zweiten Hälfte des Tages, wenn er aus der Schule kam, hat er dem Mann meiner Schwester Ester im Geschäft geholfen. Er hat Reklame für das Geschäft gemacht und die Leute in das Geschäft hereingerufen. Dafür hat er einen Złoty bekommen. Für dieses Geld konnte man zum Beispiel mehr als ein Kilogramm Zucker kaufen. Das war eine große Hilfe für unsere Familie.

In Pińsk waren sehr viele Juden Ärzte, Juristen oder Lehrer. Auch in der polnischen Schule waren Juden als Lehrer tätig. Sie haben aber nur jüdische Religion unterrichtet. In einem Gymnasium hat ein jüdischer Professor die polnische Sprache unterrichtet. Ob er am *Schabbes* gearbeitet hat, weiß ich nicht.

Es gab zwei Spitäler, ein polnisches Spital und ein großes jüdisches Spital in der Sowalnastraße. Dieses Spital wurde von der jüdischen Gesellschaft unterhalten. Es war ein Privatspital. Wenn jemand kein Geld hatte, bezahlte die Gesellschaft oder gab ihm eine andere Hilfe. Mein älterer Bruder Lew, der eine Ausbildung als Feldscher hatte, wurde 1938 aus der polnischen Armee entlassen. In den Spitälern bekam er aber keine Arbeit, weil alle Stellen besetzt waren. Er hat dann als Holzarbeiter in einer Sperrholzfabrik gearbeitet.

Ende 1938 hat mein Bruder Lew geheiratet. Seine Frau hieß Chaja-Dwejra. 1940 wurde auch meinem Bruder eine Tochter geboren, die Dina genannt wurde. Er hat dann getrennt von unserer Familie in einer eigenen Wohnung gelebt. Für unsere Familie wurde es dadurch etwas leichter. Der Vater bekam in Pińsk keine Arbeit, weil es keine Geschäfte gab, die Käse herstellten. In Pińsk wurde Käse nur verkauft.

In der Logischinskaja war ein Geschäft, in dem Singer-Nähmaschinen verkauft wurden. Im Schaufenster war eine elektrische Spielzeugeisenbahn aufgebaut. Die Kinder der Stadt standen sehr oft vor diesem Schaufenster um zuzuschauen, wie die Eisenbahn fuhr. Wenn der Besitzer des Ladens mittags zum Essen nach Hause ging, stellte er die Eisenbahn ab. Die Kinder standen dann oft eine ganze Stunde vor dem Schaufenster und warteten, bis die Mittagspause zu Ende war und die Eisenbahn wieder fuhr. Auf der Hauptstraße gab es auch ein Geschäft, wo man im Sommer für fünf und zehn Groschen Eis kaufen konnte. Für zehn Groschen bekam man ungefähr 50 Gramm. Für Kinder war das die schönste Sache.

In Polen war alles sehr teuer. Ein *Bejgel* kostete zum Beispiel fünf Groschen, ein Ei acht bis zehn Groschen, ein Kilo Zucker zwischen 80 Groschen und einem Złoty, ein Kilo Brot 20 Groschen. Eine primitive Wohnung kostete im Monat 15 bis 20 Złoty.

Postkarte von Pińsk (ohne Datum) und seinen typischen Holzhäusern. Im Hintergrund eine der Synagogen, die es vor dem Krieg in vielen Straßen der Stadt gab.

In der Kosciusko Straße war ein Schuhgeschäft der tschechischen Firma Bata. Dort gab es die billigsten Schuhe. Für einen Złoty konnte man Sandalen für den Sommer kaufen. Der Besitzer des Ladens fuhr mit dem Auto über die Dörfer und verkaufte dort die Sandalen. Wer zwei Złoty am Tag verdiente, konnte gerade leben.

Wir Kinder führten ein eigenes Leben. Wir besuchten die Klubs »Shomer-Alumi« und »Haschomer Hazair« und träumten vom Aufbau von Erez Israel.

Pińsk ist eine jüdische Stadt gewesen.[19] Warum sage ich, es ist eine jüdische Stadt gewesen? Pińsk hatte 36 000 Einwohner. Davon waren etwa 28 000 Juden.[20] Die Übrigen waren Christen. Juden und Christen haben sehr gut miteinander gelebt. Die jüdischen Menschen waren zum Beispiel Schneider, Schuster, Juweliere und stellten alles her, was die Christen, die auf den Dörfern wohnten, benötigten. Das Zusammenleben mit den anderen, den Ruthenen, Russen, Weißrussen, Polen und Deutschen war gut. Keiner hat den anderen gestört. Jüdische Geschäfte hatten am *Schabbes* und sonntags nicht geöffnet. Wenn ein Jude am *Schabbes* sein Geschäft geöffnet hätte, hätten die Juden nicht bei ihm gekauft. Wenn er sonntags sein Geschäft hätte öffnen wollen, hätte es ihm die Polizei nicht erlaubt, denn der Sonntag war der christliche Feiertag. An anderen Feiertagen war es auch so. Jüdische Schulen haben Sonntags unterrichtet.

Im März 1938, als die Nationaldemokratische Partei Polens (Narodowa Demokracja)[21], allgemein bekannt als Endecja, in vielen Städten Polens gegen die Juden demonstrierte, wollte sie auch in Pińsk eine Demonstration machen und möglicherweise die Schaufenster der jüdischen Geschäfte zerstören. Die meisten Droschkenfahrer in Pińsk waren Juden. Sie haben die Demonstranten gehindert, den Bahnhof zu verlassen und in die Stadt zu gehen. Die christlichen Droschkenfahrer haben sie dabei unterstützt, so dass es in Pińsk keine Demonstration gab. Die polnische Polizei hat nichts unternommen. Über einen Monat lang hat die polnische Regierung solche Demonstrationen organisiert.[22]

Im politischen Bereich dominierten die Polen. In der Regierung waren nur polnische Katholiken.

Auch bei der Polizei wurden nur katholische Polen eingestellt, keine orthodoxen. In einem Dorf konnte der Bürgermeister ein Orthodoxer sein, wenn die gesamte Bevölkerung orthodox war. In den Städten lebten Polen, Russen und Juden. Der Bürgermeister der Stadt konnte aber nur ein Pole sein. Auch in den kleinen Städtchen war das so. Nur auf dem Dorf war es ein Bürgermeister der Nationalität, die im Dorf als Mehrheit lebte, denn man suchte den Bürgermeister innerhalb der Dorfgemeinschaft aus.

Pińsk war eine Stadt mit sehr vielen verschiedenen Schulen. Es gab zahlreiche Cheder, die das Rabbinat unterhalten hat, und sieben polnische Schulen. Im Cheder wurden wie in allen jüdischen Schulen Jungen und Mädchen gemeinsam unterrichtet. An höheren Schulen hatte Pińsk zwei jüdische Gymnasien, eins von der jüdischen Gesellschaft Tarbut, das zweite war eine Privatschule. Im Tarbut Gymnasium wurde nur auf Hebräisch unterrichtet, es wurde jedoch auch die polnische Sprache wie eine Fremdsprache gelehrt. Die Schüler mussten schon vorher Hebräisch gelernt haben. Das lernten sie im Cheder. Im Privatgymnasium wurde auf Polnisch unterrichtet. Dieses Gymnasium konnten Juden, Orthodoxe und Polen besuchen. Außerdem gab es zwei polnische Gymnasien. Eines für Jungen und eines für Mädchen. Juden konnten diese polnischen Gymnasien nicht besuchen. Es gab zwei jüdische Handwerkerschulen und zwei christliche Handwerkerschulen, eine für Jungen und die zweite für Mädchen. Außerdem gab es eine jüdische und eine christliche Kaufmännische Schule. Jede Schule in Pińsk hatte eine Nummer. Die Schüler trugen Mützen mit der Nummer der Schule, so dass man sehen konnte, zu welcher Schule sie gehörten. Das war besonders für die Polizei sehr wichtig. Für die Ausbildung zum Rabbiner gab es eine *Jeschiwe*. In Polen war in Wilna die *Hauptjeschiwe*. Wenn man in Pińsk die *Jeschiwe* mit einem Diplom beendet hatte und Rabbiner werden wollte, musste man die *Hauptjeschiwe* absolvieren. Solche Schulen gab es in Europa mehrere. Ich weiß, dass es auch noch eine in Amsterdam gab.

In der Stadt sprach man hauptsächlich Jiddisch, denn die meisten Bewohner waren Juden, und die Mehrheit der Christen hat bei Juden gearbeitet. Juden haben aber auch bei Christen gearbeitet. Fast alle Geschäfte gehörten Juden. Es gab nur ein Lebensmittelgeschäft, das einem Polen gehörte. Außerdem gab es eine große Bäckerei, die einem Christen gehörte. Wenn man zu einem Frisör ging, alle Frisöre waren Juden, haben alle untereinander Jiddisch gesprochen. Auch die Kinder haben untereinander Jiddisch gesprochen. Polnisch hat man nur gesprochen, wenn man zu einer Behörde ging. Auch auf dem Markt hat man Jiddisch gesprochen. Nur mit den Bauern, die ihre Produkte brachten, um sie zu verkaufen, hat man Russisch gesprochen, weil die meisten Bauern Russen oder Ukrainer waren. In Pińsk gab es unter den Christen nur sehr wenige Katholiken. Es gab mehr Orthodoxe. Sie wurden prawosławny genannt.

Vor dem Krieg, bis 1939, hatten die Juden in Pińsk viele Synagogen. Fast jede Straße hatte ihre eigene Synagoge.

Jeder Berufsstand hatte eine eigene Synagoge. Die Hauptsynagoge war in der Bonastraße, sie war sehr groß. Sie hatte Platz für 1000 Menschen. Die Juden in Pińsk waren Chassiden.[23] Diese Synagoge hatte so dicke Wände, dass die Sowjets sie nicht sprengen konnten. Auch die Deutschen haben vergeblich versucht, die Synagoge zu zerstören. Erst 1952 wurde sie völlig zerstört. An ihrem Platz steht jetzt ein Theater.

Synagoge von Pińsk, West- und Nordseite. Aufnahme aus den zwanziger Jahren des letzten Jahrhunderts. 1923 wurde sie durch Feuer beschädigt, aber schon 1932 wiederhergestellt. Der Betsaal für die Männer maß innen 16 mal 18 Meter und war neun Meter hoch.

In Pińsk gab es fünf jüdische Zeitungen und zwei polnische. Es gab vier Redaktionen, die eigene Druckmaschinen hatten. Ich erinnere mich an den Namen einiger Zeitungen, sie hießen »Pińsker Najß«, »Pińsker Sztyme« und »Raguo«. Zuhause haben wir »Hajnt«[24] gelesen. Es war keine Pińsker Zeitung, sondern die größte Zeitung in Polen. Hajnt war mehr progressiv, mehr in die Richtung von Shomer-Alumi, und Raguo war näher zur Organisation Haschomer Hazair.

Ich habe sehr viel auf Jiddisch, Polnisch und Russisch gelesen, denn im Haus gab es viele Bücher. Die russische Sprache habe ich mit einer russischen Zeitung gelernt. In Pińsk gab es eine russische Zeitung »Ruskoe Slowa«. Aus dieser Zeitung habe ich die russischen Buchstaben gelernt und angefangen, auf Russisch zu lesen.

Pińsk liegt an einer wichtigen Wasserstraße, die eine Verbindung zwischen dem Schwarzen Meer und der Ostsee herstellt. Es gibt zwei verschiedene Wasserwege: Der eine führt von der Ostsee über die Weichsel in den Bug. Vom Bug in den Fluss Muchawitz. Von der Muchawitz in den Fluss Pina, an dem Pińsk liegt, führt der Kanal Dnjaprowska-Buhski. Der Kanal wurde 1540 gebaut. Über Pina, Pripjet und Dnjepr geht es weiter zum Schwarzen Meer. Es ist ein historischer Salzweg. Das war ein Weg, um von der Krim Salz nach Westeuropa zu transportieren. Der zweite Weg von der Ukraine in die Ostsee ist über Dnepr, Pripjet, Jasjolda, Kanal Oginski, weiter über die Flüsse Schtschara, Njemen (Memel) in die Ostsee.

In Pińsk gab es zwei große Fabriken, eine Streichholzfabrik und eine Sperrholzfabrik. In jeder dieser Fabriken haben mehr als 1000 Menschen gearbeitet. Das waren die Hauptwerke in Pińsk. Die Streichholzfabrik war ein schwedisches Unternehmen. Es war die einzige Streichholzfabrik in Polen. Auch die Sperrholzfabrik war die größte in Polen. Der Eigentümer hieß Lourié. Ihre Produkte wurden nach ganz Europa exportiert. Aus dem Sperrholz hat man außer Möbeln zum Beispiel auch Flugzeuge gebaut. Es gab noch eine zweite Sperrholzfabrik, die aber sehr viel kleiner war. Sie gehörte der Familie Kunde und war im Stadtteil Karlin.

Lourié, der Eigentümer der großen Sperrholzfabrik, lebte in Paris. Er kam mehrmals im Jahr nach Pińsk, um seine Fabrik zu besuchen. Wenn er in das Büro des Direktors kam und sah, dass dieser Zeitung las und Tee trank, fragte er nicht, wie die Fabrik läuft, denn er war sicher, dass alles in Ordnung war, denn sonst hätte der Direktor nicht Zeitung lesen können. Wenn im Büro des Direktors aber Leute standen, setzte er sich hin, wartete und fragte dann den Direktor, wie es in der Fabrik geht.

In der Streichholzfabrik herrschten sehr soziale Verhältnisse. Der polnische Arbeitsinspektor konnte keinen Arbeiter entlassen, es sei denn, der Arbeiter stimmte zu. Dann erhielt er eine Abfindung in Höhe von zehn Jahresgehältern. Nach Ablauf von zehn Jahren erhielt er dann eine Pension von der Fabrik. Die reichsten Menschen in der Stadt Pińsk waren die, welche bei der Streichholzfabrik gearbeitet haben. Dort wurde nur an vier Tagen in der Woche gearbeitet, und der Lohn war höher als in anderen Fabriken. Auf der Straße erkannte man sofort die Arbeiter der Streichholzfabrik. Ihnen standen alle Geschäfte offen. Alles, was sie kaufen wollten, erhielten sie, auch wenn sie kein Geld bei sich hatten, denn man wusste, sie würden das Geld bringen. Es war üblich, dass man in den Geschäften die Waren bekam und erst am Freitag bezahlte, wenn man seinen Lohn in der Fabrik erhielt.

Der Zweite Weltkrieg beginnt

1939 sind in Polen die Menschen sehr unruhig gewesen, weil sie wussten, dass in kürzester Zeit der Krieg zwischen Deutschland und Polen beginnen könnte. Der Konflikt hat 1938 begonnen, als Hitler von den Tschechen das Sudetenland forderte. Die polnische Regierung hat dann auch einen Teil Schlesiens von den Tschechen gefordert und im Oktober das Teschener Gebiet besetzt. Nach dem Anschluss von Österreich und der Tschechei verlangte Hitler von Polen den Danziger Korridor, um Deutschland mit Preußen zu verbinden. Polen wollte dieses Gebiet nicht abgeben und fing an, sich für einen Krieg zu rüsten. Uns wurde klar, dass der Krieg kommen würde. Im März 1939 wurde in Polen die erste Mobilmachung bekannt gegeben, und mein ältester Bruder Lew wurde zum Militär einberufen.

Ich habe im Juli 1939 die jüdische Handwerkerschule beendet, hatte aber noch keine Arbeit und half meinem Vater den Garten, den er gepachtet hatte, zu bearbeiten.

Meine älteste Schwester Ester erwartete ein Kind, die jüngeren Brüder David und Aron beendeten die Schule. David half dem Schwager im Geschäft. Alle waren beunruhigt. In der Stadt verlangten polnische

Die deutsch-sowjetische Demarkationslinie 1939 (Hitler-Stalin-Pakt).

Behörden Mittel für den Kauf von Ausrüstung, besonders für die Luftabwehr. Man fing an, in den Gemüsegärten Unterstände zum Schutz vor Fliegerangriffen zu bauen.

Kurz nachdem der Pakt Molotow-Ribbentrop (Hitler-Stalin-Pakt)[25] abgeschlossen worden war, begann am 1. September 1939 der deutsch-polnische Krieg.

Anfang September kamen die ersten Züge mit Verwundeten in Pińsk an. Das Hospital befand sich im Jesuitendom. Vater und ich gingen dorthin, um nach Lew zu suchen. In Pińsk tauchten viele Flüchtlinge auf, besonders Juden aus dem westlichen Teil Polens.

Mein Bruder Lew als Feldscher in der polnischen Armee war auch mobilisiert worden. Er kam in die Stadt Toruń. Dort war er auch zu Beginn des Krieges. Der Krieg zwischen Deutschland und Polen hat nur einen Monat gedauert. Einen Monat konnte sich nur Warschau halten. In den übrigen Regionen hat der Krieg nicht mehr als zwei Wochen gedauert. Die ganze Armee war in Gefangenschaft bei den Deutschen. Sie waren in Lagern.

Mein Bruder ist auch in einem Lager in der Nähe von Warschau gewesen. Dort waren viele Kranke und er hat dort auch als Feldscher gearbeitet. Die Kriegsgefangenen waren nicht in Häusern, sondern auf freiem Feld untergebracht. Die Kriegsgefangenen, die sehr krank oder verwundet waren, wurden an einen anderen Ort überführt, wo man ihnen etwas Hilfe geben konnte. Mein Bruder Lew und noch andere Feldscher haben die Verwundeten und Kranken ins Spital begleitet. Der Deutsche, der sie bewachte, als sie die Kranken ins Spital brachten, hat ihnen gesagt, sie sollten weglaufen, denn sonst würde man sie auch erschießen. Mein Bruder und noch vier andere, die die Kranken begleiteten, sind weggelaufen. Er ist lange Zeit in Polen herumgeirrt, bis er nach Brest kam. Das war jetzt der Grenzort zwischen der Sowjetunion und dem von Deutschland besetzten Polen. Durch den Molotow-Ribbentrop-Pakt (Hitler-Stalin-Pakt), den Hitler 1939 noch vor dem Krieg zwischen Deutschland und Polen mit Stalin schloss, wurde Polen zwischen Deutschland und der Sowjetunion aufgeteilt. Ostpolen bis zum Bug ist an die Sowjetunion gefallen und der andere Teil an Deutschland.

Aus den von den Deutschen okkupierten Gebieten sind die Juden zu uns geflohen. Sie haben erzählt, was die Sonderkommandos mit den Juden in Polen machen. Das ging so bis zum 16. September 1939.

Pińsk wird von der Roten Armee besetzt

Als Folge des Molotow-Ribbentrop-Paktes ist die Rote Armee am 17. September 1939 über die polnische Ostgrenze marschiert, um in Polen das Gebiet bis zum Bug zu besetzen. Die polnische Armee konnte keinen Widerstand leisten, weil sie gegen die Deutschen kämpfte. Am 20. September 1939 ist die Rote Armee schon in Pińsk gewesen. Pińsk ist etwa 150 Kilometer von der sowjetischen Grenze entfernt.

Die Rote Armee ist von Kiew und Gomel auf sowjetischen Schiffen nach Pińsk gekommen. Wir wurden sowjetische Bürger und bekamen sowjetische Pässe. Aber diese Pässe waren nur in dem Gebiet gültig, in dem man wohnte. Ohne einen speziellen Ausweis konnte man nicht aus unserem Gebiet nach Russland fahren. Der Pass allein gab uns dieses Recht nicht. Die Regierung der Sowjetunion wollte auf diese Weise verhindern, dass die ehemaligen Bürger Polens nach Russland fahren und dort über die besseren Lebensverhältnisse in Polen berichten. Die jüdische Bevölkerung freute sich über das Eintreffen der Sowjets, weil die deutsche Einstellung den Juden gegenüber sehr gut bekannt war. Die Juden glaubten, nun vor den Deutschen sicher zu sein.[26]

Als wir sowjetische Bürger wurden, änderte sich das Leben in Pińsk. Alles was polnisch war wurde von der Regierung bekämpft. In den Schulen wurde nur noch auf russisch und weißrussisch unterrichtet. Das Leben für die Juden wurde schlechter. Alles Jüdische wurde verboten. In kurzer Zeit wurden alle Synagogen und jüdischen Schulen (private und öffentliche) geschlossen.[27] Das alles wurde verstaatlicht. Die jüdischen Feiertage konnten nicht mehr gefeiert werden. An jedem *Schabbes* musste man arbeiten und auch an jedem jüdischen Feiertag. Es war nicht offiziell verboten, den *Schabbes* und die Feste zu feiern, aber es war nicht mehr möglich, denn wer nicht zur Arbeit kam, wurde bestraft.

In der Stadt wurden alle jüdischen Zeitungen eingestellt und verboten. Es gab nur noch eine Zeitung, und die Nachrichten wurden nur einmal am Tag in der jüdischen Sprache gemeldet, weil die Mehrheit in der Stadt Juden waren.

Man hat begonnen, die jüdischen Geschäfte zu verstaatlichen. Und denen, die etliche Häuser hatten, sagte man, sie seien sehr reich, und man hat sie deshalb nach Sibirien oder Kasachstan deportiert. Mein Vater beneidete sie. Er sagte, dass diese Menschen glückliche Menschen seien, weil sie am Leben bleiben würden.[28] Was mit uns sein werde, wisse man nicht. Wir hätten keine Chance zu überleben, denn er fürchtete einen Krieg zwischen Deutschland und Russland.

Von unserem Bruder Lew hörten wir lange nichts. Erst am 31. Dezember 1939 ist er von Brest nach Hause gekommen. Er war in deutscher Kriegsgefangenschaft gewesen, konnte aber entfliehen und ging zu Fuß bis Brest. In der Brester Burg wurde er von den sowjetischen Grenzsoldaten angehalten, bis sie alle seine Papiere überprüft hatten und bis die Behörden wussten, dass er ein Einwohner der Stadt Pińsk ist. Erst dann hat man ihn nach Hause gelassen. Kurz darauf gebar seine Frau Chaja-Dwejra eine Tochter, die sie Dina nannten. Lew fand eine Arbeit in der Stadtklinik und studierte gleichzeitig an der medizinischen Fachoberschule. Auch meine Schwester Ester bekam 1940 ihr Baby Gitla.

In Brest waren sehr viele Juden aus Polen. Sie wollten nach Russland, auf die andere Seite des Bug, in das von der Roten Armee besetzte Gebiet. Sie hatten Angst, auf der von den Deutschen okkupierten Seite in Polen zu bleiben. In Polen hatten die Deutschen begonnen, die Juden zu ermorden. Deshalb sind die Juden nach Russland geflohen.

Die meisten Juden, die den Krieg überlebt haben, sind polnische Juden, die nach Russland in unser Gebiet geflohen sind. Es gab viele Juden, die aus dem von den Deutschen besetzten Polen gekommen waren.[29] Die sowjetische Regierung hat sie nach Kasachstan deportiert.[30] Vielleicht zehn oder zwanzig Familien sind in Pińsk geblieben. Alle anderen mussten nach Kasachstan, weil sie erzählten, was die Deutschen mit den Juden in Polen machten. Wir wussten das alles sehr genau. Bei uns hatte man in den Zeitungen alles geschrieben, was in Deutschland geschah, seit Hitler an die Macht kam. Wie er an die Macht gekommen ist, was er mit seinen besten Freunden gemacht hat, die ihm geholfen haben, an die Macht zu kommen. Ich meine die SA und die Ermordung von Röhm. Auch die Politik gegen die Juden. Alles haben wir gewusst. Die Sowjets deportierten diese aus Westpolen geflohenen Juden, weil man sagte, sie agitieren gegen Hitler und die deutsche Wehrmacht. Durch den Abschluss des Molotow-Ribbentrop-Paktes galt Hitler als Freund der Sowjetunion, und über einen Freund darf man nichts Schlechtes erzählen.[31] Diese nach Sibirien und Kasachstan deportierten Juden haben überlebt.

In Pińsk gab es viele Schiffe, die Privatpersonen gehörten. Man hat diese Schiffe alle verstaatlicht und die Eigentümer verjagt.[32] Die Sowjets errichteten in Pińsk eine Behörde, die sich »Westliche Wasserstraße des Ministeriums der Wasserstraßen in Russland« nannte. Bei dieser Behörde bekam ich 1939 Arbeit. Die Dienststelle befand sich in der Sowjetischen Straße 24. Sie unterstand dem Schifffahrtsministerium. Ich arbeitete als Telefontechniker in der Abteilung für Fernmeldewesen. Das war eine neue Organisation, die wir aufgebaut haben.

Meine Schwester Riwa begann in der Lebensmittelabteilung des Exekutivkomitees des Stadtsowjets zu arbeiten. Auch der Vater hat wieder angefangen zu arbeiten, und unsere materielle Lage ist etwas besser geworden. Meine jüngeren Brüder David und Aron besuchten wieder eine Schule. Sie war im Gebäude des früheren Tarbut Gymnasiums. Es war jetzt eine sowjetische jüdische Schule. Es wurde auf Jiddisch und Russisch unterrichtet, aber nicht auf Hebräisch. Die hebräische Sprache war verboten. Alle Lehrer waren neu, nur das Gebäude war das alte.

Die Zeit ist sehr schnell vergangen. So haben wir in dieser scheinbaren Ruhe gelebt, bis der deutsch-sowjetische Krieg begann. Wir haben auch gewusst, dass ein Krieg zwischen der Sowjetunion und Deutschland beginnen wird. Mein Vater pflegte immer zu sagen, die Sowjets und die Nazis können keine Freunde sein. Wir wussten, dass in Deutschland alle Kommunisten und Sozialisten in Konzentrationslagern saßen. Die Politik des Nationalsozialismus war konkret in Hitlers Buch »Mein Kampf« beschrieben. Dieses Buch war bei uns gut bekannt. Die Zeitungen haben es abgedruckt und die polnischen sozialistischen Organisationen haben bestimmte Kapitel dieses Buches in ihren Zeitungen veröffentlicht.

Daher wussten wir, was Nationalsozialismus bedeutete. Wir hörten im Radio die Reden von Hitler, die er vor dem deutschen Volk hielt. In seinen Reden zitierte er sein Buch »Mein Kampf« und erläuterte, was er genau gemeint hat, als er das Buch schrieb. Uns war klar, dass der Nationalsozialismus über alle Völker herrschen wollte. Was Hitler sagte, haben wir sehr ernst genommen, denn wir hatten gesehen, dass alle seine Forderungen erfüllt worden waren. Zuerst hatte er den Anschluss Österreichs gefordert, die Tschechoslowakei, den Danziger Korridor. Er hat Italien im Krieg gegen Abessinien unterstützt. Wir sahen, dass er alles, was er fordert, bekommen wird. Wir wussten auch sehr gut, was in Polen mit den Juden geschah und dass Juden aus Deutschland deportiert wurden. Es waren die Juden, deren Vorfahren in anderen Ländern gelebt hatten. Man schickte diese Juden in das Land zurück, aus dem ihre Familien gekommen waren. Von 1939 bis zum Beginn des deutsch-sowjetischen Krieges kamen Menschen aus dem von Deutschland besetzten Teil Polens nach Pińsk. Aus all diesen Ereignissen wussten wir, dass es einen Krieg geben wird. Wir wussten nur nicht, wann.

Der letzte Tag, an dem unsere Familie zusammen war, war der 22. Juni 1941, der Tag, an dem Deutschland die Sowjetunion überfiel.

Überfall der Deutschen Wehrmacht auf die Sowjetunion

Anfang 1941 hat man den Mann meiner Schwester Ester, Awraam Warschawski, zur Roten Armee einberufen. Er war im Rayon der Stadt Brest stationiert.

Der 22. Juni 1941, ein Sonntag, war der letzte Tag, an dem unsere Familie, bis auf unseren Schwager Awraam, zusammen war. An diesem Tag kam meine Schwester Riwa zu uns. Sie arbeitete als Plansachbearbeiterin in der Bauabteilung einer Firma, die Feldflugplätze nicht weit von Pińsk baute. An dem Tag waren bei uns im Haus: Die Mutter, der Vater, die Schwester Ester mit ihrem Kind Gitla, die Schwester Riwa, mein Bruder Lew mit seiner Frau Chaja-Dwejra und dem Kind Dina, meine zwei kleineren Brüder David und Aron und ich.

An diesem Tag wurde Lew zum Wehrkommando der Stadt gerufen und zur Roten Armee eingezogen.[33] Riwa kehrte zu ihrer Arbeitsstelle zurück. Sie wurde Richtung Osten evakuiert. Von meiner Arbeitsstelle ist auch jemand gekommen und sagte, ich solle schnell zur Arbeitsstelle kommen. Niemand wusste, was morgen kommen würde.

Als ich auf der Arbeitsstelle ankam, haben wir gewusst, dass der Krieg mit Deutschland begonnen hatte. Die Route unserer Schiffe der Wasserstraße endete in Brest. Die Telefonleitungen zwischen Brest und Pińsk waren zwar unterbrochen, aber unsere Schiffe hatten Funkgeräte. Über Funk haben sie gemeldet, dass die Deutschen den Bug überschritten haben und dass der Krieg begonnen hat. Man schickte Arbeiter los, die die Leitungen reparieren sollten. Aber sie konnten nicht weit fahren, denn die Deutschen waren sehr schnell, sie waren gut motorisiert. Nicht weit von der Stadt Pińsk war ein Flugplatz. Der wurde frühmorgens von deutschen Flugzeugen bombardiert. Um 12 Uhr hat Molotow über Radio verkündet, dass der Krieg begonnen hat.[34] Die Stadt Pińsk ist nicht mehr als 190 km von Brest entfernt.

Als der Krieg mit Deutschland 1941 begann, konnten wir nicht aus Pińsk wegfahren, weil es uns sehr schnell getroffen hat. Alle Wege waren abgeschnitten. Es gab zwei Grenzen. Deutschland - Sowjetunion am Bug und die zweite Grenze war die alte Grenze zwischen der Sowjetunion und Polen. Wir hatten in jener Zeit sowjetische Pässe, aber um die alte Grenze von 1939 zwischen Polen und der Sowjetunion zu überschreiten, musste man einen besonderen Ausweis zum Pass haben. Einen solchen Ausweis hatten wir nicht.[35] Wir waren Sowjetbürger mit eingeschränkten Rechten. Nur auf dem Gebiet des früheren Polen, das jetzt zur Sowjetunion gehörte, konnten wir uns frei bewegen.

In der Nacht zum 24. Juni 1941 kam Panik in der Stadt auf. Der Anlass war eine Explosion des Schießpulverlagers, das zum ehemaligen 84. polnischen Infanterieregiment gehörte. Das Pulver wurde in alten Kasematten, etwa fünf oder sechs Kilometer von der Stadt entfernt, schon seit über 100 Jahren gelagert.

Jemand hat das Pulver in der Nacht vom Montag auf Dienstag angezündet, und alles ist explodiert. Durch die Explosion wurde es in der Stadt taghell. Fast die ganze Bevölkerung rannte über eine Brücke, die auf die andere Seite des Pinaflusses führte, in Richtung Dawidgródek (Dvidgrodek), einer sehr alten Stadt an der alten polnisch-russischen Grenze.

Wir, David, Aron und ich, verließen auch die Stadt. Wir sind etwa 150 Kilometer bis zur Grenze gelaufen, um in die Sowjetunion zu gehen. Wir sind jeden Tag 50 Kilometer gelaufen. Mehr schafften wir nicht. Am dritten Tag waren wir an der ehemaligen sowjetisch-polnischen Grenze. Die Grenzsoldaten aber ließen uns nicht durch, weil wir keine gültigen Ausweise hatten. Der Pass allein genügte nicht. Auch als meine Schwester nach Osten evakuiert wurde, hat man sie auf einem Lastwagen versteckt, dass man sie nicht sah, denn auch sie hatte diesen erforderlichen Ausweis nicht.

Man hat uns nicht auf die andere Seite der Grenze gelassen, und wir wurden zurück nach Pińsk geschickt. Es gab nur diesen einen Weg zur Grenze, denn rechts und links war nur Sumpf oder Wasser. Wir sind wieder nach Pińsk zurückgekehrt. Als ich in Pińsk ankam, ging ich sofort zu meiner Arbeitsstelle. Die Vorgesetzen hatten sich in dieser Nacht aus dem Staub gemacht. Die ganze Macht in der Stadt lag in den Händen des Kommandanten der Dneprflottille.

Zwei Tage nachdem wir in Pińsk ankamen, marschierte die deutsche Armee in Pińsk ein. Das war am 4. Juli 1941.[36] Es hatte mehr als zehn Tage gedauert, bis die deutsche Armee kam, weil die Wege zwischen Brest und Pińsk sehr schlecht sind. Die motorisierte Armee kam in diesem Gebiet nur sehr langsam voran. Im Norden und Süden stand die deutsche Armee schon weiter östlich.

Da kein Jude in Pińsk zu seinem sowjetischen Pass den Ausweis hatte, der eine Einreise in das übrige Gebiet der Sowjetunion gestattete, konnte auch kein Jude aus Pińsk evakuiert werden. Erst am 8. Juli hat Stalin einen Befehl zur Evakuierung gegeben auch für die Menschen, die nicht den zusätzlichen Ausweis zum Pass hatten. Für die Stadt Pińsk und für viele andere Juden kam dieser Befehl aber zu spät, denn die deutsche Armee stand schon ungefähr 300 Kilometer östlich von Brest.[37]

An dem Abend, als die deutsche Armee in Pińsk einmarschierte, sind sie in die Gliniszczanska Straße gegangen, eine jüdische Straße. Sie haben 30 Männer, Juden, genommen, sie in den Stadtpark geführt und dort erschossen.[38] Die Erschießung machten Polizei und Deutsche. Da ich die Uniformen noch nicht kannte, weiß ich nicht genau, wer es war. Ich glaube, dass es ein spezielles Kommando war. Ich kann mich nur daran erinnern, dass bei den Truppen eine österreichische Einheit war. Das war die erste Aktion. Man wollte zeigen, was man mit den Juden machen würde.[39] Einer der Männer hat sich fallen lassen, bevor man schoss. In der Nacht ist er dann aus der Grube herausgekrochen und nach Hause gegangen.[40] Es war ein Frisör aus dem Schtetl Logischin. Nach einem Jahr wurde er am Eingang ins Ghetto auf der Stelle erschossen, weil er ein kleines Stück Brot bei sich hatte.

Am zweiten Tag nach der Aktion war es in der Stadt still. Ein Leiter der Telefonabteilung der Wasserstraße, wo ich gearbeitet habe, ist zu mir nach Hause gekommen. Es war noch eine zivile Wasserstraße. Es war ein Pole namens Malinowski. Er hat gesagt, ich soll wieder zur Arbeit gehen. Er hat noch drei Juden genommen, die früher dort gearbeitet haben. Es waren Radkiewicz, Botwinik und Epstein. Radkiewicz und Epstein waren nicht verheiratet. Botwinik hatte eine Frau und eine Tochter. Wir haben in der Telefonabteilung gearbeitet. Die drei Juden haben die Leitungen repariert. Sie fuhren jeden Tag mit Malinowski Richtung Brest, um die zerstörten Leitungen zu reparieren. Ich habe in der Telefonzentrale gearbeitet.

Gleich nachdem die deutsche Armee die Stadt Pińsk besetzt hatte, erließ der Stadtkommandant einen Befehl zur Einrichtung eines Judenrates.[41] Seine Aufgabe war es, die Verbindung zwischen dem Kommandanten von Pińsk und den Juden herzustellen, zwischen der Polizei und den Juden. Alle Befehle für die Juden gingen an den Judenrat.[42] Der Judenrat bestand aus einem Vorsitzenden und etlichen Menschen. Früher, in der polnischen Zeit, gab es keinen Judenrat, da war es eine jüdische Gesellschaft. Wer im Judenrat war, weiß ich nicht. Ich kannte sie nicht.

Als die Deutschen Pińsk besetzten, richteten sie in allen Synagogen, in denen kein Gottesdienst mehr gefeiert wurde, andere Stellen ein. Nur einige kleine Synagogen, die nicht an den Hauptstraßen lagen, blieben geöffnet.

Der erste Massenmord in Pińsk im August 1941

Bis zum August 1941 haben wir gearbeitet, und es ist ruhig gewesen. Es gab keine »Aktionen« gegen die Juden. Die Juden durften in ihren Häusern leben. Alle Geschäfte waren geschlossen, aber man durfte auf den Markt gehen, um Lebensmittel zu kaufen. Die Bauern brachten Kartoffeln, Zwiebeln, Knoblauch und Gemüse auf den Markt. Unsere Hauptnahrungsmittel waren Kartoffeln und Graupen. Brot konnte man kaufen, aber es war sehr schlecht. Es war mit verbranntem Korn wie mit Kohle gebacken.[43] Man konnte es kaum essen.

Am 7. August 1941 gab es eine Verordnung des Kommandanten der Stadt Pińsk. Alle Juden, die nicht arbeiten, müssen sich am 8. August beim Hauptbahnhof melden, und man wird sie zur Arbeit schicken.[44] Nicht später als um 8 Uhr in der Frühe sollten sie am Bahnhof sein.[45] Es sind einige Hundert Menschen hingegangen. Man hat sie aus der Stadt herausgeführt, aber nicht zur Arbeit, sondern auf ein Kartoffelfeld. Dort hat man sie erschossen. Etliche haben sich fallen lassen, ehe man anfing zu schießen. Sie sind liegen geblieben, bis es dunkel geworden war. Dann sind sie nach Pińsk zurückgegangen und haben in der Stadt erzählt, was für eine »Arbeit« man ihnen gegeben hat. Diese Nachricht ist schnell von Haus zu Haus gegangen. Von dieser Nacht an hat man in jedem Haus gewusst, was uns bevorstand.[46]

Auch am 8. August 1941 gab es einen Befehl, dass man sich am 9. August beim Bahnhof melden müsse, um zur Arbeit geschickt zu werden. Um 7 Uhr in der Frühe musste man da sei. Keiner hat sich gemeldet. Dann hat man um 8 Uhr in der Frühe angefangen, in jüdische Häuser zu gehen und jüdische Männer herauszutreiben, Kinder von sechs Jahren an und alte Menschen. Wer krank in seinem Bett lag und nicht herausgehen konnte, wurde in seinem Bett erschossen. An diesem Tag hat man 10 000 männliche Juden aus Pińsk herausgeführt.[47] Nicht weit von Pińsk, in Richtung Brest, ist das Dorf Kozlakovichi. Dort ist ein großes Feld, und auf diesem Feld hat man am 9. August 1941 10 000 männliche jüdische Menschen erschossen.[48] Es gab keine Familie, wo man nicht mindestens einen Menschen erschossen hat.

Es war 8 Uhr in der Frühe. Ich habe mich vorbereitet, um zur Arbeit zu gehen und bin zur Toilette im Hof gegangen. Weil es Sommer war, benutzte man nicht die Toilette im Haus. Zu der Zeit, als die Deutschen in unser Haus kamen, war ich auf dem Hof auf der Toilette. Ich wusste nicht, dass die Deutschen in unser Haus kommen würden. Im Haus waren mein Bruder Aron, er war 14 Jahre alt, und David, 16 Jahre alt. Als ich wieder ins Haus kam, waren meine beiden Brüder Aron und David nicht mehr da. Meine Mutter und meine Schwester Ester haben geweint. Ich habe sie gefragt, was geschehen ist. Da haben sie mir erzählt, dass Polizei und Deutsche hereinkamen und David und Aron mitgenommen haben. Auch unseren

Am ersten Tag des Massenmordes auf einem Feld beim Dorf Poseniczi erschossene Juden.

Hauseigentümer, der schon über 60 Jahre alt war, und zwei seiner Söhne haben sie mitgenommen. Sie haben sie auf die Straße mitgenommen, sind in das nächste Haus gegangen und haben auch dort Menschen mitgenommen. Man hat sie aus der Stadt herausgeführt und bei dem Dorf Kozlakovichi erschossen.[49] Das war die Polizei, und die Mutter hat gesagt, dass es auch Deutsche in deutschen Uniformen waren. Auch die Kommandos haben deutsche Uniformen getragen, schwarze oder grüne. Ob es Wehrmacht oder SS war, weiß ich nicht. Die SS hat auch grüne Uniformen getragen. Ich weiß nicht, wer es war. Es waren Deutsche. Sie wurden von der Polizei unterstützt. Ohne Polizei konnte das deutsche Kommando nicht arbeiten. Die Deutschen wussten nicht, welches ein jüdisches Haus oder ein christliches Haus ist. Die Polizei wusste aber, wo Juden wohnen.

Mein Vater blieb auch am Leben. Er hatte sich auf dem Dach versteckt, weil er der Verordnung vom 7. August 1941 nicht gefolgt war. Er war nicht am 8. August zum Bahnhof gegangen. Deshalb hatte er Angst, dass man ihn jetzt abholen würde. Der jüngste Sohn unseres Hauseigentümers hat auch überlebt, weil er sich zusammen mit meinem Vater auf dem Dachboden versteckt hatte.

Am selben Tag wurde den Juden eine Kontribution auferlegt. Sie mussten Gold, Silber, Kupfer und Porzellan, alles, was man im Haus hatte, abgeben.[50] Andernfalls werde es neue Erschießungen geben, wurde angedroht. Man hat alles, was im Haus war, abgegeben.[51] Man wollte am Leben bleiben. Für wie lange, hat man nicht gewusst. Es war die erste Kontribution, denn später gab es noch mehr Kontributionen.[52]

In der Stadt war große Trauer, weil es keine Familie gab, die nicht von dieser Mordaktion betroffen war. Das Kommando war etliche Tage in Pińsk. Am 11. August ist Malinowski, der Chef der Telefonabteilung, zu mir nach Hause gekommen. Als er sah, dass ich lebte, hat er gesagt, ich solle zur Arbeitsstelle kommen. Er hat mich begleitet, denn am 10. August war ein neuer Befehl ergangen, dass alle Juden auf der linken Seite der Brust und auf dem Rücken ihrer Kleidung einen gelben Kreis, den sogenannten Judenfleck, tragen müssen.[53] Wer arbeitete, musste auf dem gelben Kreis einen Stempel seiner Arbeitsstelle haben. Das war unser Ausweis. Ohne diesen Ausweis durften Juden nicht ohne Begleitung gehen. Malinowski ist mit mir auch noch zu drei anderen Juden gegangen, zu Radkiewitsch, Botwinik und Epstein. Sie lebten auch. Wir hatten die »Aktion« überlebt.

Malinowski hat uns mit zur Arbeitsstelle genommen, wo wir zwei Tage blieben, bis das Kommando, das die Juden erschossen hatte, von Pińsk abzog. Wir haben auf der Arbeitsstelle geschlafen. Er hat uns abends nicht nach Hause gelassen, weil er Angst vor weiteren »Aktionen« hatte. Als das Kommando weg war, gingen wir wieder nach Hause.[54]

Bis zum 9. August 1941 konnten sich die Juden in der ganzen Stadt Pińsk frei bewegen. Sie durften die Stadt nur nicht verlassen. Nach dem 9. August begannen die Verbote für die Juden. An diesem Tag wurde auch das Ghetto eingerichtet. Die Juden, die in den Hauptstraßen wohnten, wurden ins Ghetto getrieben. Bis zum 1. Mai 1942 durften die Juden, die in kleineren Straßen wohnten, noch in ihren Wohnungen bleiben.[55] Wir mussten die Radioapparate abgeben, und an den Häusern wurden die Stromleitungen abmontiert, so dass wir keinen Strom mehr hatten.

Wir mussten vorne und hinten auf der linken Seite unserer Kleidung einen gelben Kreis tragen. Es wurde den Juden verboten, auf dem Bürgersteig zu gehen, wir mussten auf der Fahrbahn gehen. So konnten wir auch nicht mehr mit den Christen auf der Straße sprechen. Kontakte zwischen Juden und Christen waren verboten. Es war Juden verboten, in das Haus eines Christen zu gehen, und Christen war es verboten, in das Haus eines Juden zu gehen. Die Polizei hätte beide erschießen können.[56] Es war Juden verboten, auf den Markt zu gehen. Lebensmittel konnte man nur bei Christen kaufen, aber das war für Juden verboten.[57] Auch vom Magistrat haben die Juden keine Lebensmittel bekommen.[58] Nur bei der Arbeit konnten Juden und Christen Kontakte miteinander haben. So konnte man auch Kleider in Nahrungsmittel umtauschen.[59] Wenn man von der Arbeit kam, war es schon dunkel, und man wurde nicht kontrolliert und durchsucht. So konnte man die Lebensmittel, die Christen für uns gekauft hatten, nach Hause bringen. Später im Ghetto war das anders, da war es verboten, Nahrungsmittel ins Ghetto zu bringen. Wir konnten auch kein Holz mehr kaufen, um etwas zu kochen. Das war verboten. Als wir noch in unserem Haus lebten, war es noch etwas einfacher. Wir konnten mit dem Holz unserer Möbel heizen und kochen.

Die Juden, die arbeiteten, bekamen nur 50% des regulären Lohnes. Aber auch mit dem Geld konnte man nichts kaufen. Nur auf der Arbeitsstelle konnte man einen Christen bitten, etwas zu kaufen. Es war verboten, in der Küche der Arbeitsstelle Essen an Juden auszugeben. Du konntest arbeiten und musstest sehen, wovon du lebst.

Im Winter 1941/42 war unsere Hauptspeise Fisch. Brot und Fleisch konnten wir nicht bekommen. Der Winter 1941/42 war sehr kalt, und der Fluss war zugefroren. Wenn man in die Eisdecke ein Loch schlug, sprangen die Fische aus dem Wasser aufs Eis, weil im Wasser zu wenig Sauerstoff war. Wir Juden durften jedoch nicht zum Fluss. Auf meiner Arbeitsstelle arbeiteten etwa 30 Personen, darunter auch einige Christen. Drei oder vier Christen gingen während der Arbeitszeit zum Fluss, um Fische zu fangen, und die anderen haben für sie gearbeitet. Am Abend kamen sie zur Arbeitsstelle zurück, und die gefangenen Fische wurden unter allen Arbeitern gleichmäßig aufgeteilt. Da wir noch nicht im Ghetto wohnten, konnte ich die Fische in einen Sack einwickeln und sie so mit nach Hause nehmen. Das ging solange, wie der Fluss zugefroren war.

Da so viele Männer erschossen worden waren, konnten nach dem August 1941 in den wenigen noch geöffneten Synagogen keine Gottesdienste mehr gefeiert werden. Die Menschen trauten sich nicht mehr, in die Synagoge zu gehen, so dass nicht mehr genügend Juden in der Synagoge waren, um einen Minjan zu bilden. Wahrscheinlich haben sie nur noch zu Hause gebetet.

Im September 1941 fing der Magistrat von Pińsk an, den Juden ihre Pässe, die sie als Bürger der Sowjetunion bekommen hatten, abzunehmen. Die Juden erhielten einen Ausweis auf gelbem Papier mit einem großen Stempel »Jude« auf allen vier Seiten des Ausweises.[60] Diese Ausweise wurden nicht vom Judenrat ausgestellt. Möglicherweise hat der Judenrat alle Juden registriert[61], aber die Dokumente wurden vom Magistrat ausgegeben.

Bis November 1941 war meine Arbeitsstelle, die Wasserstraße, eine zivile Verwaltung. Im November 1941 kam eine Abteilung »Feldwasserstraße« der deutschen Wehrmacht nach Pińsk. Jetzt haben zwei

Verordnung

zur Sicherstellung der Ernaehrung der im Gebiet Pinsk wohnenden Juden.

1. Diese Verordnung gilt räumlich: für das Gebiet Pinsk. Sachlich: für alle Lebensmittelgeschäfte, staatlichen Verteilungsstellen, Märkte, Gaststätten, Landwirte und Juden.

2. Die Lebensmittelversorgung der Juden findet unter Berücksichtigung der festgesetzten Rationssätze durch den Judenrat statt.

3. Die Lebensmittel werden dem Judenrat zur Verfügung gestellt. Derselbe nimmt die Versorgung der Juden vor und ist für eine richtige und sparsame Verwendung in der vorgeschriebenen Versorgungszeit verantwortlich.

4. Der Einkauf von Lebensmitteln in arischen Lebensmittelgeschäften, staatlichen Verteilungsstellen, Märkten, arischen Gaststätten und bei den Landwirten ist den Juden verboten.

5. Tauschgeschäfte, sowie das Hamstern oder Betteln von Lebensmitteln ist verboten.

6. Landwirtschaftliche Erzeugnisse der Juden, sowie Lebensmittelbestände sind festzustellen und den Besitzern anzurechnen.

7. Wer dieser Verordnung zuwiderhandelt oder sie umgeht, wird nach den bestehenden Gesetzen streng bestraft.

8. Diese Verordnung tritt mit dem 1. 12. 1941 in Kraft.

Pinsk, den 17. November 1941.

Der Gebietskommissar
Abteilung Ernährung und Landwirtschaft
gez.: **STRAUB**
Gebietslandwirt

Verordnung vom 17. November 1941.

für die Wasserstraßen zuständige Behörden gearbeitet, die zivile und die von der Wehrmacht. Ich habe bei der Verwaltung der Wehrmacht, bei der Feldwasserstraße, als Telefontechniker gearbeitet. In Pińsk war eine Schiffswerft. Die Hauptaufgabe der Feldwasserstraße war diese Schiffswerft.[62] Hier kamen die Schiffe aus Deutschland an. Durch einen Kanal gab es eine Schiffsverbindung vom Dnepr über den Pripjet, den Bug und die Narwa zur Weichsel.

Die Christen, mit denen ich zusammen arbeitete, haben mir oft ein Radio oder eine Uhr zur Reparatur gebracht. Ich habe die Geräte mit nach Hause genommen und dort repariert. Geld habe ich nie dafür genommen, denn mit dem Geld hätte ich ja nichts kaufen können, weil es für Juden verboten war, auf den Markt oder in ein Geschäft zu gehen. Ich habe mir immer Lebensmittel dafür geben lassen, meist ein Stückchen Brot oder einige Kartoffeln. Solange ich noch nicht im Ghetto wohnte, konnte ich die Dinge zur Reparatur und auch die Lebensmittel mit nach Hause nehmen. In die Häuser der Christen konnte ich zu der Zeit nicht mehr gehen, um dort etwas zu reparieren, das war schon verboten.

Ende Dezember 1941 ist Awraam, der Mann meiner Schwester Ester, nach Hause gekommen. Er war in Gomel in deutsche Kriegsgefangenschaft geraten. Da er blond war und nicht wie ein Jude aussah, wurde er von den Deutschen nicht als Jude erkannt. Man hat ihn in die Tschechoslowakei in ein Kriegsgefangenenlager gebracht. Von dort ist er entflohen und zu Fuß durch Tschechien und Polen nach Hause gekommen. Als Awraam nach Pińsk kam, war es schwer, für ihn den neuen Ausweis zu bekommen. Er hatte keinen Pass. Den hatte er abgeben müssen, als er zur Roten Armee eingezogen wurde. Mein Vater hatte beim Magistrat einen Bekannten. Der hat eine Frau gefunden, die den Ausweis ausgestellt hat. Als Geschenk hatte die Frau ein neues Oberhemd bekommen. Sie hat Awraam registriert und ihm den Ausweis ausgestellt. Ohne diesen Ausweis hätte er nicht in der Stadt leben können. Danach konnte Awraam bei der Sperrholzfabrik Arbeit bekommen.

Während der Okkupation durch die Deutschen haben die Zeitungen in Pińsk fast jeden Tag geschrieben, die Juden seien die schlimmsten Menschen. Sie müssten umgebracht werden. Man konnte es kaum ertragen, die antisemitischen Zeitungen zu lesen. Vor der Okkupation durch die Deutschen waren diese Zeitungen nicht so offen antisemitisch gewesen.

1942 haben wir zum letzten Mal ein improvisiertes Pessachfest zu Hause gefeiert. Wir waren noch nicht im Ghetto. Danach gab es an den Feiertagen nur noch Träume.

So haben wir bis Mai 1942 gelebt. Wir konnten in unserem Haus leben. Das war alles. Alles andere war für Juden verboten.

Im Ghetto Pińsk

Wir haben bis zum 1. Mai 1942 in unserem Haus gelebt. An diesem Tag wurden alle Juden in das mit Stacheldraht umzäunte Ghetto getrieben.[63] Es war der schmutzigste Teil von Pińsk und lag zwischen den Straßen Logischinskaja, Teodorowskaja, Korotkaja, Leschinskaja, Boschnaja, Bernardynska und Kotlarskaja.

Am letzten Apriltag durfte man einen halben Tag lang in sein Haus gehen und Sachen ins Ghetto bringen. Wir mussten alles, was wir nicht tragen konnten, im Haus zurücklassen, denn wir hatten keine Kraft und keine Zeit, es zu holen.[64] Das Wichtigste war Kleidung für den Sommer und den Winter, Kissen und Decken zum Schlafen. Dazu ein paar Schüsseln und Löffel. Wir hatten sehr viel Geschirr im Haus, auch ein besonderes Pessachgeschirr. Das mussten wir alles zurücklassen. Schmuck, den man trug und den die Polizei sah, wurde abgenommen. In den ersten Stunden konnte man auch noch Lebensmittel mit ins Ghetto nehmen, später wurden uns die Lebensmittel, Mehl und Graupen, am Ghettotor abgenommen. Möbel durfte man nicht mitnehmen. Hätte man Möbel mitgenommen, hätte die Polizei am Ghettotor sie einem weggenommen.[65]

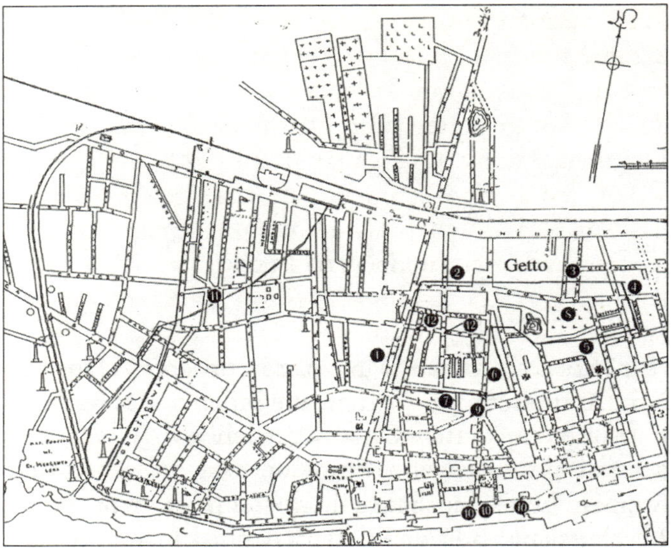

Plan des Gettos Pińsk[66]: 1 Logischinskaja; 2 Teodorowskaja; 3 Korotkaja; 4 Leschinskaja; 5 Boschnaja; 6 Bernardynska; 7 Kotlarskaja; 8 Friedhof; 9 Ghettotor; 10 Feldwasserstraße; 11 Moniuskistraße 10; 12 Wasserpumpen.

Im Ghetto gab es einen Judenrat. Alle Befehle der Deutschen für die Juden gingen an den Judenrat. Es gab nicht viele Häuser im Ghetto, und es war sehr wenig Platz für die Juden.[67] In einem Haus konnten bis zu zehn Familien sein. Der Judenrat hat den Leuten, die ins Ghetto kamen, zugewiesen, wo sie wohnen sollten. Man sagte, für einen Menschen im Ghetto gibt es eineinhalb Quadratmeter Platz.[68] Meine Familie bestand zu der Zeit aus sechs Personen. Mein Vater, meine Mutter, ich, meine Schwester Ester, ihr Mann Awraam Warschawski und die Tochter Gitla. Man hat uns im Ghetto in der Breitestraße Nr. 6 ein Zimmer von sechs Quadratmetern gegeben.

In unserem Zimmer waren zwei Türen. Durch das Zimmer musste eine andere Familie gehen, die in einem zweiten Zimmer lebte. In dem Zimmer standen nur zwei Betten, und es war noch ein schmaler Durchgang von etwa zwanzig Zentimeter Breite zwischen den Betten. Zum Glück war es Sommer, so dass man draußen schlafen konnte. Man hat sehr wenig geschlafen, denn man konnte sich nicht hinlegen. Der Vater, ich und Awraam, der Mann meiner Schwester, schliefen auf dem Dachboden, wenn es regnete. Und wenn es nicht regnete, schliefen wir unter freiem Himmel.

Im Ghetto hatten wir auch einen kleinen Garten, der zu dem Haus gehörte, in dem wir jetzt lebten. Es war ein winziges Stückchen, denn in dem Haus wohnten jetzt sehr viele Menschen. Auf jedem freien Stückchen Erde im Hof hat man versucht, etwas anzupflanzen, denn wir wussten, dass wir von außerhalb des Gettos nichts bekommen würden. Wir pflanzten Rote Beete und Zwiebeln an, die wir mit Grünem zu einer Suppe kochten. Man hat alles von den einzelnen Pflanzen verwertet. Jeder hat auf seine Pflanzen aufgepasst. Das war aber nicht immer möglich, und manchmal hat auch jemand etwas geerntet, was er nicht gepflanzt hatte. Normalerweise hat es deswegen keinen Streit gegeben. Es herrschte eine große Solidarität. Wir haben gewusst, dass er nichts hat und auch etwas zu essen haben muss. Es gab aber auch Fälle, dass es deswegen zum Streit kam. Man hat nur sehr darauf geachtet, dass kein anderer das aß, was man auf dem Ofen kochte. Jeder hütete seinen Topf.

Im Ghetto gab es kein Holz, um etwas zu kochen oder zu heizen. Zu dem Haus, in dem wir wohnten, gehörte ein Schuppen, in dem der Hauseigentümer Holz gelagert hatte. Das haben wir zuerst genommen und verbrannt. Später haben wir das Holz der Möbel verbrannt. Es war wichtiger, dass man kochen konnte, als dass man Möbel hatte.

Chaja-Dwejra, die Frau meines Bruders Lew, mit ihrer Tochter Dina und ihrer Mutter wohnten in einem anderen Haus, in der Nordstraße Nr. 19. Chaja-Dwejra arbeitete in einem Baubüro. Sie war von Beruf Wäschenäherin. Sie konnte arbeiten, weil ihre Mutter auf das Kind aufpasste.

Mein Arbeitskollege bei der Feldwasserstraße, Ber-Chaim Radkiewitsch, der ein Jahr älter war als ich, wohnte mit seiner Familie in der Südstraße Nr. 96.

Das Ghetto schloss auch einen kleinen Judenfriedhof mit ein und eine Synagoge. Der Hof der Synagoge grenzte direkt an unser Haus in der Breitestraße. Man hatte im ganzen Ghetto die elektrischen Leitungen demontiert. Nur durch ein Tor konnte man das Ghetto betreten oder verlassen. Das Ghetto war wie ein Lager. Es war mit Stacheldraht eingezäunt, und rund um das Ghetto wurden Wachen aufgestellt.[69] Nur diejenigen, die Arbeit hatten, konnten das Ghetto verlassen.[70] Die anderen waren im Ghetto für immer gefangen.

Die Juden, die schon vorher auf dem Gebiet des Ghettos gewohnt hatten, waren besser daran, sie waren reicher, weil sie ihre ganze Habe behalten konnten. Sie hatten dadurch später mehr Möglichkeiten, etwas gegen Nahrungsmittel zu tauschen.

Arbeitsstätten oder Werkstätten, wie in den anderen, größeren Gettos, gab es in Pińsk nicht. Dafür war im Ghetto kein Platz. Nur die Handwerker, die schon vorher auf dem Gelände des Ghettos lebten, hatten zum Beispiel ihre Nähmaschinen oder ihr

Handwerkszeug als Schuster und konnten noch arbeiten. Die anderen hatten keine Möglichkeit gehabt, ihr Handwerkszeug mit ins Ghetto zu nehmen.

Bis zum 1. Mai 1942 hatten sich in Pińsk wieder über 20 000 Juden eingefunden. Bald wohnten im Ghetto 28 000 Juden. Die Zahl der jüdischen Bevölkerung wuchs ständig an, weil viele Juden vor den Erschießungen in den kleineren Städtchen und Dörfern nach Pińsk flohen in der Hoffnung auf Rettung. Sie dachten, sie würden länger leben und gerettet, weil Pińsk größer war und in Pińsk mehr Menschen lebten. Diese Hoffnung war trügerisch.

Eine Cousine meines Freundes Stachow ist nach Pińsk gekommen, nachdem man ihre ganze Familie erschossen hatte. Sie allein ist am Leben geblieben, weil sie sich der Polizei als Frau hingegeben hatte. Die Polizei hat sie am Leben gelassen. Sie hat aber in Pińsk auch nur noch fünf Monate gelebt und ist wie alle anderen auch ermordet worden. Sie war ein schönes Mädchen, und sie hat ständig ihre Geschichte erzählt. Das ist nur ein Beispiel.

Die Lebensbedingungen im Ghetto waren unmenschlich. Diejenigen, die arbeiteten, durften das Ghetto verlassen und hatten die Möglichkeit, etwas gegen Essen einzutauschen. Essen ins Ghetto mitzubringen, war streng verboten. Wen man dabei gefasst hat, dass er Lebensmittel ins Ghetto schmuggeln wollte, den hat man auf der Stelle erschossen. Im Ghetto wuchs kein Gras, denn die Menschen rissen alles aus, um es zu essen. Sie haben alles gegessen, was sie sahen, denn ein hungriger Mensch will essen. Es erkrankten viele an Dysenterie und Dystrophie. Besonders betroffen waren die Alten und die Kinder, sie starben zuerst. Es gab keine Hilfe.

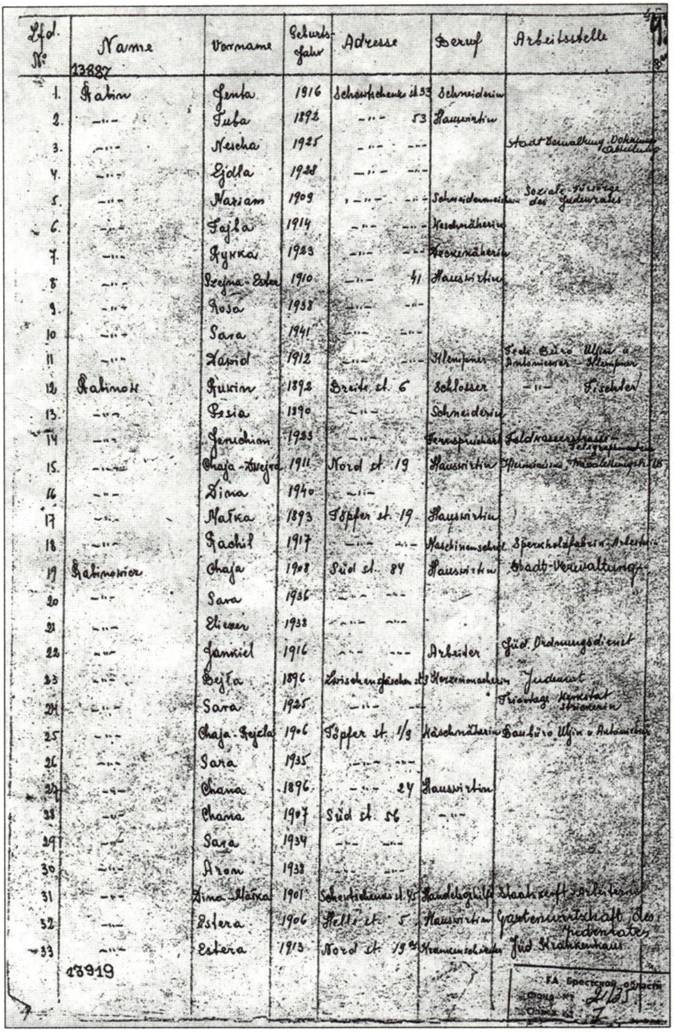

Lfd. Nr	Name	Vorname	Geburtsjahr	Adresse	Beruf	Arbeitsstelle
	13887					
1.	Rabin	Genta	1916	Schwarzschenke st. 33	Schneiderin	
2.	--"--	Tuba	1892	--"-- 53	Hauswirtin	
3.	--"--	Nescha	1925	--"-- ---		Stadtverwaltung Wohnungsabteilung
4.	--"--	Gjdla	1928	--"-- ---		
5.	--"--	Mariam	1909	--"-- ---	Schneidermeisterin	Soziale Fürsorge des Judenrates
6.	--"--	Fajla	1914	--"-- ---	Wäschenäherin	
7.	--"--	Ryvka	1923	--"-- ---	Weißnäherin	
8.	--"--	Szejna-Ester	1910	--"-- 41	Hauswirtin	
9.	--"--	Rosa	1938	--"-- ---		
10.	--"--	Sara	1941	--"-- ---		
11.	--"--	Dawid	1912	--"-- ---	Klempner	Tech. Büro [illegible] — Klempner
12.	Rabinow	[illegible]	1892	Breite st. 6	Schlosser	--"-- Tischler
13.	--"--	Pesia	1890	--"--	Schneiderin	
14.	--"--	[illegible]	1923	--"--	Fernsprecher	[illegible]
15.	--"--	Chaja-[illegible]	1911	Nord st. 19	Hauswirtin	[illegible]
16.	--"--	Dina	1940	--"--		
17.	--"--	Matka	1893	Töpfer st. 19	Hauswirtin	
18.	--"--	Rachil	1917	--"-- ---	Maschinenschneiderin	Sperrholzfabrik-Arbeiterin
19.	Rabinowicz	Chaja	1908	Süd st. 84	Hauswirtin	Stadt-Verwaltung
20.	--"--	Sara	1936	--"-- ---		
21.	--"--	Eliezer	1933	--"-- ---		
22.	--"--	Jankiel	1916	--"-- ---	Arbeiter	Jüd. Ordnungsdienst
23.	--"--	Bejla	1896	Zwischengässchen st. 3	[illegible]	Judenrat
24.	--"--	Sara	1925	--"--		Trikotage Werkstatt Strickerin
25.	--"--	Chaja-Fejgla	1906	Töpfer st. 1/3	Wäschenäherin	Baubüro [illegible]
26.	--"--	Sara	1935	--"-- ---		
27.	--"--	Chana	1896	--"-- 24	Hauswirtin	
28.	--"--	Chana	1907	Süd st. 56	--"--	
29.	--"--	Sara	1934	--"-- ---		
30.	--"--	Aron	1938	--"-- ---		
31.	--"--	Dina-Matka	1901	Schwarzschenke st. 45	Handelsgehilfin	[illegible]-Arbeiterin
32.	--"--	Estera	1906	Hell st. 5	Hauswirtin	Gartenwirtschaft des Judenrates
33.	--"--	Estera	1913	Nord st. 19a	Krankenschwester	Jüd. Krankenhaus
	13919					

ГА Брестской области
Фонд № 2135
Опись № 1

Vom Judenrat erstellte Liste der Ghettobewohner mit den laufenden Nummern der Personen. Familie Rabinow, Breitestraße 6 und Nordstr. 19.[71]

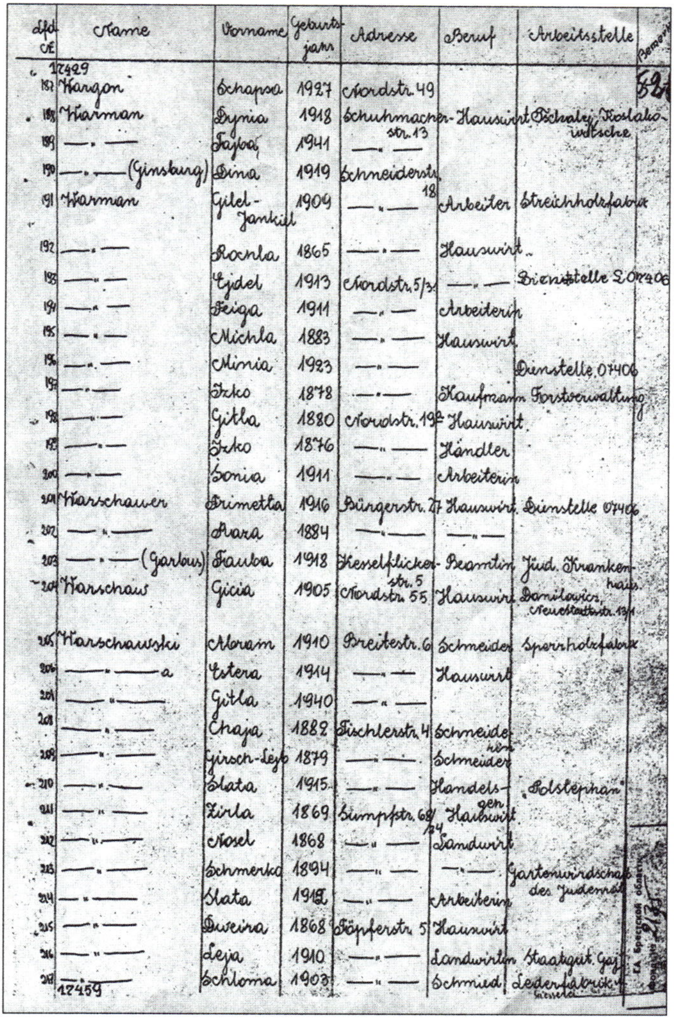

Lfd. Nr.	Name	Vorname	Geburtsjahr	Adresse	Beruf	Arbeitsstelle	Bemerk.
17429							
187	Wargon	Schapsa	1927	Nordstr. 49			521
188	Warman	Dynia	1918	Schuhmacherstr. 13	Hauswirt	Tschaley, Koslakowitsche	
189	—"—	Fajga	1941	—"—			
190	—"— (Ginsburg)	Dina	1919	Schneiderstr. 18			
191	Warman	Gitel-Jankiel	1909	—"—	Arbeiter	Streichholzfabrik	
192	—"—	Rachla	1865	—"—	Hauswirt		
193	—"—	Ejdel	1913	Nordstr. 5/3	—"—	Dienststelle L 07406	
194	—"—	Feiga	1911	—"—	Arbeiterin		
195	—"—	Michla	1883	—"—	Hauswirt		
196	—"—	Minia	1923	—"—		Dienstelle 07406	
197	—"—	Izko	1878	—"—	Kaufmann	Forstverwaltung	
198	—"—	Gitla	1880	Nordstr. 19	Hauswirt		
199	—"—	Izko	1876	—"—	Händler		
200	—"—	Sonia	1911	—"—	Arbeiterin		
201	Warschauer	Primetta	1916	Bürgerstr. 27	Hauswirt	Dienstelle 07406	
202	—"—	Rara	1884	—"—	—"—		
203	—"— (Garbus)	Fauba	1918	Kesselflickerstr. 5	Beamtin	Jüd. Krankenhaus	
204	Warschaw	Gicia	1905	Nordstr. 55	Hauswirt	Danilowicz, Neustadtstr. 13/1	
205	Warschawski	Abram	1910	Breitestr. 6	Schneider	Sperrholzfabrik	
206	—"— a	Estera	1914	—"—	Hauswirt		
207	—"—	Gitla	1940	—"—			
208	—"—	Chaja	1882	Tischlerstr. 4	Schneiderin		
209	—"—	Girsch-Leyb	1879	—"—	Schneider		
210	—"—	Slata	1915	—"—	Handelsagen	„Polstephan"	
211	—"—	Zirla	1869	Sumpfstr. 68/34	Hauswirt		
212	—"—	Nosel	1868	—"—	Landwirt		
213	—"—	Schmerka	1894	—"—	—"—	Gartenwirdschaft des Judenrat	
214	—"—	Slata	1912	—"—	Arbeiterin		
215	—"—	Dweira	1868	Töpferstr. 5	Hauswirt		
216	—"—	Leja	1910	—"—	Landwirtin	Staatgut. Gaj	
217	—"—	Schloma	1903	—"—	Schmied	Lederfabrik	
17459							

Vom Judenrat erstellte Liste der Ghettobewohner. Familie Warschawski, Breitestraße 6. Die Eltern von Awraam Warschawski sind die Nummern 208 und 209 in der Tischlerstraße 4.

In einigen Büchern schreibt man heute, dass Christen[72] ins Ghetto gehen konnten, um dort etwas zu verkaufen oder Juden Nahrungsmittel zu bringen. Das ist nicht richtig. Die Lage war sehr schlimm. Nur ein Jude konnte ins Ghetto gehen. Er konnte aber nicht frei ins Ghetto gehen, sondern er wurde abgetastet, ob er etwas bei sich trägt, ob er Lebensmittel ins Ghetto bringen will. Lebensmittel ins Ghetto zu bringen war verboten.[73] Die Polizei, die am Eingangstor stand, durchsuchte alle. Durchsucht wurde man von der polnischen Polizei, aber die jüdische Ghettopolizei[74] stand auch in der Nähe des Tores, innerhalb des Ghettos, denn wenn jemand erschossen wurde, mussten sie ihn begraben. Wenn man etwas Brot bei jemandem fand, wurde er auf der Stelle erschossen. Man fragte nicht lange, woher er das Brot hat und wem er es bringen will.

Der Jude, der sich retten konnte, als am 4. Juli 1941 die Deutschen 30 Juden erschossen, wurde vor meinen Augen von der Polizei durchsucht. Er hatte vielleicht 50 Gramm Brot bei sich. Die Polizei hat ihm auf der Stelle in den Bauch geschossen, und keiner konnte hingehen und ihm helfen. Man hätte auch den erschossen, der versucht hätte, ihm zu helfen. Die jüdische Polizei, es waren sechs oder sieben, nahmen ihn und begruben ihn auf dem Friedhof, der im Ghetto mit Stacheldraht eingezäunt war. Im Ghetto starben täglich 100 bis 150 Menschen.

Christen, die mit mir zusammengearbeitet haben, hatten Angst, mir etwas durch den Zaun ins Ghetto zu geben. Wenn man uns entdeckt hätte, wären wir beide erschossen worden. Rings um das Ghetto standen Wachen auf Wachtürmen. Sie konnten den ganzen Ghettozaun überblicken.

Die Juden im Ghetto mussten arbeiten. Es war gut, wenn man eine Arbeitsstelle hatte, bei der man jeden Tag am selben Ort arbeiten konnte. Dann kannte man die Christen, die mit einem zusammenarbeiteten, und es war möglich, sie zu bitten, für das Geld, das man verdiente, etwas zu essen zu kaufen. Das war wichtig, denn es war die einzige Möglichkeit, mit einem Christen Kontakt aufzunehmen. Andernfalls war das verdiente Geld wertlos. Es war auch möglich, Schuhe oder Hemden gegen Nahrungsmittel einzutauschen. Manche Christen haben das gerne getan. Das Schlimme aber war, dass man das, was man bekommen hat, nicht ins Ghetto bringen konnte. Der Christ musste das also bei sich behalten und einem jeden Tag etwas geben. Man musste den Christen vertrauen. Es kam auch vor, dass die Christen zwar die Sachen genommen haben, aber nichts dafür mitgebracht haben. Mir ist es einmal passiert, dass mir ein Christ 16 Kilogramm Mehl brachte. Ich konnte höchstens ein halbes Kilo in der Hosentasche ins Ghetto schmuggeln. Den Rest musste ich auf der Arbeitsstelle verstecken. Am nächsten Tag war das Mehl nicht mehr da.

Wenn man dagegen jeden Tag an einer anderen Stelle arbeiten musste, war es schwierig, Kontakt zu einem Christen zu bekommen, der bereit war, für das verdiente Geld Lebensmittel zu kaufen oder etwas gegen Lebensmittel einzutauschen.

Es stimmt nicht, dass im Ghetto ein Markt war. Die Juden hatten nichts, um zu handeln. Was hätten sie verkaufen können? Nur ihre gebrauchte Kleidung. Aber wer im Ghetto würde das kaufen, wer brauchte das? Die Juden benötigten nur eine Sache, Nahrungsmittel. Es gab keinen Handel im Ghetto.

Wenn ich so etwas in den Büchern lese, sage ich, handeln konnte man nur mit Wanzen, davon gab es genug in jedem Haus, denn alle Häuser waren überfüllt. Bis zu 50 Menschen lebten in einem Haus und man hatte keine Mittel, um es sauber zu halten.

Verlassen konnte das Ghetto nur ein Jude, der zur Arbeit geführt wurde. Dazu benötigte er den Stempel seiner Arbeitsstelle auf dem gelben Kreis auf der linken Brustseite seiner Kleidung. Man durfte nicht alleine zur Arbeitsstelle außerhalb des Ghettos gehen. Am Ghettotor wurden Listen geführt, wer zur Arbeit ging. So bemerkte es die Polizei sofort, wenn am Abend jemand nicht von der Arbeit zurückkehrte.

Die Brotration im Ghetto war für Kinder 80 Gramm, für Menschen, die nicht arbeiten, 120 Gramm und für Arbeiter 200 Gramm.[75] Es stimmt auch nicht, dass der Judenrat Brot aus gutem Mehl backen ließ. Ich habe solches Brot nicht gesehen und auch nicht davon gehört. Das Brot wurde außerhalb des Ghettos gebacken und einmal in der Woche gebracht und im Laden des Judenrats verkauft.[76] Im Ghetto gab es keinen Platz für eine Bäckerei, das Mehl durfte nicht ins Ghetto geliefert werden, und es gab kein Holz, um Brot zu backen.[77] Es gab nur Brot aus verbranntem Korn.[78] Andere Lebensmittel konnte man in diesem Laden nicht kaufen.[79] Das gelieferte Brot reichte aber nur für etwa 150 oder 200 Familien. Es wollten aber alle Brot bekommen. Stellen Sie sich vor, was für eine Reihe Menschen nach Brot anstand. Es waren Tausende. Die jüdische Ghettopolizei bewachte diese Menschenschlange, damit nicht einer den anderen für ein Stückchen Brot umbrachte, denn jeder wollte ein bisschen Brot bekommen.

In unserer Familie holte meine Schwester Ester für die ganze Familie das Brot. Sie nahm ihr Kind und wartete, ob man das Brot bringen würde. Sie wartete oft mehrere Tage, bis man das Brot brachte. Würde sie unter den ersten Hundert Menschen in der Warteschlange stehen, wird sie Brot bekommen für die ganze Familie. Steht sie weiter hinten in der Schlange, bekommt sie kein Brot. In einer Liste wurde ein Abschnitt abgeschnitten für die Personen, die Brot bekommen hatten.

Im Ghetto war die Kommandantenzeit von sieben Uhr in der Frühe bis sieben Uhr am Abend. Nur während dieser Zeit durfte man das Haus verlassen. Es war Sommer, und es war hell draußen, aber die Menschen mussten in den engen Häusern sitzen. Sie durften sich nicht auf der Straße zeigen, sonst würde die Polizei sie erschießen. Wasser trinken war auch sehr schwer. Im Ghetto gab es zwei Wasserpumpen.[80] Die zwei Pumpen waren auf der Błotna Straße, nicht mehr als 50 Meter von der polnischen Polizei entfernt, die das Ghetto bewachte. Die Straße hatte diesen Namen, weil es dort sehr lehmig war. Jeder Mensch im Ghetto wollte gutes Wasser haben. Das konnte man nur frühmorgens bekommen. Gutes Wasser gab es nur für 100 oder 150 Personen, denn das Wasser, das dann aus der Pumpe kam, war weiß vom Lehm. Dieses Wasser konnte man nicht trinken. Das Wasser musste man drei Tage im Eimer stehen lassen. Ein Drittel des Eimers war dann mit Lehm gefüllt. Mehr als einen Eimer Wasser durfte man nicht nehmen. Nur wenn man das Wasser gefiltert hatte, konnte man es trinken oder zum Kochen benutzen. Wenn jemand früher als sieben Uhr kam, erschoss die polnische Polizei, die außerhalb des Ghettozaunes war, ihn auf der Stelle an der Pumpe. In der letzten Zeit ging man nicht schon um sieben Uhr zur Pumpe, sondern etwas später, weil man Angst hatte, erschossen zu werden. Es war eine spezielle Abteilung, die das Ghetto bewachte. Sie ging jedoch nicht ins Ghetto. Es war polnische Polizei, Polen, Ukrainer und Weißrussen. Sie trugen schwarze Uniformen wie die Stadtpolizei. Der Leiter der Polizei war ein deutscher SS-Mann. Diese Polizei, sechs oder sieben Personen, bewachte die Wasserpumpen von außerhalb des Ghettozaunes. Sie konnten jeden ermorden, der dort trinken wollte.

Die jüdische Polizei im Ghetto hatte keine Uniformen und keine Waffen. Sie war nur an Armbinden zu erkennen. Sie hatte keine Macht. Hätte ein jüdischer Polizist einen Juden schlagen wollen, dann hätten die anderen Juden ihn geschlagen. Solange ich in Pińsk im Ghetto war, bis zum 29. Oktober 1942, war die Sprache der Polizei polnisch. Auch beim Magistrat wurde polnisch gesprochen.

Der schwerste Tag im Ghetto war der Sonntag. An diesem Tag wurde nicht gearbeitet, und alle befanden sich im engen Ghetto und mussten etwas essen. Man hatte aber keine Möglichkeit, an der Arbeitsstelle etwas zu essen zu bekommen. Auch mit dem Wasser war es am Sonntag schwierig, weil die ganze Bevölkerung im Ghetto war und trinken wollte.

Wenn heute in Büchern geschrieben wird, der Judenrat hätte Geschäfte und ein Krankenhaus im Ghetto unterhalten, so schreiben das Leute, die nicht im Ghetto waren.[81] Im Ghetto gab es kein Krankenhaus.[82] Das frühere jüdische Hospital lag außerhalb des Ghettogeländes.[83] Seine Insassen waren alle am 9. August 1941 ermordet worden. Danach hatten die

Juden Angst, ins Spital zu gehen. Im Ghetto gab es keinerlei medizinische Hilfe. Man konnte allenfalls heimlich einen Arzt aufsuchen.[84] Man hatte Angst, sich als Kranker beim Judenrat registrieren zu lassen, denn Kranke hatten kein Lebensrecht, es hätte ein Todesurteil sein können.

Man konnte nur außerhalb des Ghettos etwas durch einen Christen kaufen lassen. Man musste es aber außerhalb des Ghettos essen. Es war nicht möglich, Nahrung für die Familie ins Ghetto zu bringen. Ziel der Nazis war, die Menschen im Ghetto schneller sterben zu lassen.[85] Nur wer arbeitete, hatte die Chance, etwas länger zu leben.

Der Judenrat hat sich mit den Menschen befasst, die man im Ghetto erschossen hat. Sie haben dafür gesorgt, dass sie begraben wurden. Er musste die vielen Menschen begraben, die täglich starben. Der Judenrat hat von den Deutschen gefordert, dass man Medikamente bekomme oder bessere Nahrung. Im Ghetto gab es keine Medikamente. Die Juden, die in Apotheken gearbeitet hatten, waren dort ausgeschlossen worden, um zu verhindern, dass sie Medikamente ins Ghetto bringen. Wenn dem Ghetto wieder Kontributionen auferlegt wurden, warme Kleider oder etwas anderes, musste der Judenrat mit der jüdischen Polizei diese Dinge in den Häusern einsammeln. Der Judenrat führte auch die Listen mit den Bewohnern des Ghettos. Ich habe diese Liste von der Gedenkstätte Yad Vashem in Jerusalem bekommen. In dieser Liste hatte ich die Nummer 13 900.

Jeden Tag hat man 300 Menschen als Geiseln genommen für die, die zur Arbeit gingen. Wenn jemand aus dem Ghetto ging und am Abend nicht zurückkehrte, würde man seine Familie und die 300 Geiseln erschießen. Zur Arbeit wurden wir von einem Christen oder einem Chef der Deutschen geführt. Die Deutschen kamen nicht sehr oft. Meistens waren es polnische Christen. Alle kamen nach der Arbeit wieder nach Hause. Keiner ist weggelaufen, denn man wusste, wenn man nicht ins Ghetto zurückkehrt, wird man im Ghetto Menschen ermorden.[86] Ich hätte auch weglaufen können, denn wenn ich auf der Arbeit war, war ich frei. Ich hätte meinen »Ausweis« abreißen können, weil ich nicht wie ein Jude aussehe. Nur wenn man mich nackt auszieht, sieht man, dass ich ein Jude bin. Ich konnte aber nicht weglaufen, denn ich hätte dadurch vor der Zeit Menschen umgebracht, die im Ghetto geblieben waren. Das hätte ich nicht übers Herz gebracht.

Ich weiß nicht, ob im Ghetto Pińsk Partisanen- oder Widerstandsgruppen waren.[87] Das Ghetto war wie ein Lager organisiert. Ich glaube, im Pińsker Ghetto waren keine Partisanen. Aus dem Ghetto frei herauszugehen war nicht möglich. Wenn du im Ghetto registriert bist, mußt du im Ghetto sein. Man konnte auch nicht zu den Partisanen fliehen. Um zu den Partisanen zu gehen, hätte man wissen müssen, wo die Partisanen sind. Sollte man einen Menschen fragen: »Wo sind die Partisanen?« Wenn du fragst, weiß er genau, du bist ein Jude.

Sehr viele Menschen aus dem Ghetto sind zur Arbeit in die große Streichholzfabrik und eine Sperrholzfabrik gegangen. Die Mehrheit der Arbeiter waren Juden. Viele Juden haben auch in der Schiffswerft der Feldwasserstraße gearbeitet.[88] Da sie alle am Morgen beim Verlassen des Ghettos in einer Liste vermerkt worden waren, mussten sie auch alle am Abend wieder ins Ghetto zurückkehren.

Terrorakte gegen die Deutschen oder Sabotage bei der Arbeit waren nicht möglich. Welche Sabotage hätten Juden machen können? Jetzt ist es möglich, über Sabotage zu reden, über Widerstand.[89] Wenn Menschen im Ghetto leben, können sie das nicht machen. Können sie Sabotage machen? Nein. Wenn Menschen im Ghetto leben und man führt sie heraus zur Arbeit in der Fabrik, und sie müssen zurück ins Ghetto, können sie in der Fabrik Sabotage machen? Nein, denn sie wissen, wenn sie Sabotage machen, verkürzen sie das Leben ihrer Frauen, ihrer Kinder und von weiteren 300 Menschen.

Über die Eltern kann ich nur eines sagen. Nicht nur unsere Familie, alle Familien waren gleich. Reiche, Arme, die Lage war bei allen dieselbe. Man sprach leise, der andere sollte nicht wissen was. Es war wenig Platz. Im Sommer, bei gutem Wetter konnte man im Hof sitzen oder auf der Straße. Im Haus, in einem Zimmer waren sechs Personen, in einem zweiten Zimmer zehn, in einem dritten Zimmer vielleicht 25 Personen, weil es ein großes Zimmer war. Es gab nur einen Ofen zum Kochen. Der Ofen brannte den ganzen Tag, weil jeder etwas kochen wollte. Die Menschen haben einander geholfen. Zum Beispiel, jemand hat heute einen Eimer mit gutem Wasser gehabt und ein anderer morgen. Man hat sich gegenseitig geholfen, denn man musste trinken. »Das ist *majns*«, gab es nicht. Wir haben in einem Haus gewohnt, in dem zehn oder zwölf Familien wohnten. Man hat alles geteilt. Wir sind aus dem Ghetto zur Arbeit gegangen und konnten durch die Hilfe eines Deutschen, meines Retters, einmal in der Woche einige Lebensmittel ins Ghetto bringen.

Wenn ich etwas Essen mitbrachte, habe ich das auch anderen Kindern gegeben, denn bei uns konnten auch die Mutter und der Vater Essen bringen, weil sie bei der Feldwasserstraße arbeiteten. Wir mussten jeden Tag den Kindern etwas zu essen geben. Man teilte alles jeden Tag. Am Abend oder in der Frühe haben wir nichts gegessen, denn was wir ins Ghetto brachten, musste für die Kinder bleiben. Auch die Schwester hat sich etwas Essen abgespart, damit für die Kinder etwas bleibt.

Für die Kinder haben wir alles getan. Es war wichtig, sie mit Seife zu waschen, denn sie sollten nicht krank werden, weil es keine Medikamente gab. Die Bettwäsche haben wir mit Pottasche gewaschen, aber für die Kinder habe ich die Deutschen um Seife gebeten. Ich habe dafür zum Beispiel eine Uhr für einen deutschen Soldaten repariert. Die Mütter haben besonders darauf geachtet, dass die Kinder keine Läuse hatten. In unserer Familie ist auch keiner an Typhus erkrankt. Der Mann meiner Schwester Ester konnte nichts bringen, weil er in einer Fabrik gearbeitet hat, und dort war kein Deutscher wie mein Retter, der die Juden ins Ghetto begleiten ließ, damit sie Essen ins Ghetto schmuggeln konnten. Meine Schwester Ester konnte wegen ihrer kleinen Tochter nicht arbeiten, durfte also das Ghetto nicht verlassen. Wir mussten ihr etwas zu essen geben.

Wir haben gewusst, dass wir Menschen sind, die man erschießen wird. Jeden Tag hatte man nur einen Gedanken im Kopf, du lebst die letzte Zeit auf dieser Welt. Das haben die Menschen gewusst. Die Kinder, kleine Mädchen, drei und vier Jahre alt, haben nur gespielt, wie man Juden erschießt.[90] Sie haben nicht gewusst, dass es andere Spiele gibt. Sie haben nicht wie Kinder gespielt. Sie sagten immer zu mir: »Fischl nimm uns mit heraus aus dem Ghetto, denn die Deutschen werden uns erschießen.« Bei uns gab es keine Hoffnung. Wir haben am Horizont nur eine Sache gesehen, den Tod. Es gab nur einen Weg für uns, zur Grube. Auch die Kinder haben gewusst, dass sie die letzte Zeit ihres Lebens leben.

Das ist schwer zu verstehen, dass Menschen so leben und wissen, wie kurz ihr Leben noch ist. Wenn man sich im Ghetto begegnete, Jungen, Mädchen, sprachen sie nur über eine Sache: »Warum müssen wir sterben?«[91] Unsere Träume werden sich nicht erfüllen. Es waren sehr viele junge Menschen. Was träumt ein junger Mensch? Ein Mädchen, dass sie in Zukunft eine Geliebte sein wird, eine Frau, eine Familie haben wird und Kinder. Und sie weiß, dass das nicht sein wird. Auch die Jungen konnten den Traum vom Leben nicht erfüllen. Man konnte keine Hilfe von außen bekommen.

Meine ältere Schwester Ester war eine sehr schöne Frau. Gegen Ende des Ghettos war sie eine Dystrophikerin. Sie war nur noch Haut und Knochen. Solche wie sie hat es Tausende gegeben. Und in einer solchen Lage muss man leben in der Hoffnung, dass möglicherweise etwas Unerwartetes kommen wird. Es war schrecklich. Wenn man zur Arbeit geht und arbeitet, vergisst man es für einen Moment. Und bei der Arbeit sagt man zu sich, warum musst du arbeiten, morgen lebst du vielleicht schon nicht mehr.

Im Ghetto gab es eine Synagoge. Dort ist man jeden Tag hingegangen, um zu Gott zu beten, er solle helfen, dass man am Leben bleibt. Die Synagoge war mitten im Ghetto. An jedem *Schabbes* und Feiertag kamen viele Menschen.

Das Ende des Ghettos fällt zusammen mit den jüdischen Feiertagen *Roscheschone*, *Jom Kipper*, Sukkot und Simchat Tora. Es war das erste Mal, dass die Juden von Pińsk nach dem Jahre 1939 an diesen Feiertagen nicht gearbeitet haben. Wir hatten auf der Arbeitsstelle gesagt, dass wir an diesen Feiertagen nicht zur Arbeit kommen werden. Die Deutschen haben uns keine Probleme deswegen gemacht.[92] Alle haben gefeiert, Junge, Alte, Kinder und Frauen. Tausende Menschen waren zur Synagoge gekommen. Auch solche, die früher nie in die Synagoge gegangen sind. Für so viele Menschen war die Synagoge zu klein, sie hatten darin keinen Platz. Alle standen auf der Straße. Es war das erste Mal, dass die Juden von Pińsk den Feiertag *Roscheschone* wieder gefeiert haben. Der *Chasn* der Synagoge hat draußen gesungen. Man hat die *Bihme* auf die Straße heraus getragen. Man hat die Tora hinaus getragen und unter dem Himmel eine jüdische Feier improvisiert. Der letzte Feiertag war Simchat Tora. An diesem Tag sind nicht mehr so viele Menschen zur Synagoge gekommen, weil einige gearbeitet haben.

Die Juden haben sicher gewusst, dass sie dadurch nicht gerettet werden. Aber sie haben zeigen wollen, dass sie Juden sind. Der letzte Feiertag war Simchat Tora, die Freude über die Tora. Die Menschen haben geweint, denn wir haben sicher gewusst, dass dies unser letzter Feiertag in unserem Leben ist.

Es hat keine zwei Wochen mehr gedauert, und man hat alle Juden von Pińsk ermordet.[93]

Ein deutscher Soldat will mich retten

Im April 1942 tauchte in der Feldwasserstraße in Pińsk ein neuer Vorgesetzter auf, Günter Krüll. Er war ein junger deutscher Offizier. Unser Betrieb war militarisiert und hieß »Außenstelle II der Feldwasserstraßen - Abteilung 2«. Abgekürzt wurde die Dienststelle »Feldwasserstraße 2« genannt. Sie war zuständig für das Gebiet der Flüsse Pina, an der Pińsk liegt, Pripjet mit den Nebenflüssen und Dnepr mit Nebenflüssen.

Als Sonderführer[94] Krüll kam, wusste er, dass die Juden nur 50% des Lohns erhielten und dass kein Essen an sie ausgegeben werden durfte. In der Telefonzentrale der Feldwasserstraße haben vier Juden gearbeitet. In den Schiffswerken waren sehr viele Juden beschäftigt. Krülls erster Befehl war, den Juden Essen zu geben wie allen anderen und ihnen den vollen Lohn zu zahlen. Er sagte, ich brauche Arbeiter, die gut arbeiten können. Wenn ein Arbeiter gut isst, kann ich auch gute Arbeit von ihm verlangen. Deshalb müssen alle Arbeiter, Christen und Juden, zu essen haben und 100% des Lohns bekommen. Ein hungriger Mensch ist kein guter Arbeiter. Mit diesem Geld konnten die Juden aber nicht selbst etwas kaufen, denn es gab keine jüdischen Geschäfte mehr, und christliche Geschäfte und den Markt durften sie nicht besuchen. Die Juden konnten nur einen Christen bitten, Lebensmittel für sie einzukaufen.

Als Krüll erfuhr, dass die Juden keine Lebensmittel für ihre Familien ins Ghetto bringen konnten, ordnete er an, dass einmal in der Woche ein deutscher Soldat die Juden ins Ghetto begleiten sollte, damit die Polizei am Ghettotor die Juden nicht durchsuchen konnte, wenn ein deutscher Soldat sie hineinführte. Wenn die Polizei die Juden durchsuchen wollte, sagte der Soldat: »Hier ist alles in Ordnung, wir haben sie durchsucht, als sie die Arbeitsstelle verließen.« Die Soldaten wussten, dass wir Essen bei uns hatten. Sie haben nicht erlaubt, dass die Polizei uns durchsuchte und das Essen wegnahm. In der Küche hatte man uns etwas Brot gegeben, etwas Fleisch, meist gekochte Wurst oder Leberwurst. Diese Anordnung galt für alle Juden, die bei der Feldwasserstraße arbeiteten, nicht nur für die bei der Telefonzentrale.

Es gab zwei Küchen bei der Feldwasserstraße. Eine bei der Schiffswerft und eine für die deutschen Offiziere, Soldaten und die Russen, die bei der Feldwasserstraße arbeiteten. Das waren nicht sehr viele Menschen. Hier haben die Juden zusammen mit den Christen gegessen. Es waren ungefähr zehn Juden. Keiner hat daran Anstoß genommen. Auch in der Küche der Schiffswerft haben die Juden Essen bekommen und in der Küche essen dürfen. Das ganze Personal der Feldwasserstraße verhielt sich den Juden gegenüber gut. Sie gaben ihnen Tabak und Zigaretten. Sie warfen es nicht auf die Erde, dass wir es aufheben sollten. Sie gaben es uns in die Hand. Dieses herzliche Verhältnis begann, als Herr Krüll Dienststellenleiter wurde.

In der Zeit vor Krüll aßen nur die Christen in der Küche. Die Juden blieben an ihrem Arbeitsplatz. Wer von einem Christen gegen Kleider etwas Nahrung eintauschen konnte, hat das so gegessen, dass kein anderer es sah.

In der Feldwasserstraße in Pińsk arbeitete ein Deutscher als Wachtmeister, der 1933 bei der SA war. Er hat erzählt, dass man alle seine Kameraden in ein Konzentrationslager gebracht habe. Die SA habe Hitler an die Macht gebracht und sei später vernichtet worden. Keiner seiner Kameraden wisse, dass er bei der SA war. Wenn das jetzt bekannt würde, habe er Angst, dass man ihn auch in ein Konzentrationslager schicken würde.

Ich wurde mit Krüll näher bekannt, als er in seinem Büro den Schreibtisch an einen anderen Platz stellte. Mein Vorgesetzter Malinowski schickte mich zu ihm, damit ich den Telefonanschluss verlege. Weil ich Jude bin, war ich verpflichtet, einen gelben Kreis an der linken Brustseite und auf dem Rücken zu tragen. Und da ich arbeitete, war ein Stempel meiner Arbeitsstelle darauf. Das war mein Ausweis. Als ich zu meinem Dienststellenleiter, Herrn Krüll, ins Zimmer ging, trug ich ein Hemd, denn es war Frühling. Auf dem Hemd war mein gelber Judenkreis mit dem Stempel. Als ich hineinging, sagte er: »Du bist ein Jude?« Ich sagte: »Ja, Sie sehen es doch.« Er sagte: »Nimm das ab.« Ich antwortete: »Ich darf das nicht machen, man wird mich auf der Straße erschießen, das ist ein Befehl, dass ich das tragen muss.« Er sagte: »Hier bin ich der Chef, und ich will nicht sehen, wie man einen Menschen so demütigt und erniedrigt. Du bist ein Mensch wie alle anderen auch. Zieh das aus, nimm das ab.« Ich habe mein Hemd ausgezogen und im Unterhemd gearbeitet.

Ein zweites Mal hat er mich gerufen, ich solle den Telefonapparat richten. Ich bin wieder mit meinem Ausweis gekommen. Er sagte: »Warum kommst du hierher mit deinem gelben Ausweis? Du bist doch ein Mensch wie ich. Nimm das ab.« Ich antwortete: »Gut, ich will das abnehmen, aber auf der Straße muss ich das tragen.« Er sagte: »Bei mir will ich das nicht sehen. Ich will dich ohne diesen jüdischen Ausweis sehen.«

Als ich das dritte Mal zu ihm kam, habe ich meine Jacke im Vorzimmer ausgezogen und dort aufgehängt. Als ich zu ihm hineinging, begann er mich zu fragen, aus wie viel Personen meine Familie besteht. Ich habe ihm gesagt, dass meine Familie jetzt aus acht Personen besteht, dass man aber zwei Brüder im August erschossen habe. Dass ich und der Mann meiner Schwester arbeiten, dass der Vater und die Mutter nicht arbeiten. Er hat gesagt, er werde einen Befehl geben, dass man dem Vater und der Mutter Arbeit geben solle. Das bedeutete, dass sie aus dem Ghetto heraus können und einmal in der Woche Lebensmittel ins Ghetto bringen können. Davon könnten die Schwester mit ihrem Kind und die Frau meines Bruders mit dem Kind leben. Die Frau meines Bruders hat zwar auch gearbeitet, aber sie hatte keine Möglichkeit, Essen ins Ghetto zu bringen. Sie bekam an ihrer Arbeitsstelle kein Essen, hatte aber die Möglichkeit, bei Christen etwas einzutauschen.

Meine Eltern haben Arbeit bekommen. Die Mutter hat bei den Fischern gearbeitet und der Vater als Holzarbeiter. Die Hauptsache war nicht, welche Arbeit sie zu verrichten hatten, sondern die Möglichkeit, aus dem Ghetto herausgehen zu können und etwas zu essen zu bekommen, denn wer lebt, muss essen. Meine Schwester konnte nicht zur Arbeit aus dem Ghetto heraus, weil sie ein kleines Kind hatte. Vier Personen unserer Familie haben jetzt gearbeitet und konnten etwas zu essen bringen. Man hat das Leben riskiert, wenn man Essen ins Ghetto schmuggelte, aber man musste das machen, um den anderen zu helfen.

In dieser schrecklichen Zeit wandte sich Krüll an mich und sagte: »Ich will dich retten. Ich weiß nur nicht, wie ich das machen soll. Ich kann dich in eine Abteilung schicken, wo ich der Chef bin. Das ist in Brest, in Kobrin oder Dawidgródek. Aber dort sind nur sehr wenige Menschen. Wenn ich dich dahin schicke, wird die Polizei herausbekommen, wer du bist und woher du kommst. Man muss dich in eine große Stadt schicken. In Kiew zum Beispiel kannst du untertauchen.« Das hat er mir jedes Mal gesagt, wenn ich mit ihm geredet habe.

Am Anfang habe ich ihm nicht geglaubt. Dann hat er mir von seiner Familie erzählt. Sein Vater arbeite in Berlin, er sei Arzt. Sein Bruder sei auch Arzt beim Militär. Als er studierte, habe er zwei Juden gerettet. Er habe ihnen geholfen, aus Deutschland auszuwandern. Krüll sagte immer wieder, dass er alle Juden vor der Vernichtung retten würde, aber es sei nicht in seiner Macht. Ich habe ihn gut verstanden und keine Angst vor ihm gehabt. Auch er hatte keine Angst vor mir. Ich wusste, dass er mich nicht provoziert. Als ich ihn fragte, warum er mich retten wolle, antwortete er: »Du hast mir erzählt, wie Hitler gesagt hat, er wolle das ganze jüdische Volk vernichten. In hundert Jahren würde man nicht mehr wissen, dass es ein jüdisches Volk gegeben hat. Ich glaube, in deinem Herzen wirst du nicht vergessen, dass du ein Jude bist. Deshalb will ich dich retten.«

Zu den anderen Juden, die in seiner Dienststelle arbeiteten, hatte er kaum Kontakt. Weil ich als Telefontechniker arbeitete, ist er mir oft begegnet. Er hat mich immer gefragt, wie können die Juden im Ghetto in einer so schlechten Lage leben? Er wollte wissen, wovon sie träumen. Ich habe ihm unsere Lage geschildert, dass hungrige und erniedrigte Menschen im Ghetto leben. Sie träumen nur davon, dass sie am Leben bleiben, aber keine Hilfe zu sehen ist. Er sagte, sein Kopf verstehe nicht, warum man Juden und andere Menschen vernichte. Hitler werde den Krieg nicht gewinnen, er werde nur das deutsche Volk vernichten. Er sagte mir: »Das, was ich dir erzähle, musst du vergessen, wenn du zur Tür hinausgehst.«

Zu der Zeit dachte ich, er hat nichts zu tun und will deshalb mit mir sprechen. Er war 25 Jahre alt und ich 19 Jahre. Ich habe mit ihm deutsch gesprochen ohne jiddischen Akzent. Er wusste, dass ich auch Russisch und Polnisch konnte, da ich eine polnische Schule besucht hatte.

Ich bin Herrn Krüll täglich begegnet, offiziell und inoffiziell. Er rief mich zu sich herein, fragte, wo ich gelernt habe, was der Vater ist, was die Mutter macht. Er hat dann auch von seiner Familie erzählt.

Wenn er mich an einem Tag nicht gesehen hatte, pflegte er mich zu fragen: »Warum bist du nicht zu mir hereingekommen und hast mir erzählt, was sich bei euch in der Familie tut?« Ich konnte nicht immer das Interesse dieses Menschen an mir verstehen. Er pflegte zu fragen, wie fühlt sich der Vater, wie fühlt sich die Mutter, wie fühlt sich die Schwester, die dort mit dem Kind im Ghetto sitzt. So ein Mensch war er.

Im August 1942 lagen in der Luft um Pińsk herum Todeswolken. Die Nachrichten über die Massenvernichtung der jüdischen Bevölkerung flossen wie ein breiter Fluss. Wir erfuhren das von Juden, die aus anderen Orten ins Ghetto kamen, aber auch die Christen erzählten es uns. Wir erfuhren es von Menschen, die aus Kobrin[95], Drohiczyn oder anderen Orten kamen, dass man dort die Juden schon liquidiert hat. Offiziell gab es keine Informationen. Im Ghetto warteten wir auf den Tod. Das war allen klar. Es war nichts Neues für uns, dass unser Tod näher und näher kam. Unsere Zeit wurde kürzer und kürzer. Deshalb fragte Krüll mich, ob ich meiner Mutter erzählt hätte, dass er mich retten wolle. Ich sagte: »Nein, denn ich kann nicht meiner Mutter sagen, dich, den Vater und die anderen wird man erschießen, aber ich werde am Leben bleiben.« Krüll sagte, dass er das verstehen könne, aber meine Familie solle wissen, dass da ein Mensch sei, der mich retten wolle. »Du weißt, die Zeit drängt, es kann jeden Tag sein.«

Ich habe nur an eines gedacht. Man wird die Menschen erschießen, und ich werde am Leben bleiben. Aber wie? Mit einem fremden Namen. Die Geschichte nicht erzählen können. Mit diesen Gedanken bin ich die ganze Zeit gegangen, und ich konnte nicht mit der Mutter darüber reden.

Solange die Mutter mir nicht gesagt hatte, es sei gut, dass da jemand sei, der mich retten wolle, konnte ich Krüll nicht sagen, dass er den Versuch machen solle, mich zu retten. Wenn die Mutter mir sagen würde, ich solle mich retten lassen, würde ich mich auf die Sache einlassen. Ich konnte lange nicht den

Mund öffnen und der Mutter das sagen. Ich habe das mehr als zwei Monate in mir getragen.

Wir haben gewusst, dass in den kleinen Städtchen der Umgebung von Pińsk die Vernichtungsaktionen gegen die Juden schon durchgeführt wurden. Die Mordkommandos kamen näher und näher.[96] In der Stadt Drohiczyn, meinem Geburtsort, etwa 60 Kilometer von Pińsk entfernt, waren die Juden schon vernichtet.[97] Es war eine kleine Stadt mit einer jüdischen Schule und vielen jüdischen Geschäften. Fast alle Schuster und Schneider in der Stadt waren Juden. Die Mehrheit der Bevölkerung waren jedoch Orthodoxe. In Drohiczyn hatte auch die Familie meiner Mutter gelebt. Sie wurden alle in Drohiczyn ermordet.

In dieser Zeit hat Krüll mich gedrängt und gesagt: »Du musst mit deiner Mutter oder deinem Vater sprechen.« Ich habe ihm gesagt, dass ich heute mit der Mutter reden will.

Als ich ins Ghetto kam, habe ich es der Mutter erzählt. Sie hat gesagt: »Das ist sehr gut, denn ein Ertrinkender klammert sich an jeden Strohhalm, um am Leben zu bleiben. Du hast diesen Strohhalm, nutze deine Chance. Wenn du am Leben bleibst, kannst du erzählen, was man mit uns gemacht hat, wie man uns ermordet hat.«

Mit der Mutter zusammen habe ich es dem Vater erzählt, der Schwester und ihrem Mann. Sie alle haben jetzt gewusst, dass mich jemand retten will, und dass ich vielleicht am Leben bleibe. Es hat viele Tränen gegeben. Aber alle haben gesagt: »Gut, sag dem Herrn Krüll, wir freuen uns, dass er das für dich machen will.« Am nächsten Morgen habe ich es Krüll erzählt.

An dem Abend, als ich der Mutter erzählt hatte, dass ich vielleicht am Leben bleiben werde, hat die Mutter mir zwei Hemden, zwei paar Unterwäsche, ein Handtuch, einen Löffel, eine Gabel und ein Messer und etliche Familienfotos gegeben. Es waren Fotos, die mich nicht als Juden kompromittiert hätten, wenn man sie bei mir gefunden hätte, denn keiner in unserer Familie sah wie ein Jude aus. Der Vater hat mir seine Uhr, eine Taschenuhr, gegeben. Diese Sachen habe ich zur Arbeitsstelle gebracht und dort versteckt. Niemand sollte die Sachen sehen. Das alles habe ich in einem Gasmaskenbehälter versteckt.

Um am Leben zu bleiben, durfte man nicht im Ghetto sein, wenn die Kommandos am Morgen ins Ghetto gingen, um die Juden zu erschießen. Sie umzingeln das Ghetto mit Hunden und lassen keinen aus dem Ghetto heraus. Deshalb machte Herr Krüll mir einen Ausweis für die Polizei, die das Ghetto bewachte, dass ich nachts arbeite. Er hat noch nicht gewusst, in welche große Stadt er mich schicken würde.

Anfang September 1942 kam von Kiew nach Pińsk auf einem kleinen Schiff der Unteroffizier Frühauf, der mit einer Gruppe Arbeiter die Telefonleitung zwischen Kiew und Pińsk errichtete, denn in Kiew war die Hauptabteilung der Feldwasserstraße, wo der Leiter saß. Auf dem Dnepr und dem Pripjet gab es kleine Abteilungen. Weil auf dem Schiff, mit dem er nach Pińsk gekommen war, das Funkgerät nicht funktionierte, wandte er sich an Krüll, er solle ihm jemanden schicken, der das Funkgerät repariert.

Krüll hat mir gesagt, ich solle das machen, aber ohne meinen Ausweis, denn auf dem Schiff solle keiner wissen, dass ich Jude sei. Das hat er mir aber nicht sofort gesagt, sondern nur, dass ich ohne meinen

Ausweis gehen soll. Das Schiff war nicht mehr als 25 Meter von meiner Arbeitsstelle entfernt. Deshalb habe ich keine Angst gehabt, diese 25 Meter ohne meinen Ausweis zu gehen.

Ich habe ganz schnell die Reparatur erledigt. Der Unteroffizier Frühauf sprach sehr gut Russisch. Nach kurzer Zeit kam Krüll auf das Schiff und fragte, ob das Funkgerät wieder funktioniere, und wie ihm der Arbeiter gefalle. Frühauf sagte, alles sei gut und in Ordnung. Krüll sagte zu Frühauf: »Er arbeitet gut, ich will ihn retten, aber ich weiß nicht, wohin ich ihn schicken soll, denn ich kann ihn nicht in eine kleine Stadt schicken.« Frühauf solle in Kiew den Sonderführer Steude bitten, diesen Arbeiter nach Kiew zur Arbeit anzufordern. Steude war der Chef der gesamten Telefonabteilung der Feldwasserstraße in der Zentrale in Kiew. Frühauf sagte, er könne das nicht allein machen, aber er wolle Steude bitten und ihm erzählen, dass ich ein guter Arbeiter sei. Krüll sagte, man müsse mich für die Arbeit in Kiew anfordern. Frühauf hat das zugesagt.

In einer Kajüte haben sie weitergeredet. Die Tür war offen. Da ich die deutsche Sprache gut verstand, hörte ich, wie Krüll sagte, ich sei ein Jude. Um es abzuschwächen fügte er hinzu, die Mutter sei eine Russin und der Vater ein Jude.[98] Frühauf sagte: »Das ist mir ganz egal. Ich sehe, er ist ein guter Arbeiter, und ich will ihm auch helfen.« Krüll sagte zu Frühauf, er werde mich mit einem neuen Namen schicken. Frühauf sagte: »Ja gut, es wird eine Anforderung kommen, jemanden nach Kiew zu schicken, ohne einen Namen zu nennen.« Der Unteroffizier Frühauf ist mit dem Schiff wieder weggefahren, und wir haben auf die Anforderung gewartet.

Ich habe mich oft gefragt, warum Krüll ausgerechnet mich retten wollte und nur mich. Der Grund war wohl, ich sah nicht wie ein Jude aus, ich sprach Polnisch, Russisch und Deutsch ohne jiddischen Akzent. Durch die persönlichen Kontakte hatte er mich näher kennen gelernt. Er vertraute mir, dass ich in der Lage sein würde, mein Leben mit einer neuen Identität zu leben, ohne mich zu verraten. Wenn ich mich verraten hätte, wäre das nicht nur mein Tod, sondern auch sein Tod gewesen.

Zwei Cousinen von Eruchim-Fischl aus Drohiczyn 1937 beim Purimfest. Sie wurden 1942 ermordet.

Die Ermordung der Juden im Ghetto Pińsk und meine Rettung

Im Oktober 1942 wussten die Juden schon, dass man auf dem Flugplatz von Galewo (Halewo) Gräber aushob.[99] Der Stadtkommandant hatte dem Judenrat auf seine Frage geantwortet, das seien keine Gräber für Menschen, sondern Gruben, in denen man Zisternen für Benzinfässer anlegen wolle. Diese Gruben wurden von Christen aus den umliegenden Dörfern ausgehoben. Diese Christen haben das den Juden erzählt. Die Juden von Pińsk wussten, dass das nicht stimmte, denn keiner hatte Benzinfässer gesehen, die man hätte vergraben können.

Wir haben gefühlt und gewusst, dass dies die letzten Tage und Stunden sind, die wir auf der Welt leben. Krüll wollte, dass ich am Leben bleibe. Wenn ich gerettet werden sollte, durfte ich mich nachts nicht im Ghetto aufhalten, denn die Kommandos umstellen in der Nacht mit Hunden die Ghettos, in denen die Juden ermordet werden sollen, und führen sie dann zu den Erschießungsstätten. Dann konnte kein Jude mehr das Ghetto verlassen. Krüll sagte: »Von jetzt an musst du jede Nacht arbeiten und am Tag wirst du ins Ghetto gehen.« Um mich zu retten, stellte Krüll mir einen speziellen Nachtausweis aus.

Der offiziellen Version zufolge musste ich nachts Akkumulatoren für die Telefonzentrale aufladen, die nur nachts an den Strom angeschlossen werden konnten. Das war auch vorher schon so gewesen. Ich sollte nun aber diesen Vorgang in der Nacht überwachen. Wenn ich zur Arbeit ging und auch, wenn ich wieder ins Ghetto zurückkehrte, wurde ich nie begleitet. Ich hatte eine Bescheinigung, dass ich alleine gehen durfte. Wenn ich von der Arbeit zurückkehrte, saß der Polizist in seiner Wachhütte, und ich zeigte ihm nur meinen Ausweis, dass ich von der Arbeit komme. Dann konnte ich unkontrolliert passieren. So konnte ich jeden Tag ein kleines Stückchen Brot oder manchmal etwas gekochtes Fleisch oder etwas Zucker ins Ghetto schmuggeln. Der Chef der Küche rief mich morgens und gab mir das. Der Chef der Küche war schon immer gut zu den Juden gewesen. Schon bevor Krüll Chef der Feldwasserstraße wurde, gab er den Juden heimlich etwas zu essen. Das war verboten, und er hatte Angst. Als Krüll dann der Chef war, hat er jedem Juden zu essen gegeben, denn er brauchte jetzt keine Angst mehr zu haben. Es war aber gefährlich, Lebensmittel zu schmuggeln, weil ich nie sicher sein konnte. Man durfte nicht sehen, dass meine Taschen dicker waren, deshalb habe ich das Brot meist vor der Brust versteckt. Ich habe mein Leben riskiert, aber ich musste das tun. So konnte ich oft für meine Schwester Ester und ihr Kind Gitla und die Frau meines Bruders Lew etwas Brot mitbringen. Die kleinen Kinder haben auch verstanden, was uns bevorstand. Sie sagten immer wieder zu mir: »Fischl, nimm uns von hier mit hinaus, die Deutschen werden uns erschießen.«

Die Zeit ist schnell vergangen, und bis zur Ermordung der Juden in Pińsk werden es nicht mehr als zehn Tage gewesen sein, seit der Unteroffizier Frühauf wieder nach Kiew gefahren war. Während dieser zehn Tage kam ich jeden Morgen ins Ghetto, und jeden Abend nahm ich Abschied von meiner Familie.

Die Mutter und der Vater haben auch bei der Feldwasserstraße gearbeitet, weil Krüll das befohlen hatte. Wenn ich auf dem Weg zur Arbeit den Eltern begegnete, die ins Ghetto zurückkehrten, haben wir uns jedes Mal verabschiedet und gesegnet im Bewusstsein, dass wir uns vielleicht das letzte Mal sehen. Wir wussten es, dass das Kommando näher und näher an Pińsk herankam.

Die Schwester habe ich jeden Tag im Ghetto gesehen. Meine Schwester und ich segneten uns auch jeden Tag, weil es möglicherweise das letzte Mal war, dass wir uns sahen. So ging es bis zum 28. Oktober 1942. Da habe ich die Eltern, die Schwester, ihren Mann, der in einer Fabrik gearbeitet hat, die Frau meines Bruders Lew und die beiden kleinen Kinder Gitla und Dina zum letzten Mal gesehen.

In der Nacht vom 28. zum 29. Oktober 1942 habe ich auf der Arbeitsstelle schlecht geschlafen. Gegen fünf Uhr morgens hörte ich Schüsse und Hundegebell. Das Ghetto war ungefähr 800 Meter von meiner Arbeitsstätte entfernt. Nach 15 oder 20 Minuten kam Krüll und holte mich von der Arbeitsstelle zu sich nach Hause. Es war noch dunkel auf der Straße. Er hat mich zu sich ins Haus genommen. Im ersten Stock (Erdgeschoss) hat er gearbeitet, und im zweiten Stock (erstes Obergeschoss) ist sein Schlafzimmer gewesen.

Das Kommando und die Polizei hatten das Ghetto umzingelt und führten die Juden aus dem Ghetto heraus zum Dorf Galewo, etwa fünf Kilometer von Pińsk entfernt.[100] Dort war ein Flugplatz, auf dem man vier Gruben ausgehoben hatte.[101] An den Gruben hat man am 29. Oktober 1942 die Menschen aus dem Ghetto Pińsk erschossen.[102] Im Ghetto selbst wurden etwa 2000 Juden ermordet. Es ist jedoch nicht richtig, dass Menschen im jüdischen Krankenhaus im Ghetto ermordet wurden.[103] Im Ghetto gab es kein Krankenhaus. Die Morde im jüdischen Krankenhaus waren bereits im August 1941 geschehen. Bei den 150 Handwerkern, die man am 29. Oktober am Leben ließ, handelte es sich hauptsächlich um Schneider und Schuster, die für die Deutsche Wehrmacht arbeiteten. Sie durften aber das Ghetto nicht mehr verlassen.[104]

Im Pińsker Ghetto waren insgesamt circa 28 000 Menschen.[105]

An diesem Tag wurden umgebracht: Meine Mutter Polina Fischlewna, mein Vater Ruwin Schlemowitsch, meine Schwester Ester Ruwinowna, ihr Mann Awraam, ihre Tochter Gitla, Awraams Eltern Chaja und Girsch-Leyo, die Frau meines Bruders Lew, Chaja-Dwejra mit ihrer Tochter Dina, Chaja-Dwejras Mutter, alle unsere Bekannten und Freunde und auch mein ganzes Leben.

Auf der Arbeitsstelle wusste niemand, wohin ich verschwunden war. In Krülls Schlafzimmer war ich vom 29. Oktober bis zum 22. November 1942 versteckt. In dieser Zeit hat Krüll alles mit mir geteilt, das Essen, das Wasser, den Raum. Meine Lage war sehr unbestimmt, denn aus Kiew war noch keine Nachricht gekommen. Herr Krüll konnte mich aber auch nicht unbegrenzt lange bei sich verstecken. Er musste mich bald wegschicken. Unsere Hoffnung war, dass der Brief aus Kiew bald kommen würde.

Nach der Liquidierung des Ghettos hätte Krüll mich auch ohne Ausweispapiere wegschicken können. Er hätte sagen können, ich habe dein Leben gerettet, mehr kann ich nicht für dich tun, geh in den Wald oder sonst irgendwo hin und sieh zu, wie du überlebst. Das hat er aber nicht gemacht. Ohne dass ich ihn darum gebeten habe, hat er mich bei sich in seinem Zimmer versteckt und sein Leben riskiert. Wenn die Polizei gekommen wäre, hätte ich mit Strom Selbstmord begangen. Krüll beruhigte mich. Die Polizei könne nicht kommen, weil am Tage draußen eine Wache stehe.

Krüll hatte einen deutschen Soldaten als Adjutanten. Da dieser nicht wissen durfte, dass ich im Zimmer von Krüll versteckt war, hat er ihn in Urlaub geschickt. Krüll hat dann sein Zimmer allein in Ordnung gebracht, hat sich allein das Essen aus der Küche in sein Zimmer geholt, denn er aß nicht in der Küche, sondern immer in seinem Zimmer. Dieses Essen hat er mit mir geteilt. Um nicht aufzufallen, durfte er sich keine größere Essensportion holen.

In dieser Zeit hat er mit mir einstudiert, wie ich mich verhalten muss. Am Abend, wenn es auf der Straße dunkel war, führte Herr Krüll mich an die frische Luft. Er ging mit mir zum Leiter der Zivil-Wasserstraßenverwaltung, einem Deutschen, der vielleicht 65 Jahre alt war. Aus Deutschland kamen sehr viele zivile Schiffe nach Pińsk. Bei diesem Mann bekam ich zu essen, und wir haben zusammen geredet. Sie haben mit mir eingeübt, was ich machen muss, wenn ich allein sein werde und zwischen Russen, Ukrainern und Polen arbeiten und auch ein Russe oder Pole sein werde. Ich musste alle Feiertage der katholischen oder orthodoxen Religion kennen, zu der ich dann nach meinen Papieren gehören würde. Welchen Weg ich gehen muss, wenn ich von Pińsk nach Kiew fahre, denn sie waren sicher, dass die Anforderung von Kiew kommen würde. Alles von meiner neuen Biografie haben wir zusammen eingeübt.

Wir mussten abends zu diesem Deutschen gehen, damit wir sprechen konnten. Da Herr Krüll allein in seinem Haus lebte, wäre es gefährlich gewesen, wenn man abends Stimmen in seinem Haus gehört hätte. Dieser Deutsche wollte mich auch in seiner Wohnung verstecken. Aber Krüll sagte, ich müsse in seinem Haus versteckt werden, weil er ein Zimmer im zweiten Stock hatte, das er abschließen konnte, wenn er das Haus verließ. Das Haus des Deutschen war nur ein einstöckiges Haus, und die Gefahr, dort gesehen zu werden, war sehr groß.

Der alte Deutsche sagte immer, du musst deinen Namen vergessen, deinen Vornamen. Wenn man dich aus dem Schlaf aufweckt, musst du deinen neuen Familiennamen sagen. In jener Zeit hat man in meine Gedanken meine neue Biografie »hineingeschrieben«. Die beiden Deutschen haben immer untereinander darüber gesprochen, was das Deutsche Volk macht. Es ist nicht das Deutsche Volk, es sind die Kommandos, die Faschisten. Was machen sie mit dem Deutschen Volk und mit den Völkern, die sie vernichten? Die Hauptsache ist die Vernichtung der Juden.

Sie haben immer gesagt, Deutschland wird den Krieg nicht gewinnen. Nur alte Menschen und Kinder werden übrig bleiben. Wieder sagten sie mir, dass ich das, was ich hier höre, vergessen muss, wenn ich den Raum verlasse, auf der anderen Seite der Tür bin. Das war in der Zeit vom 29. Oktober bis 22. November. Jeden Tag dasselbe Gespräch, dasselbe Thema.

Am 22. November 1942 hat Herr Krüll einen Brief aus Kiew bekommen, in dem stand, dass ich zur Arbeit nach Kiew gehen müsse. Vorher haben wir

Das Haus, in dem Eruchim-Fischl/Pjotr Ruwinowitsch versteckt war. Der Balkon gehört zu Krülls Zimmer.

zusammen überlegt, was für einen neuen Namen er mir geben soll. Rabinow zu schreiben oder den Familiennamen etwas zu ändern, war zu nahe am Wort *Rebbe*. Die ersten drei Buchstaben sollten bleiben, der Rest sollte russisch sein. Ich habe ihm gesagt, dass in dem Dorf, wo ich gelebt habe, eine Familie Rabzewitsch ist. Er hat gesagt, das ist sehr gut, weil das kein neuer Name ist. Den Namen gibt es vielleicht auch in einem anderen Ort. Den Vornamen Pjotr hat er mir allein gegeben. Meinen Geburtsort hat man auch geändert. Aus Drohiczyn haben wir Kobrin gemacht, das ist näher bei Brest. Das Geburtsdatum haben wir nicht geändert. Das war alles in meinem Kopf.

Als der Brief aus Kiew kam, sind wir am Abend zusammen in sein Büro im ersten Stock gegangen. Krüll stellte mir eigenhändig einen neuen Ausweis aus, in dem mein Name, Vorname und Geburtsort geändert wurden. So wurde ich Pjotr Rabzewitsch.

Krüll an seinem Schreibtisch.
Hier hat er den falschen Ausweis ausgestellt.

Da Krüll die russische Schrift nicht beherrschte, habe ich ihm die Angaben in kyrillischer Schrift auf einem Blatt Papier vorgeschrieben. Er gab mir auch eine Dienstreisebescheinigung und sagte, ich müsse mich bei Herrn Steude melden.

Meinen Pass auf dem gelben Papier hatten wir im Ofen verbrannt, als Krüll mich in seinem Haus versteckte. Ich durfte keine Papiere haben, die mich hätten kompromittieren können. Auch meine Geburtsurkunde hat er verbrannt.

Krüll hat beim Bahnhof angerufen und gefragt, wann der Zug von Gomel nach Brest fährt, mit dem die deutschen Soldaten und Offiziere in Urlaub nach Hause fahren. Die Kommandantenzeit war schon vorbei, und er hat mich mit den Sachen zum Bahnhof begleitet, denn ich durfte nicht mehr allein auf die Straße.

Auf dem Weg zum Bahnhof hat er mir eine kleine Damenpistole gegeben. Wenn ich in die Hände der SS, des SD oder der Gestapo fiele, sollte ich mich selbst erschießen, weil sie Foltermethoden hätten, denen ich nicht widerstehen könnte. Ich habe die Pistole angenommen. Später habe ich diese Pistole in Kiew in den Dnepr geworfen, weil ich Angst hatte, sie zu behalten, denn ich wohnte nicht allein in einem Zimmer, sondern zusammen mit sechs anderen. Die Hauptsache war, dass ich die Pistole während der Fahrt hatte.

Er hatte genau ausgerechnet, wie viel Zeit wir benötigen, um zum Bahnhof zu gelangen, damit wir am Bahnhof höchstens fünf Minuten warten müssten. Er hat mich in einen Waggon gesetzt, in dem deutsche Offiziere und Soldaten waren. Früher hatten mir Krüll und der Deutsche immer gesagt, wenn ich

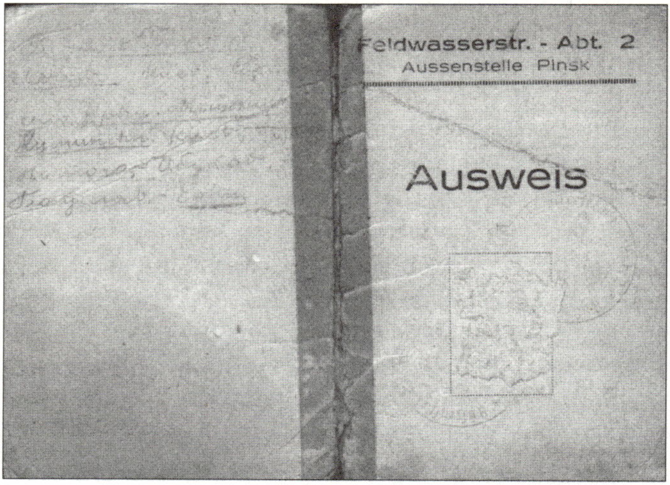

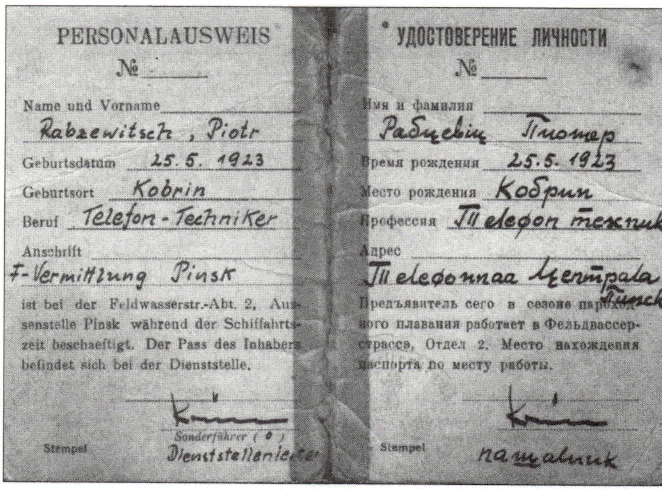

PERSONALAUSWEIS

№ ______

Name und Vorname
Rabzewitsch, Piotr
Geburtsdatum 25. 5. 1923
Geburtsort Kobrin
Beruf Telefon-Techniker
Anschrift
F-Vermittlung Pinsk

ist bei der Feldwasserstr.-Abt. 2, Aussenstelle Pinsk während der Schiffahrtszeit beschaeftigt. Der Pass des Inhabers befindet sich bei der Dienststelle.

Sonderführer (0)
Stempel Dienststellenleiter

УДОСТОВЕРЕНИЕ ЛИЧНОСТИ

№ ______

Имя и фамилия
Рабцевiц Пiотер
Время рождения 25.5.1923
Место рождения Кобрин
Профессия Телефон техник
Адрес
Телефонаа Централа Пинск

Предъявитель сего в сезоне пароходного плавания работает в Фельдвассерстрасса, Отдел 2. Место нахождения паспорта по месту работы.

Stempel начальник

Der von Krüll ausgestellte Ausweis auf den Namen Rabzewitsch, Pjotr (Vorder- und Rückseite).

fahre, dann darf ich nur in einem Wagen fahren, in dem deutsche Offiziere und Soldaten sitzen. Ich hatte alle Dokumente, die Krüll ausgestellt hatte, bei mir. Es waren: Mein neuer Ausweis auf den Namen Pjotr Rabzewitsch, in dem stand, dass mein Pass sich in Pińsk bei der Feldwasserstraßen-Abteilung 2 befindet – den Pass hatten wir jedoch bereits verbrannt – und ein Marschbefehl, dass ich nach Kiew fahren muss, um mich beim Sonderführer Steude zu melden.

Krüll schärfte mir noch einmal ein, dass ich nur in den Waggons für die Deutschen fahren dürfte. Ich dürfte mich an den Bahnhöfen auch nur in den Warteräumen für die Deutschen aufhalten. Warum sollte ich nur in Wagen fahren, in denen Deutsche fahren? Dort kontrolliert die Feldgendarmerie, und meine Dokumente waren für die Feldgendarmerie in Ordnung. In den Wagen, in denen die Zivilisten fahren, kontrolliert die Polizei. Sie könnte mir Schwierigkeiten machen. Sie könnte mich durchsuchen, mich ausziehen. Dann würden sie mich als Juden erkennen, und ich wäre verloren. Die Polizei konnte mit Zivilisten machen, was sie wollte.

Nach der Ankunft in Kiew sollte ich mit niemandem sprechen, meine neue Arbeitsstelle nur durch die Schilder an den Straßen finden und niemanden nach dem Weg fragen. Wenn man Fragen stellt, gibt es immer Gegenfragen, wer bist du, warum suchst du, warum kennst du den Weg nicht. Das sollte ich auf jeden Fall vermeiden, denn es gab sehr viele Polizisten in Zivilkleidung. Nicht Deutsche, aber Russen, Polen, Ukrainer und Weißrussen. Normalerweise hatte diese Polizei schwarze Uniformen. Krüll hatte mir gesagt: »Am wichtigsten ist, Begegnungen mit der Polizei zu vermeiden. Dein

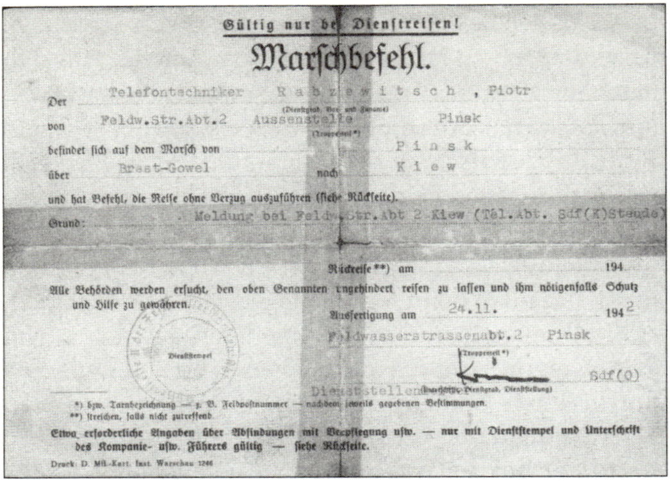

Gültig nur bei Dienstreisen!

Marschbefehl.

Der Telefontechniker Rabzewitsch, Piotr
(Dienstgrad, Vor- und Zuname)

von Feldw.Str.Abt.2 Aussenstelle Pinsk
(Truppenteil*)

befindet sich auf dem Marsch von Pinsk

über Brest-Gowel nach Kiew

und hat Befehl, die Reise ohne Verzug auszuführen (siehe Rückseite).

Grund: Meldung bei Feldw.Str.Abt 2 Kiew (Tel.Abt. Sdf(K)Steude)

Rückreise**) am 194

Alle Behörden werden ersucht, den oben Genannten ungehindert reisen zu lassen und ihm nötigenfalls Schutz und Hilfe zu gewähren.

Ausfertigung am 24.11. 1942

Feldwasserstrassenabt.2 Pinsk
(Truppenteil*)

Dienststempel

Sdf(O)

Dienststellenleiter (Dienstgrad, Dienststellung)

*) bzw. Tarnbezeichnung — z. B. Feldpostnummer — nach den jeweils gegebenen Bestimmungen.
**) streichen, falls nicht zutreffend.

Etwa erforderliche Angaben über Abfindungen mit Verpflegung usw. — nur mit Dienststempel und Unterschrift des Kompanie- usw. Führers gültig — siehe Rückseite.

Druck: D. Mil.-Kart. Inst. Warschau 1246

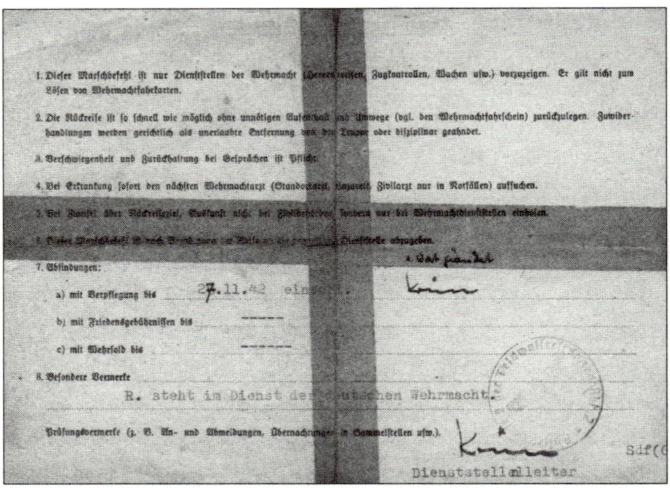

1. Dieser Marschbefehl ist nur Dienststellen der Wehrmacht (Heeresstreifen, Zugkontrollen, Wachen usw.) vorzuzeigen. Er gilt nicht zum Lösen von Wehrmachtfahrkarten.

2. Die Rückreise ist so schnell wie möglich ohne unnötigen Aufenthalt und Umwege (vgl. den Wehrmachtfahrschein) zurückzulegen. Zuwiderhandlungen werden gerichtlich als unerlaubte Entfernung von der Truppe oder disziplinar geahndet.

3. Verschwiegenheit und Zurückhaltung bei Gesprächen ist Pflicht.

4. Bei Erkrankung sofort den nächsten Wehrmachtarzt (Standortarzt, Lazarett, Zivilarzt nur in Notfällen) aufsuchen.

5. Bei Zweifel über Rückreiseziel, Auskunft nicht bei Zivilbehörden, sondern nur bei Wehrmachtdienststellen einholen.

6. Dieser Marschbefehl ist nach Beendigung der Reise [illegible] Dienststelle abzugeben.

7. Abfindungen:

a) mit Verpflegung bis 27.11.42 ein[illegible]

b) mit Friedensgebührnissen bis ------

c) mit Wehrsold bis ------

8. Besondere Vermerke

R. steht im Dienst der deutschen Wehrmacht.

Prüfungsvermerke (z. B. An- und Abmeldungen, Übernachtungen in Sammelstellen usw.)

Sdf(O)

Dienststellenleiter

Der von Krüll ausgestellte Marschbefehl (Vorder- und Rückseite).

Leben liegt jetzt in deinen Händen, und mein Leben ist jetzt auch in deinen Händen. Du musst alles so machen, dass wir beide leben werden. Wenn du etwas machst, musst du sehr gut überlegen, wie das Ende sein wird. Du musst meinen Namen vergessen, wenn du der Polizei in die Hände fällst.« Da habe ich ihm gesagt: »Ich habe Sie nicht gebeten, mich zu retten. Ich gebe Ihnen mein Wort, dass ich nichts sagen werde, wenn mir etwas Schlimmes zustößt.«

Als ich in Brest ankam, habe ich mich beim Bahnhofskommandanten gemeldet. Er hat mir einen Reisegenehmigungsschein ausgeschrieben von Brest über Kowel nach Kiew. Es kam ein Zug von Warschau nach Charkow. Ich habe mich in einen Waggon gesetzt, in dem deutsche Soldaten und Offiziere waren.

Als der Zug in Kowel ankam, konnte er nicht weiterfahren, weil die Schienen von Partisanen zerstört worden waren. Drei Tage habe ich in Kowel gesessen. Das war für mich sehr schwer, weil ich Zivil anhatte. Die Polizei wollte mich aus dem Saal vertreiben, wo die deutschen Soldaten und Offiziere waren, und mich in den Teil schicken, der für die Zivilisten bestimmt war. Ich zeigte ihnen meine Dokumente, aber sie schickten mich weg. Ich sei in Zivilkleidung. Ich sagte: »Ja, aber ich arbeite bei der Feldwasserstraße, das ist eine Einheit der deutschen Armee.« Dann habe ich mich an einen Feldgendarmen gewandt. Der schaute meine Dokumente an und sagte, er darf hier sitzen. Dort konnte ich jeden Tag Verpflegung bekommen, denn die Feldwasserstraße ist eine militärische Organisation. So ging das jeden Tag und mehrmals am Tag. Ich war sehr unruhig.

Jede Nacht hatte ich einen Platz, um mich zu setzen. Ich hätte schlafen können, aber ich habe nicht geschlafen, weil auch in der Nacht die Polizei zu mir kommen konnte. Ich hatte Angst, ich könnte im Schlaf sprechen und mich verraten.

Am vierten Tag hat man bekannt gegeben, dass man nach Kiew fahren kann. Der Zug ging weiter nach Charkow. Ich wollte mich in einen Waggon setzen, in dem nur ältere deutsche Offiziere und Soldaten fuhren. Die Polizei wollte mich nicht in diesen Wagen einsteigen lassen. Sie sagten, ich solle in den Zivilteil gehen. Ich zeigte meinen Ausweis einem Feldgendarmen. Er sagte, ich dürfe einsteigen. Ich habe mich zu einem Hauptmann gesetzt. Da kam wieder die Polizei und wollte mich aus dem Waggon vertreiben. Ich habe wieder meine Dokumente gezeigt und einen Feldgendarmen gerufen, der dann gesagt hat, ich dürfe da sitzen bleiben.

Auf der Fahrt nach Kiew ist mir die Taschenuhr meines Vaters gestohlen worden. Es war keine besonders kostbare Taschenuhr. Ich trug sie an einer Kette in der Brusttasche. Ein junger deutscher Soldat hat mir die Uhr aus der Tasche gezogen. Ich habe bemerkt, wie sie mir gestohlen wurde, aber ich konnte nichts dagegen machen, denn ich durfte ja kein Aufsehen erregen. Ich habe nur Angst gehabt. Die anderen Soldaten schliefen. Ich habe nicht geschlafen, mich nur schlafend gestellt. Hätte ich etwas gesagt, hätte man die Feldgendarmerie geholt, und es wären viele Fragen gestellt worden. Das durfte ich nicht riskieren.

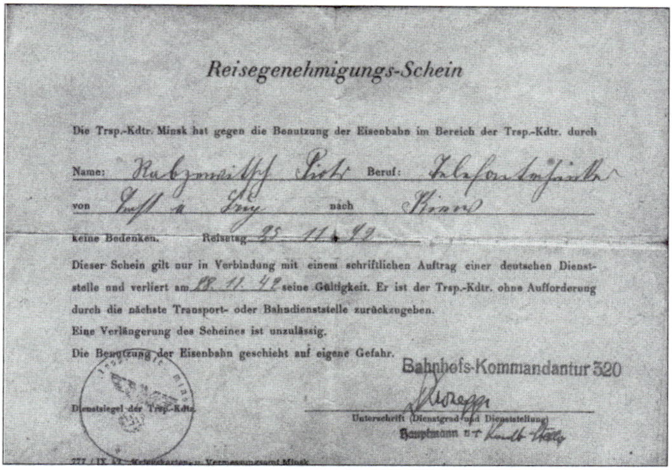

Reisegenehmigungs-Schein

Die Trsp.-Kdtr. Minsk hat gegen die Benutzung der Eisenbahn im Bereich der Trsp.-Kdtr. durch

Name: Beruf:

von nach

keine Bedenken. Reisetag

Dieser Schein gilt nur in Verbindung mit einem schriftlichen Auftrag einer deutschen Dienststelle und verliert am seine Gültigkeit. Er ist der Trsp.-Kdtr. ohne Aufforderung durch die nächste Transport- oder Bahndienststelle zurückzugeben.

Eine Verlängerung des Scheines ist unzulässig.

Die Benutzung der Eisenbahn geschieht auf eigene Gefahr.

Bahnhofs-Kommandantur 320

Dienstsiegel der Trsp.-Kdtr.

Unterschrift (Dienstgrad und Dienststellung)

Hauptmann u.

Reisegenehmigungsschein, ausgestellt in Brest. Die Bescheinigung ist auf die Rückseite einer Landkarte gedruckt.

Mit einem neuen Namen in Kiew

Am Abend des 22. November 1942 hatte Krüll mich in Pińsk zum Zug begleitet, der in Richtung Brest fuhr. Am 28. November kam ich in Kiew an. Es war vielleicht 3 Uhr in der Frühe. Während der Nacht blieb ich im Bahnhof. In Kiew war es dasselbe wie auf allen anderen Bahnhöfen. Auch dort gab es zwei Abteilungen, eine für Zivilisten und die zweite für das deutsche Militär. In den Zivilteil wollte ich nicht gehen, weil es dort unruhig war. Ich ging in den Teil für die deutschen Soldaten. Es war wieder genauso wie in Kowel. Die Polizei versuchte, mich aus dem Warteraum für Deutsche hinauszuwerfen. Ich wandte mich an die deutsche Feldgendarmerie, zeigte meinen Ausweis und mir wurde erlaubt, im Warteraum für die deutschen Soldaten zu sitzen.

Ich habe gewartet, bis um 7 Uhr die Kommandantenzeit begann. Dann bin ich auf den Platz vor dem Bahnhof gegangen. Obwohl ich Kiew nicht kannte, sollte ich niemanden nach dem Weg fragen. Diesen Rat hatte mir Herr Krüll gegeben. Auf dem Platz vor dem Bahnhof stünden Wegweiser zu allen Dienststellen. Dort würde ich den Wegweiser zur Feldwasserstraße finden. Auch an der nächsten Straße würde ein Wegweiser hängen. Die Wegweiser würden mich leiten. Er hatte mir gesagt: »Du kannst lesen, frag niemanden. Geh nur sicher, hab keine Angst, du wirst dorthin kommen.« Als er mich in Pińsk zum Bahnhof begleitete, sagte er mir: »Ich habe alles für dich gemacht, jetzt liegt dein Leben in deinen Händen.«

Ich habe die Feldwasserstraße gefunden. Vom Bahnhof bis zur Feldwasserstraße hat es nicht mehr als eine halbe Stunde gedauert. Die Feldwasserstraße ist das erste Haus neben der Sophien Kathedrale. Jetzt ist es der Platz von Bogdan Chmelnitzki.[106] Ich habe mich an den deutschen Soldaten gewandt, der Wache stand, und habe ihm meinen Ausweis und den Marschbefehl gezeigt und gesagt, dass ich mich bei Sonderführer Steude melden muss. Er hat mich in Steudes Arbeitszimmer geführt und gesagt, ich könnte da warten, bis er kommt.

Ich habe mich auf den Stuhl gesetzt und bin gleich eingeschlafen, weil ich sechs Nächte unterwegs war und keine Minute geschlafen hatte, denn ich musste immer auf der Hut sein. Ich habe schon nicht mehr gehört, wie der deutsche Soldat das Zimmer verlassen hat.

Um 9 Uhr wurde ich wach, als mich jemand an der Schulter berührte. Es war Herr Steude. Ich habe ihm meine Dokumente gezeigt. Er hat mich nur gefragt, wie ich mich fühle und ob ich etwas essen wolle. Ich habe gesagt, ich will jetzt nichts essen. Mit einem Auto hat er mich zur Ziviladministration der zweiten Abteilung der Feldwasserstraße gebracht. Die befand sich im Stadtteil Podol in der Alexandrowskastraße 36. Dort haben Russen und Ukrainer gearbeitet. Steude verwies mich an die Personalabteilung. Mein Pińsker Ausweis musste in einen Kiewer Ausweis umgetauscht werden. Frau Novizki aus dieser Abteilung sollte mich einstellen. Die Frau aber war sehr empört: » Es kann unmöglich sein, dass Sie von West nach Ost versetzt wurden« sagte sie. »Normalerweise schicken wir die Leute in die entgegengesetzte Richtung«. Darauf erwiderte ich, dass ich nur ein kleiner Untergebener sei und dorthin ginge, wohin ich geschickt würde. »Ich habe einen Befehl. Ich bin nicht freiwillig gekommen. Wenn man euch von Kiew nach Charkow schickt um zu arbeiten, fahrt ihr auch.« Wenn es ihr nicht passe, solle sie sich an Herrn Steude wenden. Frau Novizki stellte mir einen neuen Ausweis aus, weil sie Angst hatte, dass ich zu Steude gehen würde. Statt selbst ins Arbeitsamt zu gehen und eine Arbeitskarte für mich zu besorgen, sagte sie mir, dass ich mich darum kümmern solle.

Ich musste zum Arbeitsamt der Stadt Kiew gehen, um eine Arbeitskarte zu bekommen. Ohne die Arbeitskarte kann ein junger Mensch nicht eine Woche in der Stadt leben. Wenn er die Arbeitskarte nicht hat, wird man ihn bei einer Kontrolle festnehmen und als Ostarbeiter zur Zwangsarbeit nach Deutschland schicken. Jede Woche bekommt man einen Stempel in die Arbeitskarte, dass man gearbeitet hat. Danach kann man die nächste Woche arbeiten. Jeden Samstag bekam man den Stempel.

Als ich ins Arbeitsamt kam, befragten mich die Arbeitsvermittler schon wieder, wieso ich von West nach Ost käme. Auch hier arbeiteten Russen und Ukrainer. Nur der Abteilungsleiter war ein Deutscher. Für sie war es so, als wenn ich von Deutschland nach Kiew zur Arbeit gekommen wäre. Ich wandte mich an den Abteilungsleiter, zeigte ihm alle meine Dokumente, und weil ich akzentfrei Deutsch,

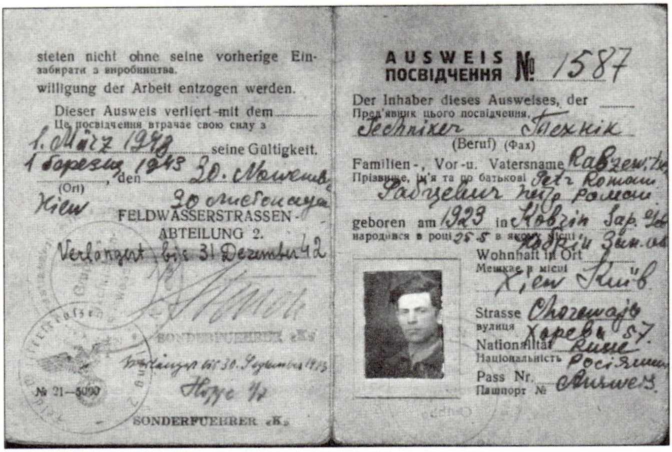

steten nicht ohne seine vorherige Ein-
забирати з виробництва.
willigung der Arbeit entzogen werden.

Dieser Ausweis verliert mit dem
Це посвідчення втрачає свою силу з
1. März 1943 seine Gültigkeit.
1 березня 1943
(Ort) Kiew, den
FELDWASSERSTRASSEN-
ABTEILUNG 2.
Verlängert bis 31 Dezember 42
SONDERFUEHRER »K«
Verlängert bis 30. September 1943
№ 21—5090
SONDERFUEHRER »K«

AUSWEIS № 1587
ПОСВІДЧЕННЯ

Der Inhaber dieses Ausweises, der
Пред'явник цього посвідчення,
Techniker Технік
(Beruf) (Фах)
Familien-, Vor- u. Vatersname Rabzewitsch Petr Roman
Прізвище, ім'я та по батькові
geboren am 1923 in Kobrin
народився в році 25.5 в якому місці
Wohnhaft in Ort Kiew Київ
Мешкає в місці
Strasse Chorewaja
вулиця Хорева 57
Nationalität Russe
Національність Росіянин
Pass Nr. Ausweis
Паспорт №

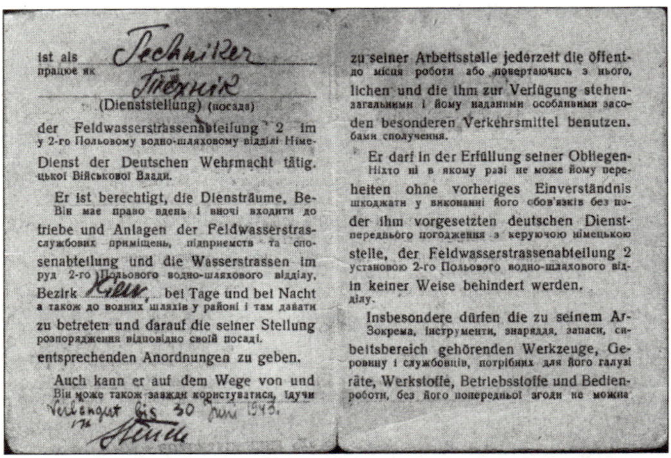

ist als Techniker
працює як Технік
(Dienststellung) (посада)
der Feldwasserstrassenabteilung 2 im
у 2-го Польовому водно-шляховому відділі Німе-
Dienst der Deutschen Wehrmacht tätig.
цької Військової Влади.

Er ist berechtigt, die Diensträume, Be-
Він має право вдень і вночі входити до
triebe und Anlagen der Feldwasserstras-
службових приміщень, підприємств та спо-
senabteilung und die Wasserstrassen im
руд 2-го Польового водно-шляхового відділу,
Bezirk Kiew, bei Tage und bei Nacht
а також до водних шляхів у районі і там давати
zu betreten und darauf die seiner Stellung
розпорядження відповідно своїй посаді.
entsprechenden Anordnungen zu geben.

Auch kann er auf dem Wege von und
Він може також завжди користуватися, ідучи
Verlängert bis 30 Juni 1943.

zu seiner Arbeitsstelle jederzeit die öffent-
до місця роботи або повертаючись з нього,
lichen und die ihm zur Verfügung stehen-
загальними і йому наданими особливими засо-
den besonderen Verkehrsmittel benutzen.
бами сполучення.

Er darf in der Erfüllung seiner Obliegen-
Ніхто ні в якому разі не може йому пере-
heiten ohne vorheriges Einverständnis
шкоджати у виконанні його обов'язків без по-
der ihm vorgesetzten deutschen Dienst-
переднього погодження з керуючою німецькою
stelle, der Feldwasserstrassenabteilung 2
установою 2-го Польового водно-шляхового від-
in keiner Weise behindert werden.
ділу.

Insbesondere dürfen die zu seinem Ar-
Зокрема, інструменти, знаряддя, запаси, си-
beitsbereich gehörenden Werkzeuge, Ge-
ровину і службовців, потрібних для його галузі
räte, Werkstoffe, Betriebsstoffe und Bedien-
роботи, без його попередньої згоди не можна

In Kiew ausgestellter und von Steude unterschriebener Ausweis auf den Namen Pjotr Rabzewitsch (Vorder- und Rückseite).

Polnisch und Russisch sprach, schöpfte der Leiter keinen Verdacht. Hinzu kam, daß ich nicht wie ein Jude aussah. Er rief seine Mitarbeiter und fragte, warum sie mir solche Schwierigkeiten machen. Der Abteilungsleiter befahl, mir die Arbeitskarte auszuhändigen.

Als ich mit meinem neuen Ausweis und der Arbeitskarte zur Telefonabteilung der Feldwasserstraße kam, hat Sonderführer Steude gesagt, man solle mir einen Platz in der Pension geben, wo alle Arbeiter der Feldwasserstraße wohnen, die nicht aus Kiew sind. Ich wurde in einem Wohnheim in der Verhnij Val Straße 57 untergebracht, im Stadtteil Podol. Diese Straße liegt in der Nähe des Dnepr. Man hat mir dort ein Bett gegeben in einem Zimmer, wo noch andere Leute lebten. Das war nicht leicht für mich, denn ich musste immer aufpassen, dass sie mich nicht als Juden erkannten.

In der Pension hat man mir gesagt, ich könne nicht bleiben, weil ich keinen Pass habe. Die Polizei des Stadtteils forderte, dass ich meinen Pass vorlege. Krüll hatte es noch in Pińsk vorhergesehen und mir gesagt, in meinem Ausweis stehe gedruckt, dass mein Pass in Pińsk bei meinem alten Arbeitsplatz aufbewahrt würde, und auf Anfrage aus Kiew schicke er ihn per Post. In Wirklichkeit war mein Pass, der auf den Namen Rabinow ausgeschrieben war, längst in einem Ofen verbrannt worden. Ich wiederholte immer unter Bezugnahme auf meinen Ausweis, dass mein Pass in Pińsk sei.

Ich habe das gesagt, und man hat bei Herrn Krüll angerufen. Er sagte, er habe meinen Pass mit der Post abgeschickt. Man hat ihn gefragt, warum er den Pass mit der Post geschickt habe und ihn nicht mir mitgegeben habe. Herr Krüll sagte: »Wenn ich einen Marschbefehl schreibe und er den Pass hat, kann er hinfahren, wohin er will. Er kann von der Arbeit entlaufen. Ich habe den Pass deshalb mit der Post abgeschickt.«

Nach einem Monat bekam ich eine Bescheinigung von meiner Personalabteilung, dass man meinen Pass von Pińsk abgeschickt habe und dass er bei der Post verloren gegangen sei. Mit dieser Begründung und meinen Unterlagen, die Krüll für mich beschafft hatte, erhielt ich einen neuen Pass. Dort steht nicht meine richtige Nationalität und nicht der Name meines Vaters. Der Pass besagt, meine Nationalität ist russisch und den Vater ruft man Roman. Man hat in meinen Pass geschrieben Pjotr Romanowitsch Rabzewitsch, geboren am 25. Mai 1923 in Kobrin. Nur das Geburtsdatum war das richtige Datum, das hatten wir nicht geändert.

Ab jetzt war ich offiziell Pjotr Romanowitsch Rabzewitsch, Russe, geboren am 25. Mai 1923 in Kobrin. Mit diesem Pass habe ich in Kiew gelebt bis die Rote Armee Kiew am 6. November 1943 befreit hat.

Herr Steude hätte meinen von Krüll in Pińsk ausgestellten Ausweis und den Marschbefehl in die Akten geben müssen. Das hat er aber nicht getan, sondern er hat sie behalten und immer bei sich getragen. Als ich Probleme hatte, einen Pass zu bekommen, hat Steude mir den Ausweis noch einmal gegeben, weil in diesem Ausweis stand, mein Pass befinde sich in Pińsk. Später, als Steude an die Front musste und Sonderführer Hoppe sein Nachfolger wurde, hat er diese Unterlagen nicht an Hoppe gegeben, sondern hat sie mir gegeben. Deshalb habe ich

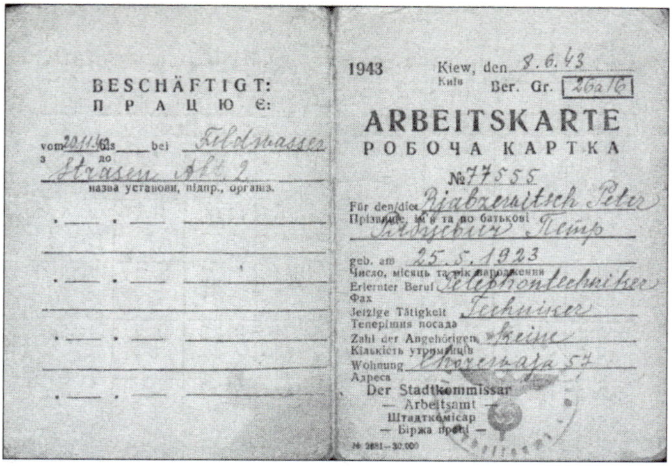

BESCHÄFTIGT:
ПРАЦЮЄ:

vom 20.11.43 bis ___ bei Feldwasser
з до
Straßen Abt. 2
назва установи, підпр., організ.

1943 Kiew, den 8.6.43
Київ Ber. Gr. 26a/6

ARBEITSKARTE
РОБОЧА КАРТКА
№ 77555

Für den/die Rjabzewitsch Peter
Прізвище, ім'я та по батькові Рябцевич Петр
geb. am 25.5.1923
Число, місяць та рік народження
Erlernter Beruf Telephontechniker
Фах
Jetzige Tätigkeit Techniker
Теперішня посада
Zahl der Angehörigen keine
Кількість утриманців
Wohnung Chorewaja 57
Адреса

Der Stadtkommissar
— Arbeitsamt —
Штадткомісар
— Біржа праці —

№ 2681—30.000

Vom Betrieb (Einheit) ist jede abgelaufene Woche Beschäftigung nachträglich durch Stempelaufdruck zu bescheinigen
Кожний минулий тиждень роботи повинен бути посвідчений прикладенням печатки підприємства (установи, частини)

Woche (тиждень)			
[illegible] 6.VI–43 Feld W. St. Abt. 2 Schiffahrt	5.VII–43 11.VII–43 Feld W. St. Abt. 2 Schiffahrt	[illegible] VIII–43 15.VIII–43 Feld W. St. Abt. 2 Schiffahrt	13.IX–43 19.IX–43 Feld W. St. Abt. 2 Schiffahrt
7.VI–43 13.VI–43 Feld W. St. Abt. 2 Schiffahrt	12.VII–43 18.VII–43 Feld W. St. Abt. 2 Schiffahrt	16.VIII–43 22.VIII–43 Feld W. St. Abt. 2 Schiffahrt	20.IX–43 26.IX–43
14.VI–43 20.VI–43 Feld W. St. Abt. 2 Schiffahrt	19.VII–43 25.VII–43	23.VIII–43 29.VIII–43 Feld W. St. Abt. 2 Schiffahrt	27.IX–43 3.X–43
21.VI–43 27.VI–43 Feld W. St. Abt. 2 Schiffahrt	26.VII–43 1.VIII–43 W. St. Abt. 2 Schiffahrt	30.VIII–43 5.IX–43 Feld W. St. Abt. 2 Schiffahrt	4.X–43 10.X–43
28.VI–43 [illegible] W. St. Abt. 2 Schiffahrt	2.VIII–43 8.VIII–43 W. St. Abt. 2 Schiffahrt	6.IX–43 12.IX–43 Feld W. St. Abt. 2 Schiffahrt	11.X–43 17.X–43

Woche (тиждень)			
18.X–43 24.X–43	22.XI–43 28.XI–43	27.XII–43 2.I–44	31.I–44 6.II–44
25.X–43 31.X–43	29.XI–43 5.XII–43	3.I–44 9.I–44	7.II–44 13.II–44
1.XI–43 7.XI–43	6.XII–43 12.XII–43	10.I–44 16.I–44	14.II–44 20.II–44
8.XI–43 14.XI–43	13.XII–43 19.XII–43	17.I–44 23.I–44	21.II–44 27.II–44
15.XI–43 21.XI–43	20.XII–43 26.XII–43	24.I–44 30.I–44	28.II–44 5.III–44

Arbeitskarte (Vorder- und Rückseite).

Pjotr Ruwinowitsch in Kiew 1943.

diese Ausweise noch. Aus dem Verhalten von Steude schließe ich, dass auch Steude wusste, dass ich ein Jude bin.

Ich habe sehr gut Russisch gesprochen und kannte alle orthodoxen Feiertage. Ich wusste das alles, weil ich in meiner Jugend zwischen Orthodoxen und Katholiken gelebt habe. In Mokraja Dabrowa und in den umliegenden drei Dörfern lebten nur zwei jüdische Familien. Wir Kinder waren ständig zusammen. Deshalb war es für mich nicht schwer. Ich habe alle Sprachen ohne jiddischen Akzent gesprochen und sah nicht wie ein Jude aus. Nur eines konnte ich nicht, mich nackt ausziehen, denn mein »jüdischer Ausweis« war ständig bei mir. Als ich den neuen Pass hatte, wurde mir etwas leichter.

Das Leben in Kiew war sehr schwer für mich, denn ich war ganz allein, hatte keinen Bekannten. Alle Fragen musste ich allein entscheiden. Einerseits war das Leben in Kiew gut, aber seelisch fühlte ich mich schlecht.

Als ich in Kiew ankam und zum ersten Mal dem Unteroffizier Frühauf begegnete, taten wir so, als ob wir uns nicht kennen und uns zum ersten Mal sehen würden. Er hat mir sehr viel geholfen, aber es durfte keiner wissen. Alles musste heimlich geschehen. Nach Kiew war ich im Winter mit wattierter gesteppter Kleidung gekommen. Aber jetzt begann der Sommer und es wurde sehr warm. Frühauf hat mir leichte Kleidung beschafft. Auch mit Lebensmitteln hat er mir geholfen.

Da ich sehr gut und viel gearbeitet habe, hat Herr Steude mich beauftragt, die technische Kontrolle in der Telefonabteilung zu machen. Ich war 19 Jahre alt und hatte die Aufsicht über ältere Menschen.

Alle haben sich mit mir wohl gefühlt, weil ich zu Steude vermittelt habe. Zu Frühauf brauchten sie keine Vermittlung, er sprach sehr gut Russisch. Dann war da noch der Unteroffizier Mauer, auch ein guter Mensch.

Anfang Mai 1943 entstand eine schreckliche Situation für mich. Im Mai 1943 wurde ich 20 Jahre alt.

Mein Jahrgang unterlag der Arbeitsdienstpflicht als Ostarbeiter in Deutschland. Dafür musste ich von einer Ärztekommission im Arbeitsamt gemustert werden. Da ich aber Jude bin, konnte ich mich in Anwesenheit der Ärzte nicht ausziehen, ohne mich als Jude zu verraten. Aber ohne diese Arztbescheinigung konnte ich nicht in Kiew bleiben. Es gab aber auch kein anderes Gebiet, wohin ich hätte gehen können.

Die Polizei brachte jedem jungen Mann die Vorladung, an welchem Tag, um wieviel Uhr er sich melden muss. Ich bin gegangen, denn was hätte ich machen können? Ich kam sehr früh ins Arbeitsamt und trieb mich bis 14 Uhr herum. Tausende junge Menschen, Jungen und Mädchen, mussten zu der Medizinkommission gehen. Viele sagten, sie seien krank und könnten nicht arbeiten. Die Ärzte untersuchten sie und waren am zweiten Teil des Tages schon müde geworden. Ich sah aber auch junge Menschen, die gingen zu den Ärzten und sagten, sie seien gesund, sie wollten freiwillig fahren. Sie mussten nur ihre Hände vorzeigen. Die Ärzte haben sich ihre Hände und Füße angesehen und ihnen in die Augen geschaut. Dann gab man ihnen sofort die Dokumente. Als ich sah, dass etliche junge Männer das machten, riskierte ich das auch. Ich bin gegangen und habe gesagt, dass ich vollkommen gesund sei und freiwillig nach Deutschland zur Arbeit wolle. Der Arzt befahl mir, Hände und Füße zu zeigen. Ich konnte Deutsch sprechen. Man hat mir nur in die Augen geschaut und meine Hände und die Füße angeschaut. Ich habe sofort den Ausweis und alle Unterlagen für den Abtransport nach Deutschland bekommen. Es war nicht nur die Fahrkarte, sondern ich wußte auch die Nummer des Zuges, den Waggon und den Bestimmungsort.

Urkunde

Robzewitsch Petr

geboren am 1923

in Kobrin

wohnhaft [illegible]

Gebiet Kiew

von der ärztlichen Kommission untersucht und dabei voll arbeitsfähig befunden, ist zur Erfüllung der ehrenvollen Arbeitspflicht zugelassen worden.

Свідоцтво

Робцевич Петр.

що народився (лась) 1923

у Кобрин

і проживає у [illegible]

гебіті Київ

пройшов (ла) огляд медичної комісії, визнаний (на) за цілком працездатного (у) і допускається до виконання почесного обов'язку трудової повинності.

Der Generalkommissar in Kiew
Генералькомісар Києва

Urkunde der ärztlichen Kommission in Kiew (Vorder- und Rückseite).

Alles war geregelt. Als ich das alles bekommen hatte, war das meine zweite Rettung. Ich war zum dritten Mal auf dieser Welt geboren worden.

Mit den Dokumenten bin ich zur Arbeitsstelle gegangen und habe sie dort abgegeben. Auf der Arbeitsstelle waren vielleicht zehn Personen, die es so wie ich hatten machen müssen. Man hat die Dokumente genommen, ist zum Arbeitsbüro gegangen und hat gesagt, dass wir bei einer Stelle der deutschen Wehrmacht arbeiten und dass sie uns deshalb davon befreien sollten, als Ostarbeiter nach Deutschland zur Arbeit zu fahren.

Das Arbeitsbüro hat das gemacht. Man hat uns nur die Ausweise gegeben, damit wir bei Kontrollen der Polizei beweisen konnten, dass wir bei der Medizinkommission waren. Diesen Ausweis, den Pass und die Arbeitskarte musste man immer bei sich tragen.

Als eines Tages meine Schuhe zerrissen waren, musste ich mir Leder besorgen, um sie zu reparieren. Ich bin auf den Markt gegangen, wo man alte Sachen verkaufte. Deutsche Soldaten durften nicht auf diesen Markt, um etwas zu verkaufen. Dort habe ich einen Sicherheitsgurt gesehen, wie ihn die Arbeiter benutzen, wenn sie Telegrafenmasten besteigen. Er war aus Leder. Ich habe ihn gekauft. Da ich nur ein Stück Leder davon benötigte, ging ich etwas zur Seite und habe begonnen, mit dem Messer das Leder abzutrennen. Da fielen goldene Rubelstücke aus der Zarenzeit heraus, die jemand in dem Gürtel versteckt hatte. Als die Leute, die um mich herumstanden, das sahen, fielen sie über mich her und entrissen mir den Gürtel und prügelten sich um den Gürtel. Ich konnte aber fünf goldene Zehnrubelmünzen retten. Das war sehr viel Geld.

Im Juni 1943 war Herr Krüll in Kiew. Er hatte mich angerufen und gesagt, er wolle mich sehen, aber wir könnten uns nicht treffen. Keiner solle wissen, dass wir uns kennen. Nicht weit von der Feldwasserstraße ist die alte Sophien Kathedrale. Er werde dort auf einer Seite der Straße stehen und ich auf der anderen Seite. Ich bin dahingegangen, und wir haben jeder auf einer Straßenseite gestanden, mehr als 10 oder 15 Minuten. Wir waren etwa 50 oder 60 Meter voneinander entfernt. Ich wollte zu ihm hingehen, da hat er mir mit der Hand ein Zeichen gegeben, nein, nein, bleibe an der Stelle stehen. Er hatte mir am Telefon noch gesagt, dass er mir von Pińsk nach Kiew Streichhölzer mitgebracht habe. In Pińsk war eine Streichholzfabrik, und für eine Schachtel Streichhölzer konnte ich ein halbes Brot kaufen. Das würde eine materielle Hilfe sein. Die Streichhölzer hat er dem Unteroffizier Frühauf für mich gegeben.

An diesem Tag habe ich Herrn Krüll zum letzten Mal gesehen.

Als die deutsche Armee die Schlacht bei Kursk Ende Juli 1943 verloren hatte, wurde kurz danach die Feldwasserstraße evakuiert. In der Stadt brach Panik aus. Als ich morgens zur Arbeit kam, hat mich Unteroffizier Frühauf gefragt, ob ich mitfahren wolle Richtung Westen. Er sagte, die Feldwasserstraße würde nicht nach Pińsk evakuiert, wahrscheinlich nach Polen. Da ich mehr Angst hatte, allein in Kiew zu bleiben, als nach Westen evakuiert zu werden, habe ich Ja gesagt. Aber meine Sachen waren in meiner Pension im Stadtteil Podol. Ich bin noch einmal dorthin gegangen, um die Sachen zu holen. Die Pension war etwa zwei Kilometer von der Arbeitsstelle entfernt.

Auf dem Rückweg kam ich in eine Razzia, wurde verhaftet und zum Bahnhof geführt. Es waren sehr viele Menschen zusammengetrieben worden. Alle sollten nach Deutschland zur Zwangsarbeit geschickt werden. Ich habe die ganze Nacht auf dem Bahnhof verbracht. Am nächsten Morgen kam ein deutscher Offizier. Ich habe mich an ihn gewandt und ihm erzählt, dass ich mit der Feldwasserstraße evakuiert werden sollte. Er hat der Polizei gesagt, dass man mich gehen lassen solle. Als ich zur Feldwasserstraße kam, fand ich nur leere Räume vor. Es war keiner mehr da. Sie waren am Tag weggefahren. Der letzte Stempel in meiner Arbeitskarte ist für die Woche vom 13. IX. 1943 bis 19. IX. 1943.

Außer der Feldwasserstraße wurden auch alle anderen militärischen Verwaltungen evakuiert, weil die Rote Armee schon am anderen Ufer des Dnepr stand. Etwa 30 Kilometer oberhalb von Kiew versuchte die Rote Armee, den Dnepr zu überqueren, kam aber gegen die deutsche Armee nicht an. 120 Kilometer südlich von Kiew hatte die Rote Armee Erfolg.

Es hat noch eineinhalb Monate gedauert, bis die Rote Armee Kiew befreit hat. In Kiew wurde nicht gekämpft. Die Rote Armee ist oberhalb und unterhalb von Kiew über den Dnepr gegangen.

Nachdem die Deutschen evakuiert waren, herrschte die Polizei in Kiew. Sie machten in der Stadt, was sie wollten. Deshalb bin ich ab Ende September 1943 bis zur Befreiung von Kiew durch die Rote Armee am 6. November 1943 mit anderen Bewohnern in das Dorf Jazki, Rayon Wassilkowski, in der Nähe von Kiew gegangen. Ich konnte nicht in Kiew bleiben, denn auf den Straßen nahm man die Menschen und trieb sie zur Zwangsarbeit zum Bahnhof.

Ich möchte noch etwas über die Menschen in der Feldwasserstraße in Kiew sagen. In Kiew in der Feldwasserstraße gab es zwei Telefonzentralen, eine zivile und eine für die Wehrmacht. Sie waren in einem Haus, aber in verschiedenen Zimmern untergebracht. In der zweiten Zentrale haben deutsche Soldaten als Telefonisten gearbeitet. Sie haben per Hand die Verbindungen hergestellt, das ging nicht automatisch. Bei uns waren fünf Telefonisten. Darunter war einer, sein Name war Matz, er war aus Berlin. Er sagte, er könnte Menschen erschießen, wenn man ihm sagen würde, er solle schießen, egal ob es ein Deutscher, ein Jude, ein Ukrainer, ein Pole oder ein Russe sei. Die anderen Soldaten sagten immer zu ihm: »Matz, warum arbeitest du in der Feldwasserstraße? Geh zur SS oder zum SD, da hast du die Möglichkeit zu schießen. Da kannst du schießen, soviel du willst. Wir arbeiten unter Menschen, solche wie wir alle. Wir wollen so etwas nicht hören. Sie sollen nicht denken, dass wir so schlechte Menschen sind, wie du das sagst.« Das ist ein Beispiel.

Das zweite Beispiel: Bei uns war ein Telefonist aus Hannover. Sein Vorname war Willi, den Familiennamen habe ich vergessen. Er hatte ein Galanteriewarengeschäft in Hannover, er war nicht verheiratet. Er hatte eine Schwester. Er hat mir Fotos gezeigt. Die Fotos hatte er in Riga 1941 gemacht. Er war in der Armee, die die Kampagne im Baltikum gemacht hat. Er hat mir Fotos gezeigt, wie man Juden und andere Menschen erschießt. Es waren litauische Polizei und deutsche Kommandos. Jüdische Kinder, vielleicht auch christliche. Ich habe ihn gefragt: »Willi, warum hast du diese Fotos gemacht?« Er antwortete: »Wenn der Krieg zu Ende ist, ich weiß sicher, Hitler und die

Nazis werden nicht siegen, will ich der Welt die Fotos zeigen, wenn es still geworden ist, damit man sieht, was man mit Menschen gemacht hat.« Ich habe ihn gefragt, ob er denn keine Angst habe, dass es jemand sieht und der SS erzählt. In den Zeitungen zeigte man solche Fotos nicht. Er entgegnete: »Du wirst es nicht erzählen, dass ich solche Fotos habe.« Ich sagte: »Nein, ich werde es nicht erzählen, aber jemand könnte es erzählen.« Er erwiderte: »Ja richtig, ich werde die Bilder behalten und keinem mehr zeigen. Es geht mir nahe und lässt mich nicht schlafen.«

Das war der Unterschied zwischen Matz und Willi.

Nach der Befreiung durch die Rote Armee

Am 6. November 1943 ist Kiew von der Roten Armee befreit worden. Am 13. November kehrte ich nach Kiew zurück und habe mich wieder an die Wasserstraße gewandt, um Arbeit zu bekommen. Jetzt hieß der Betrieb »Militärische wiederaufbauende Administration des Schiffsverkehrs am Dnepr«. Damit ich eingestellt werden konnte, musste ich einen ausführlichen Lebenslauf schreiben und einen Fragebogen ausfüllen. Diese Unterlagen waren selbstverständlich auch für das NKWD bestimmt. In meinem Lebenslauf beschrieb ich alles, was mit mir passiert war und was ich erlebt hatte: Wie ich aus einem Juden zu einem Russen geworden war und wer mich aus dem Ghetto gerettet hat. Meine ganze Geschichte, von meinem Geburtstag bis zum November 1943, schrieb ich auf. Ich schrieb, dass ich in Wirklichkeit Eruchim-Fischl Ruwinowitsch Rabinow sei, ein Jude, obwohl in meinen Papieren Pjotr Romanowitsch Rabzewitsch, Russe, stehe, und dass ich meinen jüdischen Namen zurückhaben wolle.

Der Personalleiter Rodman hörte mir sehr aufmerksam zu und sagte, er könne mir das zwar nachfühlen, aber meinen Namen ändern könne er nicht, da ich keine Dokumente hätte. Er empfahl mir, zur

Miliz und Staatsanwaltschaft zu gehen. Sofort ging ich zur Polizei, die sich mit solchen Angelegenheiten befasst und zur Staatsanwaltschaft für die Binnenschifffahrt. Man sagte mir, dass man mir glaube, dass ich aber keine Dokumente habe und dass das Territorium von Pińsk noch von den Deutschen besetzt sei. Mir wurde aber auch gesagt, wenn ich jetzt meinen Namen zurückverlangen würde, bedeute das für sie, dass ich etwas verbergen wolle, was ich für die Deutschen in Kiew gemacht hätte. Das könnte ein Anlass für meine Verhaftung sein. Ich wurde gefragt, warum mich ein Deutscher gerettet habe. Ich habe immer gesagt, dass er ein guter Mensch war und er deshalb einen Juden gerettet hat.

Im November 1943 wurde ich zum Militär einberufen, aber die Arbeit bei der Wasserstraße erlaubte eine Freistellung vom Militärdienst. Obwohl ich die Freistellung hatte, bat ich im Dezember 1943 den Leiter des Wehrkommandos, mich doch zur Armee zu schicken. Als der Leiter des Wehrkommandos erfuhr, dass ich Polnisch spreche, beschloss er, mich zum Offizierslehrgang anzumelden. Dieser Lehrgang bereitete Offiziere für die Polnische Armee vor.[107] Der Leiter des Wehrkommandos empfahl mir, den Gestellungsbefehl bei der Arbeitsstelle erst am Gestellungstag abzugeben. Der Gestellungstag war der 31. Dezember 1943. Am 27. Dezember erkrankte ich an Lungenentzündung und lag einen Monat mit sehr hohem Fieber. Von den Goldrubeln, die ich noch hatte, konnte ich mir nun Medikamente kaufen. Nach einem Monat kam ich wieder zum Wehrkommando, und dort wurde ich von der Ärztekommission als »unfähig zum Militärdienst wegen Krankheit« eingestuft.

Im Juli 1944, als Pińsk befreit war,[108] habe ich einen Brief an einen Bekannten im Dorf Kownjatino geschrieben. Kownjatino liegt zwischen Logischin und Mokraja Dabrowa. Der Bekannte war ein guter Freund meiner Eltern, er war ein Christ. Sein Name ist Jakob Tschepelewitsch. Er war so alt wie mein Vater. Er hat mir gleich geantwortet. Mein Bruder Lew hat auch an diesen Mann geschrieben.

Pjotr Ruwinowitsch mit seinem Bruder Lew Ruwinowitsch, 1946.

Tschepelewitsch hat mir die Postkarte geschickt mit der Anschrift meines Bruders in der Armee. Meine Adresse hat er meinem Bruder geschickt. Er schrieb, dass man alle erschossen habe. Das wusste ich schon. Die Hauptsache war, dass ich die Adresse von meinem Bruder und er meine Adresse bekam. Ich habe an die Archive von Drohiczyn und Pińsk geschrieben. Man hat mir geantwortet, dass keine Archive der jüdischen Bevölkerung mehr bestehen. Die Archive waren bei den Rabbinern, und die Rabbiner hat man alle ermordet und auch ihre Häuser vernichtet. Aber moralisch war es für mich leichter zu leben, weil mein Bruder da war. Ich habe meinem Bruder alles geschrieben, wie ich gerettet wurde und warum ich einen anderen Namen habe. Wir wussten, dass die Schwester Riwa auch in der Armee war. Wo sie jetzt war, wussten wir nicht. Lew und Riwa hatten während des Krieges keinen Kontakt untereinander. Erst 1946 habe ich meinen Bruder wieder gesehen.

Ich habe gearbeitet und studiert. Meine Geschichte kannten alle Arbeiter auf der Arbeitsstelle und alle Freunde. Vielleicht haben nicht alle Menschen meine Geschichte geglaubt, dass es so gewesen ist. Einige haben an das NKWD geschrieben, ich sei kein Jude sondern ein Deutscher, möglicherweise ein Spion. Das NKWD kannte aber meine Geschichte. Jedes Mal riefen sie mich an und sagten mir, ich solle meine Geschichte keinem mehr erzählen, weil ihnen das unnötige Arbeit mache. Ich bekam keine Schwierigkeiten. Wahrscheinlich hatten sie nach der Befreiung von Pińsk alles kontrolliert.

Meine Schwester Riwa Ruwinowna Rabinowa war den ganzen Krieg (1941-1945) über in der Roten Armee. Sie erlebte das Kriegsende in Berlin. Sie war bei den Pionieren und baute Wege und Brücken. Hauptsächlich aber war sie zum Mienenräumen eingesetzt. Das war eine sehr gefährliche Arbeit, die vor allen Dingen Frauen machten. Ich habe sie erst 1950 wiedergesehen. Sie hat in Berlin geheiratet. Ihr Mann ist Russe mit Namen Wassili Kotow. Jetzt wohnt sie in der Stadt Priluki (Tschernigow Gebiet) in der Ukraine. Sie hat zwei Söhne und vier Enkel. Ein

Sohn ist Hauptmann in Russland, in Krasnojarsk. Der zweite Sohn ist sehr schwer herzkrank. Er wohnt bei meiner Schwester.

Mein Bruder Lew Ruwinowitsch Rabinow war 1945 in Königsberg. Er kam dann mit seiner ganzen Truppe nach Wladiwostok und hat das Ende des Krieges in Port-Arthur erlebt. Aus den sowjetischen Zeitungen hatte Lew erfahren, dass das Ghetto Pińsk liquidiert wurde und dass alle Juden ermordet worden waren. Solche Berichte standen immer in den sowjetischen Zeitungen. Lew hatte gehofft, dass wenigstens Riwa überlebt hatte und dass er sie wieder sehen würde. Als er erfuhr, sein Bruder Eruchim-Fischl habe überlebt, wollte er es zunächst nicht glauben, erst als er meinen Brief bekam, war er sicher, dass es stimmte.

1944 heiratete Lew Ruwinowitsch und zog nach dem Krieg nach Moskau. Seine zweite Frau hatte er in Moskau kennengelernt, als er mit einem Schuss in der Lunge im Hospital war. Diese Frau hat ihm sehr geholfen, als er krank war. Bereits 1944 habe ich in Kiew seine Frau kennengelernt, schon bevor ich Lew wiedersah. Sie kam nach Kiew, um mich kennen zu lernen und alles von mir über die Familie und meine Rettung zu erfahren. Sie sagte mir, dass die Schwester ihrer Mutter in Kiew in der Čkalova Straße 45 Wohnung 27 wohne. Dort könnte ich wohnen, das sei sicher leichter für mich. Die Schwester ihrer Mutter hieß Iwanova Chachowskaja. Ich bin zu ihr gegangen. Sie war verheiratet mit Iwanov Chachowskoj. Die Mutter von Iwanov Chachowskoj war die Tochter eines polnischen Fürsten, und sein Vater war Generalgouverneur der Warschauer Post gewesen. Sie waren sehr gute Menschen. Sie hatten keine Kinder, und ich habe fünf Jahre bei ihnen gelebt bis Dezember 1949.

Lew absolvierte eine medizinische Hochschule und arbeitete als Arzt in der Stadt Balaschicha (Moskau Gebiet), wo er bis jetzt mit seiner Tochter und deren Familie wohnt.

Viele Juden waren aus der Evakuierung wieder nach Kiew zurückgekehrt. Ab dem Jahr 1945 haben sie wieder ihre Feiertage gefeiert. Nicht alle, sondern nur die, die nicht gearbeitet haben. In die große Synagoge in Kiew sind zum Beispiel an *Roscheschone* und *Jom Kipper* mehrere tausend Menschen gekommen. Den Gesang des *Chasn* hat man mit einem Lautsprecher auf die Straße übertragen, dass alle Menschen es hören konnten. Das war aber nur einmal, im Jahr 1945. Im nächsten Jahr war die Übertragung mit Lautsprecher schon verboten. Es galt als religiöse Agitation gegen die Regierung. Die Juden gingen aber weiterhin an den hohen Feiertagen in die Synagoge. Da sie jedoch arbeiten mussten, konnten sie nicht am Tag gehen, sondern erst am Abend.

1949 habe ich geheiratet. Meine Frau Ewgenia Abramowna Siderman ist auch Jüdin und wurde 1926 in Kiew geboren. Sie hat mit ihrer Familie überlebt, weil sie nach Kasachstan evakuiert wurden. Der Mann ihrer Schwester hat in der Roten Armee gedient. Er hat ihnen nach dem Krieg geholfen, dass sie nach Kiew zurückkehren konnten und ihre Wohnung wieder bekamen, in der sie vor dem Krieg gelebt hatten.

Meine Frau hatte noch einen Bruder, Elia Abramowitsch Siderman. Als der Krieg begann, war er 29 Jahre alt. Er war mit einer Polin verheiratet. Sie wollte sich nicht evakuieren lassen. Er hat als Chauffeur

Pjotr Ruwinowitsch und Ewgenia Abramowna, 1950.

gearbeitet. Er hat der Familie gesagt, er werde mit dem letzten Lastwagen Kiew verlassen. Aber Kiew wurde von der deutschen Armee umzingelt. Deshalb konnte er die Stadt nicht mehr verlassen. 500 000 sowjetische Soldaten sind in Kiew in Gefangenschaft geraten. Der Bruder meiner Frau ist in Babij Jar erschossen worden.[109] Christliche Menschen haben das erzählt, die es gesehen haben. Die Juden von Kiew hatten den Befehl bekommen, sich am 29. September 1941 an der Kreuzung Melnikova Straße und Degtjarivska Straße einzufinden. An dieser Kreuzung ist das Gefängnis von Kiew. Hier war früher eine Bahnstation, von der aus die Gefangenen nach Sibirien deportiert wurden. Als nun der Befehl kam, sich dort einzufinden, glaubten die Juden, sie würden von diesem Bahnhof aus zur Arbeit deportiert. Die Melnikova Straße ging früher nur bis zur heutigen Dorogožicka Straße und führte dann nach links zum Friedhof. Hier mussten sich die Juden entkleiden und wurden dann zur Schlucht Babij Jar getrieben. An der Stelle, wo sie erschossen wurden, steht heute die Menorah. Vor dem Krieg lebten in Kiew 140 000 Juden, und es sind sehr viele Juden aus den umliegenden Dörfern und Städten hinzugekommen. Im März 1943 hat man in Babij Jar etwa 40 000 Menschen ermordet, Russen, Polen, Ukrainer und Kriegsgefangene.

Bis zu meiner Hochzeit habe ich bei der Familie meiner Schwägerin Alexandra Fjodorowna Chachowskaja gelebt. Nach der Heirat bin ich in die Wohnung der Eltern meiner Frau gezogen.

1952 habe ich eine eigene Wohnung bekommen. Es war ein Zimmer in der Jurkowskaja Straße Nr. 38 Wohnung 24. In der Wohnung haben noch zwei

Familien gewohnt. Es war schon gut so, denn es war eine eigene Wohnung. Dort wurde 1952 unsere Tochter Polina geboren. Wir haben sie nach meiner Mutter Pessel, auf russisch Polina, genannt.

1959 wurde unser Sohn Ilia geboren. In dem Jahr habe ich in der Lugowaja Straße 3 Wohnung 72 eine eigene Wohnung bekommen, ganz allein für uns. Es waren zwei Zimmer, eine kleine Küche mit einer Dusche und eine Toilette.

Meine Frau Ewgenia hat bis zur Geburt von Polina gearbeitet. Als Polina klein war, hat sie nicht mehr gearbeitet, denn Polina war oft krank.

Meine Frau hat in der Schule kein Jiddisch gelernt, nur Russisch, Ukrainisch und Deutsch. Nur ihre Eltern sprachen miteinander Jiddisch. Dadurch hat sie diese Sprache etwas gelernt. Auch unsere Kinder lernten in der Schule nicht die jiddische Sprache.

Die Zeit verging schnell. Die Geschichte meiner Rettung wusste die ganze Familie und alle meine Arbeitskollegen. Ich wollte immer meinen Retter finden. Keiner wollte mir offiziell helfen. Auch die Deutschen nicht. Ich weiß nicht, ob sie Angst hatten oder es nicht machen wollten.

Meinen jüdischen Namen Rabinow hätte ich erst 1956 wieder annehmen können, als sich die politischen Verhältnisse änderten. Am 25. Februar 1956 hatte Chruschtschow auf dem XX. Parteitag der KPdSU in einer geschlossenen Sitzung des Parteitags seine sogenannte Geheimrede gehalten, in der er die Politik Stalins kritisierte. Ich wechselte jetzt gesetzlich meinen jüdischen Familiennamen Rabinow in Rabzewitsch und meinen »russischen« Vatersnamen Romanowitsch in meinen jüdischen Vatersnamen Ruwinowitsch. Meine Eltern hatten diesen jüdischen

Namen, das ist mein Geburtsname. Ich habe heute den neuen Namen Pjotr Ruwinowitsch Rabzewitsch. Meine Geburtsurkunde ist schon die Zweite.

Warum habe ich das gemacht und nicht wieder meinen vollen jüdischen Namen angenommen? Weil ich schon verheiratet war, die Kinder hatten schon den Familiennamen und durch meine Arbeit hat ganz Russland meinen Namen Rabzewitsch gekannt. Ich war als Telefontechniker sehr bekannt, denn ich hatte viele Erfindungen gemacht. Und noch etwas, ich habe das mit meinem ganzen Herzen gemacht, denn der Name Rabzewitsch ist mir genauso teuer wie der Name Rabinow, weil der Name mir das Leben neu gegeben hat. Es erinnert mich an einen jüdischen Brauch. Wenn bei den Juden ein Kind sehr krank ist, gibt man ihm einen neuen Namen, damit es am Leben bleibt. Bis 1959 stand in meinem sowjetischen Pass: »Pjotr Romanowitsch Rabzewitsch, Russe«. Seit 1959 steht in meinem Pass: »Pjotr Ruwinowitsch Rabzewitsch, Jude«. In den neuen ukrainischen Pässen ist die Nationalität nicht mehr angegeben. Als ich aber meinen Pass beantragte, habe ich angegeben: »Jude«.

Ich konnte zehn Jahre lang nicht nach Pińsk fahren. Ich konnte nicht in die Stadt fahren, wo ich mit den Menschen gelebt hatte, die man ermordet hat. Ich konnte nicht vergessen, was mit den Menschen, die dort gelebt und mit denen ich gelernt und gearbeitet habe, geschehen ist. Ich war gesund, arbeitete, nur nach Pińsk fahren, das konnte ich nicht.

Die letzte Zeit, als ich schon nach Pińsk fahren wollte, sind mir jede Nacht die Mutter und der Vater im Traum erschienen. Der Vater und die Mutter sagten zu mir: »Wir leben. Warum kommst du nicht zu uns?«

Meine Frau hat in einem Kinderheim gearbeitet. Im Sommer 1955, als die Kinder des Heims für zwei Monate aus der Stadt hinaus in das Dorf Letki gingen, ist sie mitgefahren und hat auch unsere Tochter mitgenommen. Ich habe sie angerufen und gesagt: »Ich fahre nach Pińsk.« Sie hat gesagt: »Ja, fahr nur, aber sei vorsichtig.« In Pińsk habe ich eine Frau angerufen, sie lebt jetzt noch in Pińsk, Glafira Stepanowna Barsukowa. Sie hat vor und während des Krieges zusammen mit mir in der Wasserstraße gearbeitet. Ich sagte ihr, dass ich nach Pińsk kommen werde, sie solle mir im Hotel ein Zimmer reservieren. Sie sagte: »Nein, ich werde dich mit meinem Mann am Bahnhof abholen, und du wirst zu uns ins Haus kommen.«

Nach Pińsk habe ich viele Medikamente für das Herz mitgenommen, denn ich wusste, es würde für mich sehr schwer sein. Als ich aus dem Zug ausstieg, hatte ich das Gefühl, dass sich die Erde unter meinen Füßen öffnet. Der Weg vom Bahnhof zur Wohnung von Glafira Stepanowna Barsukowa führte durch die Moniuskistraße und das frühere Ghetto. Ich habe auf dem ganzen Weg nur geweint. Weil es nicht weit von dem Ort war, wo das Ghetto gewesen war, konnte ich die ganze Nacht nicht schlafen. Als wir in der Frühe aufstanden, habe ich etwas gegessen und wollte allein in die Stadt gehen. Frau Barsukowa hat mich aber nicht alleine gehen lassen. Ich bin zusammen mit ihr gegangen.

Es war schlimm, auf den Straßen zu gehen, wo mein Vater, meine Mutter und meine Geschwister gegangen waren, wo ich gelebt hatte. Das Haus, das Ghetto, man kann nichts mehr erkennen. Jetzt ist da der Marktplatz. Alles war nicht mehr.[110]

Ich bin zu dem Ort gefahren, wo man die Juden erschossen hat. Man konnte den Platz nicht erkennen, denn dort war ein Flugplatz. Es ist nicht weit von dem Dorf Galewo. Die Menschen im Dorf haben mir erzählt, dass sie es gesehen haben. Es ist nicht weit entfernt, vielleicht etliche Kilometer. Ungefähr 7 000 Menschen brachte man zu jeder der ausgehobenen Gruben. Jeder musste sich ausziehen und wurde dort erschossen. Es gab dort keinen Gedenkstein. Man konnte nur die Gruben erkennen, in denen die Toten gelegen hatten.

Ich bin in das Dorf gefahren, in dem die Eltern gewohnt haben. Als ich Pińsk besuchte, wollte ich mehr als zehn Tage bleiben, aber ich konnte es nicht, denn ich konnte nicht schlafen, nicht essen, nicht trinken. Du gehst auf der Straße, wo du gelebt und gelernt hast, du hast mit Freunden gespielt, das alles ist in deinen Gedanken. Jetzt ist da keiner, der dich kennt, du kennst keinen. Nur eine Frau, die mit dir gearbeitet hat.

Im nächsten Jahr bin ich schon mit meiner Frau gefahren. Jetzt fahren wir jedes Jahr nach Pińsk. Jedes Mal, wenn ich in Pińsk war, bin ich anschließend zwei Wochen krank. Jetzt steht da ein Gedenkstein. Früher hat da auch ein Stein gestanden, auf dem stand: »Hier hat man sowjetische Menschen ermordet«, sonst nichts. Es stand dort kein Hinweis, dass man Juden ermordet hat.[III] Jetzt steht auf einem neuen Gedenkstein in drei Sprachen, auf weißrussisch, auf jiddisch und auf hebräisch: »Hier hat man Juden erschossen, mehr als 22 000, Partisanen und Kriegsgefangene«. Ich weiß aber, dass es 28 000 waren.

Wo das Ghetto war, ist jetzt der Stadtmarkt. In den ersten Jahren war dieser Platz nicht bebaut. Jetzt ste-

Monument in Galewo zur Erinnerung an die Naziopfer von Pińsk, 1966 errichtet. Auf der Tafel steht: »Zur Erinnerung an 30 000 Sowjetbürger dieser Gegend, gefoltert und erschossen von den faschistischen deutschen Besatzern in den Jahren 1942-1943«.

hen dort Häuser, denn die Stadt ist gewachsen. Sie ist sehr weit und groß geworden.

1991 war ich mit meiner Frau, meinem Sohn und dem Enkel in Pińsk. Wir sind im Mai gefahren, 50 Jahre nach Kriegsbeginn. Aus der Zeit vor dem Krieg waren alle meine Bekannten bis auf eine Frau ermordet worden. Auf der Straße habe ich mich an einen jungen Mann gewandt und gefragt, wo in Pińsk die jüdische Gesellschaft ist. Er hat gesagt, ich solle zur Hauptbibliothek der Stadt gehen. Dort würde man es mir sagen, er wisse es nicht.

Der Enkel Alexej am Gedenkstein in der Nähe des Dorfes Galewo. Dieses Denkmal steht näher an dem Ort der Gruben als das alte Monument von 1966.

In der Bibliothek war eine junge Frau. Ich habe ihr gesagt, dass ich aus Pińsk bin, habe ihr meine Geschichte erzählt, und dass ich jemanden suche, der mir helfen kann, meinen Retter zu finden. Sie sagte, in der Bibliothek arbeite ein Korrespondent, der das Gedenkbuch der Stadt Pińsk schreibe. Sie gab mir seine Telefonnummer und seine Adresse. Ich habe ihn angerufen, aber er war nicht da. Länger als einen Tag konnte ich nicht in Pińsk bleiben, deshalb bin ich wieder nach Kiew zurückgekehrt und habe den Mann angerufen, er heißt Schapiro. Ich habe ihm meine Geschichte erzählt. Er sagte, ich solle ihm alles mit der Post schicken. Er würde in der Zeitung darüber schreiben. Nach einigen Wochen bekam ich von ihm die Zeitung. Er schrieb mir, alles sei jetzt im Museum der Stadt Pińsk ausgestellt, was ich ihm geschrieben hätte und auch meine Dokumente. Ich hatte die Hoffnung, dass jemand diesen Artikel liest und vielleicht weiß, was mit Krüll geschehen ist.

Mir wurde etwas leichter, als ich von Herrn Schapiro den Brief bekam. Zum ersten Mal konnten Menschen in der Zeitung meine Geschichte lesen. Die Überschrift des Zeitungsartikels lautet: »Aus einem Lied kann man nicht ein Wort entfernen.« Diese Überschrift bezieht sich darauf, dass in der Geschichte der Sowjetunion die Morde an den Juden verschwiegen wurden. Sie sind aber ein Teil der Geschichte. Dieser Teil ist da und muss miterzählt werden. Wenn man diesen Teil der Geschichte weglässt, ist es wie mit einem Lied, wo man auch kein Wort entfernen kann, weil sonst Text und Melodie nicht mehr zusammenpassen. Der Untertitel heißt: »Eine wunderliche Geschichte, wie ein deutscher Offizier einen Juden aus dem Ghetto gerettet hat.« Die Geschichte ist nicht bekannt, aber sie ist geschehen.

Meine Bekannten in Kiew haben es unter Tränen gelesen. Mir war etwas leichter, weil viele Menschen das Museum in Pińsk besuchen. Vielleicht kommt

Из песни слова не выкинешь,

или Удивительная история о том, как узника пинского гетто спас немецкий офицер

● НЕИЗВЕСТНОЕ ОБ ИЗВЕСТНОМ

Немало волнующих документов, воспоминаний, свидетельств поступило в городскую комиссию по написанию книги „Память". Часть из них касается судеб узников пинского гетто, чудом оставшихся в живых. Их буквально можно пересчитать по пальцам. Сегодня комиссия предлагает вниманию читателей недавно полученное письмо Петра Рувиновича Рабцевича из Киева. Как не покажется парадоксальным, его спас от смерти немецкий офицер. И это тоже правда о войне. Ведь из песни слов не выкинешь.

С. ШАПИРО.

Жили мы в Пинске по улице Монюшко (ныне Дзержинского). В семье было шестеро детей. Старшие – сестра Эстер и брат Лева уже имели свои семьи. Я еще при Польше окончил в Пинске ремесленное училище. С установлением Советской власти поступил на работу в Западное речное пароходство механиком связи. В воскресенье 22 июня 1941 года наша большая семья последний раз была вместе.

В городе началась паника. В ночь с 23 на 24 июня я с братьями Давидом и Ароном пешком ушли в сторону Столина. Но на границе нас остановили и этапом вернули обратно в Пинск.

Вскоре в город вошли немцы. Первой карательной акцией оккупантов против еврейского населения стал расстрел в городском парке 50 мужчин.

Меня и еще трех евреев, работавших на транспортной связи, вызвали на работу. Платили нам только половину заработка других рабочих.

8 августа появился приказ явиться неработающим мужчинам на железнодорожный вокзал якобы для отправки на работы. Явилось несколько тысяч человек. Их повели на картофельное поле под Галево и расстреляли. Несколько мужчин притворились убитыми, а ночью добрались до города и рассказали о случившемся.

9 августа никто на вокзал не явился. Немцы и полицейские ответили массовыми облавами. Они заходили в еврейские дома, силой уводили мужчин, больных расстреливали прямо в кроватях. В тот день забрали моих братьев Давида и Арона. Отцу удалось спрятаться на чердаке дома. Я уцелел случайно, как раз в это время находился в дворовом туалете. Как потом стало известно, в то утро фашисты увели почти 5 тысяч мужчин. Их расстреляли близ Козляковичей. Одновременно были убиты все, кто находился в доме для умалишенных, а также больные еврейской больницы по улице Завальной.

После этой злодейской расправы было объявлено о контрибуции. Предлагалось срочно сдать определенное количество золота, серебра. В случае невыполнения приказа немцы грозили расстрелять взятых накануне заложников. Сбором контрибуции занимался юденрат.

На время в городе стало немного спокойнее, хотя не было ни одной семьи, которая бы не оплакивала безвинно погибших.

С каждым днем ухудшалось питание. Хлеб пекли из горелого зерна. Уходя, моряки флотилии подожгли склады с зерном на берегу Пины. Горели они долго. Люди шли на пепелище, собирали зерно, мололи и пекли хлеб, который был пропахнут гарью.

Жили мы в основном за счет того, что меняли у местного населения вещи на продукты. Жили и ждали своей горькой участи.

До 1 мая 1942 года все евреи находились в своих домах. Потом было организовано гетто. Можно себе представить, в каких условиях приходилось жить, если на человека в гетто полагалось 1,5 квадратных метра площади. Нам на 6 человек досталась проходная 9-метровая комната.

С созданием гетто евреям запрещалось ходить по тротуарам, только по мостовой. Выход в город разрешался лишь работающим. Большой проблемой было набрать хотя бы ведро питьевой воды. На 20 с лишним тысяч человек имелось только 2 колодца.

У входа в гетто людей обыскивали, если обнаруживались продукты, виновных тут же расстреливали. При мне убили парикмахера из Логишина за то, что он нес кусок хлеба.

В начале 1942 года на водно-транспортный узел был назначен новый начальник по фамилии Крыль, лет 25. Я с ним познакомился, когда ремонтировал в его кабинете телефон. Он завел разговор о тяжелой участи евреев, сказал, что не разделяет расистскую теорию Гитлера. С сожалением заметил, что не в силах спасти от расправы всех узников гетто, но мне твердо обещал помочь.

Летом из Киева на пароходе в Пинск приехал ~~обер-лейтенант~~ Фриаф. Крыль попросил меня отремонтировать в каюте Фриафа радиоприемник. Я это сделал. Краем уха я слышал разговор между ними. Речь шла обо мне.

В сентябре Крыль изложил план моего спасения. Он предложил изменить фамилию Рабинов на Рабцевича, обещал подготовить все документы на перевод меня в распоряжение Киевского управления водного транспорта. Семья, естественно, одобрила это решение, мать собрала белье, ложку, миску, отдала фотографии. Крыль вручил мне пропуск на ночные работы.

А тем временем над гетто нависла смертельная опасность. 29 октября началось поголовное уничтожение оставшихся в живых узников. Крыль забрал меня к себе домой и держал больше месяца. Я слышал автоматные очереди со стороны аэропорта, знал, что там вместе с другими убили и всю мою родню.

24 ноября Крыль вручил мне командировочное удостоверение, другие документы на россиянина Рабцевича. Сам отвез в Брест, посадил в поезд и пожелал счастливого пути. Высказал единственную просьбу – в случае провала не выдать его. А для чрезвычайной ситуации вручил дамский пистолет.

Фриаф сделал все, что обещал. В 1943 году Красная Армия освободила Киев. Так я остался в живых.

В 1950 году женился на киевлянке, остался тут и до сегодняшнего дня работаю на речном транспорте. В семье сын и дочь, подрастают четверо внуков. Несколько раз приезжал в Пинск, чтобы почтить память моих родителей, братьев и сестер.

П. РАБЦЕВИЧ,
бывший узник пинского гетто.

Erste Veröffentlichung von Pjotr Ruwinowitschs Geschichte in der Pinsker Zeitung am 19.07.1995.

jemand, der Krüll kennt. Ich dachte, Krüll war in Pińsk, bis die deutsche Armee 1944 abrückte.

Schapiro hat mir gesagt, dass ich der Einzige in der Ukraine bin, der das Ghetto von Pińsk überlebt hat. Es leben noch einige Frauen in Israel und eine in Amerika. 14 Frauen hätten überlebt. Sie wurden von Weißrussinnen versteckt oder haben gesagt, sie seien Russinnen. Für eine Frau ist es leichter zu überleben, wenn sie nicht wie eine Jüdin aussieht. Nur ich habe offiziell überlebt. Ich brauchte mich nicht zu verstecken, denn ich hatte gefälschte Ausweispapiere.

1998 habe ich in Yad Vashem erfahren, dass die Angaben von Schapiro nicht richtig sind. Außer mir haben noch 24 Männer, Frauen und Kinder die Ermordung der Juden in Pińsk überlebt. Es sind 15 Frauen und neun Männer.[112] Es sind alles Personen, die im Ghetto waren und sich versteckten oder von Christen versteckt wurden. Einer der Männer und eine Frau mit ihrer Tochter und dem Schwiegersohn wurden von Alexandra Dohmatska und ihrer Tochter gerettet. Diese beiden Frauen aus Pińsk sind dafür von Yad Vashem als »Gerechte unter den Völkern« geehrt und ausgezeichnet worden. Von den anderen weiß ich nicht, wie sie gerettet wurden und wie sie überlebt haben. Außer mir leben alle diese Geretteten in Israel oder in den USA.

Ich bin »offiziell« am Leben geblieben. Mein Retter hat mich nicht um Geld gebeten. Ich habe ihn auch nicht darum gebeten, dass er mich retten soll. Das hat er von sich aus getan. Er hat mir gesagt: »Ich will dich retten«. Ich konnte auch nicht verstehen, warum er das macht. Er hat mehr riskiert als ich, denn mein Weg war vorgezeichnet. Bei mir war nur ein Weg, in den Tod. Er wusste, wenn er das für mich macht, kann ich am Leben bleiben, weil ich Deutsch, Polnisch und Russisch spreche, nicht wie ein Jude aussehe und alle Sprachen ohne jiddischen Akzent beherrsche.

Es gibt in Yad Vashem auch noch eine Liste mit sechs oder sieben Personen, die zu den Partisanen gegangen sind und dort überlebt haben. Man weiß aber nicht, wann sie zu den Partisanen gegangen sind. Deshalb hat Yad Vashem sie auch nicht in die Liste derer aufgenommen, die in Pińsk die Liquidierung des Ghettos überlebt haben.

Am 29. Oktober 1995 bin ich wieder nach Pińsk gefahren, denn ich wollte am Gedenkstein Blumen hinlegen. Ich habe Schapiro auf seiner Arbeitsstelle besucht. Er hat mir das Gedenkbuch gezeigt, das 1995 erscheinen sollte, weil die Stadt Pińsk in diesem Jahr das 900. Jubiläum der Stadtgründung feiert. In dem Buch habe ich auch mich gefunden als einen, der in Pińsk ermordet wurde. Ich wollte beweisen, dass ich am Leben blieb, weil mir ein Deutscher geholfen hat zu überleben. Das Material für das Gedenkbuch hatte Schapiro von Yad Vashem bekommen, weil in Weißrussland in den Archiven von Brest und Pińsk keine Dokumente über die ermordeten Menschen sind. Es gab eine Liste in Pińsk, als man die sowjetischen Pässe in deutsche Pässe umtauschte. Darin stand, wieviel Juden in Pińsk waren. Jemand hat diese Listen nach Israel gebracht, so dass man wissen konnte, wer ermordet wurde. Die Menschen, die man im August 1941 ermordet hat, kennt niemand, denn die Liste für die Pässe wurde erst danach angelegt. Ich habe die Namen der Kinder der Schwester und des Bruders und meiner beiden kleineren Brüder David und

Aron hinzugefügt, und auch die Namen von Familien, die ich kannte, aber in dem Buch nicht gefunden habe.

1996 sind mein Sohn, seine Frau und meine Tochter am 29. Oktober – dem Tag, an dem man die Bewohner des Ghettos erschossen hat – nach Pińsk gefahren. Die Leute im Dorf Galewo haben erzählt, dass man 1944, bevor die deutsche Armee Pińsk verließ, die ermordeten Menschen ausgrub und verbrannte.[113] Und die, welche die Leichen verbrannt haben, hat man auch erschossen. Es sollte kein Beweis der Verbrechen bleiben.

Seit einigen Jahren steht ein Gedenkstein an dem Ort, wo man 1941 die 30 Juden erschossen hat. Vor einigen Jahren hat man einen Gedenkstein in dem Dorf Kozlakovichi aufgestellt, wo man 1941 die 10 000 Juden erschossen hat, darunter auch meine beiden jüngeren Brüder David und Aron. In Pińsk war ein großer jüdischer Friedhof, der im Ghetto war. Jetzt ist er bebaut mit neuen Häusern. Auf einer Straße hat man einen Stein aufgestellt, dass hier der jüdische Friedhof war. Jetzt gibt es in Pińsk eine jüdische Gemeinde, aber nur sehr wenige Juden, die vor dem Krieg oder während des Krieges in Polen gelebt haben. Vom Ghetto ist nichts mehr zu sehen. Es gibt keinen Gedenkstein, es sind dort nur Geschäfte, sonst nichts. Es gibt nur noch eine Straße, wo der Eingang des Ghettos war. Das Haus in der Moniuskistraße 10, wo wir gewohnt haben, hat man 1942 abgerissen. Es war ein Holzhaus. Man hat es abgerissen, um es als Brennholz zu benutzen. Man hat damals viele Holzhäuser zerstört. Es waren gute Häuser. Ich kann nicht verstehen, wie man so etwas machen konnte.

Das Haus, wo Herr Krüll gewohnt und gearbeitet hat und wo er mich am 29. Oktober 1942 versteckte, steht noch. Bis 1939 war in dem Haus die Polnische Bank. Es war ein sehr schönes Haus. Auch das Haus, wo das Personal der Feldwasserstraße lebte, ist jetzt noch da. Es war früher ein Hotel. Ebenso steht noch das Haus, wo ich früher gearbeitet habe. Vor dem Krieg war es das Haus des Starosten des Pińsker Rayon. Pińsk gehörte zur Woiwodschaft Brest. Es war ein sehr schönes Haus.

1986, als in Tschernobyl die Katastrophe mit dem Atomreaktor war, wurden von meiner Dienststelle, der Wasserstraße, auf dem Dnepr für die Abdeckung des Reaktors sehr viele Schiffsladungen Steine und Zement nach Tschernobyl gebracht.

Die Stadt Pripjet hat man am zweiten Tag evakuiert. Tschernobyl hat man nach 10 oder 12 Tagen evakuiert. Ich war mehrere Male dort, weil unsere Telefonabteilung der Wasserstraße dort die ganze Zeit gearbeitet hat. Ich habe unsere Arbeiter dorthin gebracht, habe sie instruiert und bin wieder nach Kiew gefahren. Es war schon klar, dass in Tschernobyl kein Mensch bleiben konnte. Man hat die Arbeiter aus Kiew in Stracholesia auf Schiffen untergebracht, und in Tschernobyl haben sie gearbeitet. Jeder hatte ein Dosimeter. Wenn der Arbeiter mehr Strahlung bekam, als das Dosimeter anzeigen konnte, musste man ihn von der Arbeit wegholen.

Nach 10 oder 12 Tagen hat man in Kiew die Kinder in andere Orte evakuiert, die nicht radioaktiv verseucht waren. Am 1. Mai hat man die Menschen zur Maidemonstration herausgeführt, obwohl der Wind von Tschernobyl nach Kiew blies. Die Menschen wussten nicht, wieviel Strahlung sie bekommen haben. Gorbatschow ist im Fernsehen aufgetreten und hat gesagt, die Menschen müssen über die Gefahr informiert werden. Man hat ihnen gesagt, was sie machen müssen, denn die Arbeit in der Stadt wurde nicht eingestellt. Man muss sich jeden Tag waschen und wenn man ins Haus geht, muss man die Schuhe draußen lassen. Zwei- bis dreimal am Tag wurden die Bürgersteige in der Stadt mit Wasser abgespült. Als wir wussten, in welcher Lage wir waren, wollte ich meine Familie von Kiew zu meinem Bruder nach Moskau schicken. Das ging nicht, weil man keine Fahrkarten bekam. Auf der Arbeitsstelle habe ich eine Einweisung in ein Sanatorium bei Czernowitz für meine Familie bekommen. Dorthin sind meine Frau, meine Tochter mit ihren Kindern und der Sohn mit seinen Kindern gefahren. Sie waren dort einen Monat. Später hat meine Tochter noch eine Einweisung für einen Monat bekommen. Sie ist mit den Kindern und ihrem Mann nach Charkow gefahren. Schulkinder hat man bis zu drei Monaten an Orte evakuiert, von denen man sagte, hier sei keine Strahlung.

Mein ganzes Leben lang erzählte ich meiner Familie, meiner Frau, meinen Kindern und meinen Enkeln von meinem Schicksal. Ich erzählte ihnen von ihren Vorfahren und von dem Menschen, der mich rettete. Jedes Jahr fahren wir nach Pińsk, um die Stelle zu besuchen, wo meine Angehörigen ermordet wurden.

Heute kann ich diese Geschichte erzählen. Früher wollte sie keiner hören. Man hat immer gesagt, die Deutschen haben Juden nur ermordet. Es kann nicht sein, dass ein deutscher Offizier einen Juden gerettet hat. Es war nicht nur ein Deutscher. Mehrere Deutsche haben gewusst, dass ich Jude bin, und haben mich gerettet. Es waren Krüll, ein Deutscher aus Pińsk, dessen Namen ich nicht mehr weiß, Unteroffizier Frühauf und Sonderführer Steude. Vielleicht hat auch Sonderführer Hoppe gewusst, dass ich Jude bin. Als Steude zur Front versetzt wurde und Hoppe die Telefonabteilung übernahm, hat ihm Unteroffizier Maurer gesagt, ich sei Rabzewitsch. Hoppe kam zu mir und sagte: »Ja, gut.« Hoppe war auch sehr gut zu mir.

Die Suche nach meinem Retter

Die ganze Zeit meines Lebens hatte ich nur einen Traum, meinen Retter oder seine Familie zu finden, um ihm zu danken oder der Familie zu erzählen, was für ein guter Mensch er war. Nicht nur ich und meine Familie sollten wissen, wer mich aus dem Feuer gerissen hat. An wen ich mich auch gewandt habe, keine Resultate, keiner konnte oder wollte mir helfen. Viele Menschen sagten, das passt nicht in die Politik, dass ein deutscher Offizier einen Juden gerettet hat.

Sogar mein Bruder Lew konnte nicht verstehen, warum ich meinen Retter suche. Er fragte mich, was hast du denn davon. Ich habe ihm geantwortet: »Die Mutter hat gesagt, ich soll mich retten lassen, damit die Welt erfährt, was mit uns geschehen ist. Deshalb muss ich meinen Retter finden, muss ihm danken und muss der Welt die Geschichte erzählen, wie man die Juden ermordet hat und wie er mich gerettet hat.«

Selbst als ich mich an die Deutsche Botschaft in Kiew wandte, hatte ich keinen Erfolg. Mit meiner Frau war ich 1991 in Babij Jar zum 50. Jahrestag der Ermordung der Juden in Kiew. Dort war auch ein Konsul der Deutschen Botschaft. Meine Frau ging zu ihm und fragte, ob er in Deutschland den Mann suchen könne, der 1942 ihren Mann gerettet habe. Der Konsul sagte, ich solle alles aufschreiben und ihm Kopien meiner Dokumente schicken. Ich habe die Unterlagen in die Botschaft gebracht. Als ich nach einiger Zeit die Botschaft anrief, sagte man mir, sie hätten alles übersetzt, aber noch keine Zeit gehabt, es zu bearbeiten. Nach mehr als einem Jahr bekam ich von der Botschaft eine Antwort. Sie wollten von mir wissen, wo Krüll wohnt, damit sie ihn benachrichtigen können. Über diesen Brief war ich sehr enttäuscht.

1995 hat das Maximilian-Kolbe-Werk aus Deutschland Hilfsgüter nach Kiew gebracht. Ich habe auch Hilfe bekommen. Den Menschen vom Maximilian-Kolbe-Werk habe ich meine Geschichte erzählt und ihnen die Kopien meiner Dokumente gegeben. Ich habe nie eine Antwort bekommen.

Ich wollte immer nur eins. Die Menschen in Deutschland sollten wissen, dass es einen Menschen gegeben hat, der seine Angst überwunden hat und einem Juden das Leben rettete.

1996 hat unsere Organisation der »Überlebenden des Holocaust« in Kiew eine Einladung des Maximilian-Kolbe-Werkes bekommen, Überlebende des Ghettos in Warschau zu besuchen. Die Leiterin unserer Organisation, Klara Vinokur, hat mich angerufen und gefragt, ob ich mitfahren wolle. Ich sagte, ich müsse überlegen. Ich wollte nicht fahren. Warschau würde mich an meine Jugend erinnern. Ich war 1935 dort, als ich zwölf Jahre alt war. Meine Bekannten, bei denen ich gewohnt hatte, lebten nicht mehr. Ich würde wieder die Geschichte meiner Jugend erleben. Ich habe abgesagt, weil es mir sehr schwerfiel, in das Land zu fahren, wo ich gelebt und gelernt habe, dessen Sprache ich gesprochen habe. Es fällt mir sehr schwer, Lager wie Majdanek oder Auschwitz-Birkenau zu besuchen, Orte, wo so viele Menschen ermordet worden sind. Meine Frau hat auch gefragt: »Warum willst du nach Auschwitz fahren?« Ein anderes Mitglied unserer Organisation, Igor Kogan, hat mich auch gefragt, ob ich nicht doch mitfahren wolle. Er gebe mir noch etwas Zeit zu überlegen.

Eine Stimme in mir hat gesagt: »Du musst fahren. Du musst es den polnischen Juden erzählen. Sie sollen dir helfen, deinen Retter zu finden. Möglicherweise können sie dir helfen, oder du wirst Menschen finden, die dir helfen können. Polen ist näher an Deutschland, sie haben mehr Kontakte mit Deutschen.« Dann habe ich Igor Kogan gesagt: »Ich will fahren.« Ich hatte noch keinen Pass, und es hat einen Monat gedauert, bis ich meine Unterlagen hatte.

Am 24. Juni 1996 kam die Gruppe der Überlebenden der Schoa aus Kiew nach Warschau. Ich war auch dabei. Ich hatte nur einen Gedanken, man soll mir helfen. In Warschau wurden wir von Vertretern der polnischen Gruppe »Vereinigung der Holocaust Kinder in Polen« und Vertretern des Maximilian-Kolbe-Werkes in Deutschland empfangen. Als ich aus dem Zug ausstieg, sah ich auf dem Bahnsteig zwei junge deutsche Menschen. Es waren Frau Margret und Herr Werner Müller. Ich habe gesehen, wie herzlich diese Menschen sind. In mir hat sich etwas entzündet, dass das die Menschen sind, die mir helfen werden. Wir kamen ins jüdische Zentrum. Wir waren 19 Frauen und Männer aus Kiew. Herr Werner hat uns begrüßt. Er hat die Geschichte des Maximilian-Kolbe-Werkes erzählt und welche Hilfe sie geben. Er hat sehr ehrlich und aus dem Herzen über das jüdische Schicksal im Zweiten Weltkrieg gesprochen.[114] Als eine kleine Pause war, habe ich mich an Frau Margret gewandt und gesagt, dass ich um Hilfe bitte. Sie sollten mir helfen, meinen Retter zu finden. Sie sagten, sie hätten jetzt keine Zeit, aber sie wollten meine ganze Geschichte hören. Ihre Augen sagten mir, dass es so sein würde, wie sie jetzt sagten.

Die Originale meiner Dokumente hatte ich nicht dabei, weil ich Angst hatte, sie zu verlieren. Diese Dokumente habe ich gehütet wie mein Leben. Ich hatte Kopien dabei. Die habe ich jeden Tag bei mir gehabt, weil ich nicht wusste, wann Frau Margret und Herr Werner Zeit haben würden. Ihre Augen haben mir ständig gesagt: »Sei ruhig, sei unbesorgt.« Aber ruhig konnte ich nicht sein. Ich wurde erst ruhig, als Werner mir am dritten Tag unseres Aufenthalts sagte: »Heute nach dem Mittagessen werden wir uns zusammensetzen, um die Geschichte zu hören.«

Seit 1943 habe ich zum ersten Mal wieder versucht, deutsch zu sprechen. Das war sehr schwer für mich. In den 53 Jahren hatte ich viel vergessen. Jiddisch war für mich leichter. Ich habe nur Bücher auf Jiddisch gelesen. Aber lesen ist eine Sache, eine andere Sache ist reden. Ich habe mehr jiddisch als deutsch gesprochen. Wir haben über drei Stunden gesessen, und ich habe ihnen meine Geschichte erzählt. Margret hat mich sehr schlecht verstanden. Aber Werner hat alles, was ich gesagt habe, verstanden und aus meiner »gemischten« Sprache, Jiddisch und Deutsch, übersetzt. Margret schrieb alles auf. Ich habe ihnen die Kopien der Unterlagen, die ich von Herrn Krüll bekommen habe, gezeigt. Sie schrieben meine Geschichte ausführlich auf und nahmen die Kopien meiner Unterlagen mit. Ich habe erwähnt, dass ich vermute, Herr Krüll würde in Berlin wohnen, denn er erzählte mir, seine Eltern hätten in Berlin gewohnt. Ich habe den Eheleuten Müller gesagt, dass »Feldwasserstraße 2« eine militärische Organisation war und sie sich an ein militärisches Archiv in Deutschland wenden könnten. Die Eheleute Müller haben mir versprochen, meinen Retter zu suchen.

Pjotr Ruwinowitsch in Krakau 1996.

Während unseres Gespräches habe ich gespürt, dass Gott selbst mir diese Leute geschickt hat. In ihren Augen habe ich gesehen, dass sie mir helfen wollen. Mir ist etwas leichter geworden. Als ich nach dem Gespräch wegging, bin ich nicht gegangen, ich bin gelaufen, geflogen, weil ich Menschen gefunden hatte, die sagten, sie würden versuchen, Herrn Krüll oder seine Familie zu finden. Ich wollte meinen Retter finden, um ihm zu danken und, wenn er nicht mehr lebt, seiner Familie und anderen zu sagen, was für ein guter Mensch er war.

Danach sind wir nach Krakau gefahren. Hier waren wir drei Tage. In Krakau haben wir nicht mehr von meiner Geschichte gesprochen. Aber sie sagten mir immer, wir werden alles machen, was möglich ist. Und jedes Mal, wenn wir uns begegnet sind, haben sie mir das mit den Augen auch gesagt. Ich bin etwas ruhiger geworden. Als wir uns auf dem Bahnhof in Krakau verabschiedeten, haben sie mir das mit den Augen auch gesagt: »Sei ruhig, wir werden suchen«. Mit Worten haben Werner und Margret gesagt: »Wir werden Ihnen schreiben.«

In Kiew habe ich alles meiner Frau erzählt und ihr gesagt: »Ich bin sicher, ich werde gute Nachricht bekommen, denn ich bin Menschen begegnet, die meinen Retter suchen wollen.« Meine Frau wollte nicht daran glauben.

Es hat nicht mehr als einen Monat gedauert, da bekam ich einen Brief vom Ehepaar Müller. Sie schrieben, wie sie meinen Retter suchen. Da ich gesagt hatte, daß mein Retter und seine Eltern in Berlin gelebt hatten, hat Herr Müller das Telefonbuch von Berlin genommen und alle Adressen von den »Krülls« abgeschrieben. Er hat allen diesen Leuten geschrieben, kurz meine Geschichte geschildert und gefragt, ob sie den Sonderführer Krüll kennen, der während des Krieges in Pińsk war. Danach hat er das Wehrmachtsarchiv angeschrieben. Da war mir klar, dass man die Familie finden wird. Ich war sicher, dass Krüll das, was er gemacht hat, seinen Eltern, seiner Frau oder seinen Kindern erzählt hat. Sie mussten wissen, dass er mich gerettet hat. Er hat sich mit mir gefühlt wie ein Bruder, ein guter Bruder. Er konnte das nicht bei sich in seinem Herzen behalten und keinem davon erzählen. In meiner Antwort an das Ehepaar Müller habe ich geschrieben: »Ich bin sicher, dass ich in kurzer Zeit eine gute Nachricht von Ihnen bekomme. Wenn Gott es gewollt hat, muss er leben.«

Die Familie meines Retters ist gefunden

Am 12. November 1996 hat ein Mitarbeiter der Spielberg-Foundation meine Geschichte auf Video aufgenommen. Am 14. November um 9 Uhr am Abend kam ein Anruf aus Köln. Die Eheleute Müller aus Köln haben angerufen, um mir mitzuteilen, dass sie eine Nachricht von einem militärischen Archiv bekommen hätten. Herr Krüll habe den Krieg überlebt und sei am 23. Mai 1979 im Alter von 62 Jahren gestorben. Herr Steude sei nicht aufzufinden. Die Frau von Herrn Krüll, Christine, und ihre Tochter Janina wissen, dass er während des Krieges in Pińsk einen Rabinow aus dem Ghetto gerettet hat. Sie wollen sich mit mir treffen. Die Eheleute Müller haben mir gesagt, dass sie mir eine Einladung nach Deutschland schicken wollen.

Ich habe die ganze Nacht nicht geschlafen. Meine Frau auch nicht. Meine Frau und die Kinder haben sich sehr gefreut, dass die Familie meines Retters gefunden war, und dass wir mit ihr sprechen können. Es gab viele Menschen, die mir meine Geschichte nicht geglaubt hatten. Sie hielten es für eine unmögliche Sache, dass ein Mensch, der mehrere Tausend Mitarbeiter hatte, die zwischen Brest und Turow arbeiteten, mich genommen und mich gerettet hat.

Sie fragten, warum hat er dich gerettet und nicht andere? Ich konnte nur sagen, er war ein guter Mensch. Ich war sehr jung und habe bei ihm gearbeitet. Wir sind uns jeden Tag begegnet. Was er für mich getan hat, war ein großes Risiko für sein Leben. Ich hatte nichts zu verlieren, für mich war es sehr »*lichtik*«. Ich konnte nur mein Leben gewinnen, denn für mich gab es nur den Weg zur Grube, in den Tod. Ich sollte wie alle anderen im Oktober 1942 ermordet werden.

Ich habe jeden Tag gezählt, bis die Einladung aus Köln kam. Jeder Tag ist für mich kostbar, denn ich bin schon ein alter Mann. Ich war schon 74 Jahre alt.

Die Familie Müller hat alles gemacht. Sie haben mir und meiner Frau Ewgenia die Einladung geschickt. Es war sehr schwer, in der Deutschen Botschaft das Visum zu bekommen, denn sie dachten, dass zwei alte Juden in Deutschland bleiben wollten. Ich habe ihnen meine Geschichte aufgeschrieben, eine Kopie der Kiewer Jüdischen Zeitung und der Pińsker Zeitung mit meiner Geschichte geschickt und geschrieben, warum ich fahren möchte. Werner hat auch meine Geschichte mit einem Fax an die Deutsche Botschaft in Kiew geschickt. Dann hat man mich angerufen und gesagt, ich solle kommen. Schließlich hat man mir und meiner Frau Ewgenia das Visum gegeben.

Für unsere Reise nach Köln sind Margret und Werner Müller unsere Sponsoren geworden. Als wir unsere Visa hatten, schickten sie uns Flugkarten für den Hin- und Rückflug. Am 16. Februar 1997 haben sie uns in Frankfurt abgeholt, und wir sind mit dem Zug nach Köln gefahren. In Deutschland waren ich und meine Frau vom 16. Februar bis zum 15. März

Pjotr Ruwinowitsch und Ewgenia Abramowna am 16. Februar 1997 bei der Ankunft in Köln.

1997. In Köln haben wir in Müllers Haus gewohnt und wurden dort versorgt. Die ganze Zeit, bis ich hierher nach Köln kam, habe ich nicht gelebt. Ich wollte wissen, wo mein Retter begraben ist, seinen Grabstein küssen und seine Tochter und seine Frau sehen.

Jede Nacht, wenn ich mich schlafen lege, dreht sich mir im Kopf das Bild meines Lebens wie ein Film. Es gibt seit meiner Rettung keinen Tag in meinem Leben, wo sich das Bild nicht in meinem Kopf dreht. Jetzt, wo ich in Köln bin und den Ort gesehen habe, wo mein Retter begraben ist, ist es mir sehr schwer. Ein Mensch wie er hätte länger leben müssen.

Pjotr Ruwinowitsch mit seiner Frau Ewgenia Abramowna am Grab seines Retters.

Wir waren zweimal bei Frau Krüll und zweimal bei der Tochter. Es war das Schönste, dass ich in der Tochter einem Teil meines Retters begegnet bin. Der größte Schmerz war, dass Günter Krüll nicht mehr lebt. Wir haben alles gemacht, wovon wir geträumt haben. An seinem Grab haben wir seinen Grabstein geküsst. Für uns ist das sehr wichtig, denn meine Kinder und meine Enkel würden ohne Krüll nicht sein. Das wissen sie sehr gut. Meine Tochter Polina hat zwei Söhne, Wladislaw und Wolodia. Mein Sohn Ilja hat vier Kinder, zwei Söhne und zwei Töchter. Die Namen der Kinder sind: Alexej, Veronika, Janina und Ewgenij, mein jüngster Enkel, er wurde 1998 geboren.

Meine Enkel verstehen schon alles. Jedes Mal wenn ein Brief von Werner kam, warteten sie, was ich ihnen erzählen würde. Als der Brief mit dem Foto von Herrn Krüll kam, haben sie es lange angeschaut und gefragt, wie hat er ausgesehen, als er dich rettete? Ich habe gesagt, seht mein Foto an, auf dem ich zwanzig Jahre alt bin. Dann seht ihr, wie ich ausgesehen habe. Er hat aber noch besser ausgesehen als ich. Wir haben das Foto von Günter Krüll in der Wohnung so aufgestellt, dass es jeder an jedem Tag und zu jeder Minute sehen kann.

Als wir vom Ehepaar Müller die Einladung bekamen, haben die Kinder gewartet. Wann wirst du zurückkommen und uns erzählen? Warum ist er gestorben? Warum lebt er nicht mehr?

Als die Adresse von Günter Krüll im Wehrmachtsarchiv gefunden worden war, wurde Frau Krüll angerufen und gefragt, ob sie den Familiennamen Rabinow kenne. Sie habe bestätigt, dieser Name gehöre zu dem Menschen, den ihr Mann im Krieg gerettet habe. Ihr Mann habe immer gesagt, was aus dem Jungen wohl geworden ist, ob er den Krieg überlebt hat? Frau Krüll hat mir erzählt, ihr Mann habe fest angenommen, dass ich in Kiew lebe. Er habe mich aber nicht gesucht, weil

Günter Krüll nach dem Krieg. Das Foto steht in Pjotr Ruwinowitschs Wohnung in Kiew.

er Angst hatte, ich würde bei den sowjetischen Behörden Schwierigkeiten bekommen, wenn er als ehemaliger deutscher Soldat mich als Juden suche. Auch als ich versuchte, Krüll zu finden, habe ich bei den sowjetischen Behörden Schwierigkeiten bekommen. Man fragte mich, warum hast nur du überlebt, was hast du für ihn getan, warum willst du ihn jetzt suchen?

In Köln wohnt die Tochter von Herrn Krüll. Wir haben uns getroffen, und ich habe ihr von den jüdischen Kindern im Ghetto erzählt, die wussten, was sie erwartete. Wir haben zusammen geweint.

Es tut mir unendlich leid, dass Herr Krüll, dieser großartige Mensch, so früh gestorben ist. Aus seinen Erzählungen weiß ich, dass er zwei jüdischen Freunden half, Deutschland vor dem Krieg zu verlassen. Ja, ich weiß, dass Herr Krüll auch früher geholfen hat. Der gerettete Mensch lebt jetzt in Australien. Herr Krüll hat noch jemandem geholfen, aber man weiß nicht, wo er ist, ob er den Krieg überlebt hat oder nicht. Von dem Menschen in Australien hat mir die Tochter von Herrn Krüll erzählt, es gibt ein Foto von ihm.

Während meines Aufenthalts in Köln gab es viele Gelegenheiten, wo ich meine Geschichte erzählen konnte, im privaten und öffentlichen Rahmen. Das Moses Mendelssohn Zentrum in Potsdam hat mich interviewt und eine Videoaufzeichnung gemacht. Wir waren auch in einem Gymnasium in Pulheim in der Nähe von Köln und haben den Schülern die Geschichte erzählt. Eine Kölner Tageszeitung hat mich interviewt und ausführlich berichtet.

Danach wurde ich ruhiger, weil ich jetzt wusste, dass mein Retter in Deutschland bekannt geworden ist. Das Herz hat mir auf der Heimreise von Potsdam nach Köln geschmerzt, aber diese Schmerzen haben mein Leid erleichtert. In Kiew nehme ich Medikamente fürs Herz. Ich habe sie mitgebracht, brauche sie aber nicht mehr, seit ich in Köln bin. Die Rettungsgeschichte lag auf meinem Herzen. Jetzt konnte ich sie mir vom Herzen reden.

Ein Leben lang wollte er dem Retter danken

Pjotr Rabzevitsch entkam mit der Hilfe eines Deutschen dem Tod im Getto – „Das war der wichtigste Mensch für mich"

Ein Kölner Ehepaar vermittelte jetzt den Kontakt zur Witwe

50 Jahre lang hatte der Ukrainer Pjotr Rabzevitsch nur ein Ziel: Er wollte jenen Deutschen ausfindig machen, der ihn einst aus dem Getto rettete. Ein Kölner Ehepaar, das ehemalige KZ-Häftlinge vor allem in Polen betreut, brachte ihn nun mit der Witwe des Mannes zusammen, der ihn vor dem sicheren Tod bewahrt hat.

Von Ulrike Walden
und Vladimir Essipov

Den Tag wird er nie vergessen: Am Abend des 14. November 1996 bekam der Jude Pjotr Rabzevitsch in Kiew einen Anruf von Margret Müller aus Köln. Die teilte ihm mit, sie und ihr Mann hätten die Familie von Pjotrs Lebensretter Günther K. ausfindig gemacht. Der sei zwar schon 1979 im Alter von nur 62 Jahren gestorben. Aber dessen Frau wolle Pjotr in Düsseldorf treffen. „In der Nacht danach habe ich kein Auge zugetan", sagt Pjotr Rabzevitsch.

Vor wenigen Tagen reisten Pjotr, inzwischen 74 Jahre alt, und seine Frau Jewgenija zusammen mit den Müllers nach Düsseldorf, um die Witwe Günther K.s zu besuchen, die ihren Namen keineswegs preisgeben möchte. Auch ihr Mann, zuletzt Manager eines Wirtschaftunternehmens, hätte gewiß darauf bestanden, unbekannt zu bleiben, meint sie.

„Mein größter Traum"

Auf dem Hauptbahnhof umarmte Pjotr tief bewegt die Frau seines Retters. Später, an dessen Grab, sagte er: „Mein größter Traum hat sich erfüllt. Dies war der wichtigste Mensch in meinem Leben." Pjotr ist der letzte Zeitzeuge der Greuel im Getto. 36 000 Einwohner hatte der Ort Pinsk gehabt, 28 000 waren Juden. Nur 14 Mädchen und Frauen überlebten im Versteck den 29. Oktober 1942. Alle anderen Juden wurden von den deutschen Sonderkommandos erschossen — auch Pjotrs Eltern und seine drei Geschwister.

Während Tausende starben, arbeitete Pjotr, der damals noch Fischl Rabinov hieß, auf seiner Dienststelle außerhalb des Gettos als Telefontechniker. Sein Chef, der Sonderführer Günther K., wußte, daß der Junge bedroht war. „Wir Juden im Getto mußten einen gelben Fleck auf der Kleidung tragen", erinnert sich Pjotr. „Aber Herr K. hat gesagt: »Zieh das aus, Du bist ein Mensch wie ich.« Er wollte uns alle retten, aber das konnte er nicht."

Günther K., den Pjotr nur als „Herr K." kannte — und so nennt er ihn heute noch — ließ den 19jährigen, der schnell Deutsch gelernt hatte, immer nur nachts arbeiten. Er sollte in Sicherheit sein, wenn, erwartungsgemäß im Morgengrauen, die Todeskommandos ausrücken würden. Jeden Abend, wenn er zur Arbeit ging, verabschiedete Pjotr sich für immer von seiner Familie. Er hatte ein schlechtes Gewissen, weil er sie alleinließ. Aber seine Mutter trug ihm auf: „Hauptsache, einer von uns überlebt und kann später einmal berichten, was hier geschehen ist."

Nachdem die Juden in Pinsk ermordet worden waren, versteckte Günther K. den 19jährigen in seiner Wohnung. Schließlich besorgte er ihm Papiere auf den Namen, den Pjotr heute noch trägt, und schickte ihn mit einem Marschbefehl nach Kiew. In der großen Stadt der Ukraine würde der Jude nicht auffallen, meinte Günther K. Er behielt recht. Pjotr blieb auch nach dem Krieg in Kiew. Die Bilder, die er im Getto gesehen, die Schreie, die er in der Mordnacht gehört hatte, verfolgten ihn noch Jahrzehnte. Immer aber hat Pjotr versucht, Günther K. ausfindig zu machen.

Doch alle Bemühungen waren vergebens. Im Sommer vergangenen Jahres reiste Pjotr, eine Plastiktüte mit Dokumenten unter dem Arm, nach Warschau zu einem Treffen der ehemaligen KZ-Häftlinge aus Polen und der Ukraine, die das Kölner Ehepaar Müller betreut. Die Müllers sind Mitglieder des Maximilian-Kolbe-Werkes (Sitz Freiburg), das sich um Aussöhnung bemüht. Diesem Ziel fühlen sich die engagierten katholischen Christen verpflichtet, seit sie in ihrer Jugend Dokumentarfilme und Ausstellungen über Konzentrationslager gesehen haben. Margret und Werner Müller waren die ersten Fremden, denen Pjotr von seinem Schicksal berichtete. „Herr K. hat mich aus dem Feuer gerissen", sagte er immer wieder. Doch außer dessen Nachnamen K. wußte Pjotr nur so viel: Sein Retter stammte wahrscheinlich aus Berlin und war 1942 ungefähr 25 Jahre alt gewesen. Werner Müller schrieb daraufhin alle Berliner mit dem Namen K. an. Niemand konnte ihm weiterhelfen. Erst über die „Wehrmachtsauskunftsstelle" in Berlin kamen Margret und Werner Müller der Familie Günther K.s auf die Spur.

In Tschernobyl dabei

Die Kölner sind glücklich darüber, daß sie nun die Begegnung organisieren konnten. Sie werden auch weiterhin mit Pjotr Kontakt halten. Der arbeitet trotz seines Alters immer noch als Telefontechniker und verdient im Monat umgerechnet 60 Mark. Hinzu kommen 40 Mark Rente für einen Einsatz, der ihn noch einmal das Leben hätte kosten können: Unmittelbar nach der Reaktorkatastrophe in Tschernobyl gehörte er zu jenen, die die Telefonverbindung von der Atomstadt nach Kiew wiederaufbauten. Einmal im Jahr fährt Pjotr nach Pinsk zu dem Denkmal für die Kriegsopfer.

Er zieht seine Brieftasche hervor, zeigt die Fotos seiner ermordeten Angehörigen — und die beiden Farbbilder von Günther K., die ihm dessen Witwe geschenkt hat. Auch diese Fotos will er nun stets bei sich tragen.

Bericht des Kölner Stadtanzeiger vom 22./23. 2.1997.

Die Zeit läuft sehr schnell. Meine größte Angst war, dass meine Geschichte nicht bekannt wird, dass ich sterben könnte, ohne dass die Welt davon erfährt. Durch meinen Besuch in Deutschland hat sich der Auftrag meiner Mutter erfüllt: »Die Welt soll erfahren, was mit den Juden geschehen ist.«

Pjotr Ruwinowitsch und Ewgenia Abramowa in der Geschwister-Scholl-Schule in Pulheim bei Köln.

Ich will noch etwas sagen. So wie Herr Krüll dachte, dachten viele Deutsche. Menschen wie er hatten auch Angst, haben aber ihre Angst überwunden. Er hat das gemacht, was er machen wollte. Er hat mir einmal gesagt: »Für die deutsche Armee mache ich, was ich tun muss, aber wichtig sind für mich die Menschen.« Er hat für die Juden getan, was er tun konnte. Er und solche Menschen wie die Familie Müller, Margret und Werner, sind das gute Beispiel des Deutschen Volkes. So denken ich, meine Frau und meine Kinder. Ich und meine Familie sprechen Margret und Werner Müller unsere große Dankbarkeit aus. Sie haben viel

Kraft und finanzielle Mittel eingesetzt für unser Treffen mit der Familie meines Retters. Noch einmal, Gott hat mir diese Menschen geschickt. Zum Schluss möchte ich noch eines sagen. Die Menschheit der ganzen Welt soll in Zukunft eine solche Geschichte nicht mehr erleben, die ich erzählt habe. Nur Frieden soll auf der Welt sein.

Familie Rabzewitsch, 1992
Obere Reihe von links nach rechts: Ewgenia Abramowna, Pjotr Ruwinowitsch, Ilja, Chana Siderman (Schwester von Ewgenia Abramowna)
Untere Reihe von links nach rechts: Wladimir, Wladeslaw, Veronika, Alexej, Polina.

Das ist meine ganze Geschichte. Ich habe sie erzählt und aufgeschrieben und nach Israel ins Museum Yad Vashem geschickt, damit Günter Krüll zum Gerechten unter den Völkern ernannt werden konnte.[115] Ich habe das Material von Spielberg ergänzt und meine Geschichte und ein Foto von Günter Krüll nach Pińsk geschickt, damit es dort im Museum ist.

Im September 1999 hatten mich Margret und Werner wieder nach Köln eingeladen, damit ich in der Israelischen Botschaft in Bonn an der Feier zur Verleihung der Urkunde und Medaille »Gerechter unter den Völkern« postum an meinen Retter Günter Krüll teilnehmen konnte.

Das ist die Geschichte der Juden in Pińsk, ihrer Ermordung und meiner Rettung, wie ich sie erlebt habe.

Pjotr Ruwinowitsch Rabzewitsch

בזכירה סוד הגאולה
Remembrance is the Secret of Redemption
(Baal-Shem-Tov)

כל המקיים נפש אחת כאילו קיים עולם מלא
WHOEVER SAVES ONE LIFE IS AS THOUGH HE HAD SAVED THE ENTIRE WORLD

תעודת כבוד
Certificate of Honour

THIS IS TO CERTIFY THAT IN ITS SESSION OF JANUARY 10, 1999 THE COMMISSION FOR THE DESIGNATION OF THE RIGHTEOUS, ESTABLISHED BY YAD VASHEM, THE HOLOCAUST HEROES & MARTYRS' REMEMBRANCE AUTHORITY, ON THE BASIS OF EVIDENCE PRESENTED BEFORE IT, HAS DECIDED TO HONOUR

וזאת לתעודה שבישיבתה מיום כב טבת תשנ"ט החליטה הועדה לציון חסידי אומות העולם שליד רשות הזיכרון יד ושם על יסוד עדויות שהובאו לפניה, לתת כבוד ויקר ל

Günter Krüll — גונטר קרול

WHO, DURING THE HOLOCAUST PERIOD IN EUROPE, RISKED HIS LIFE TO SAVE PERSECUTED JEWS.
THE COMMISSION, THEREFORE, HAS ACCORDED HIM THE MEDAL OF THE RIGHTEOUS AMONG THE NATIONS.
HIS NAME SHALL BE FOREVER ENGRAVED ON THE HONOUR WALL IN THE GARDEN OF THE RIGHTEOUS, AT YAD VASHEM, JERUSALEM.

על אשר בשנות השואה באירופה שם נפשו בכפו להצלת יהודים נרדפים מידי רודפיהם ולהעניק לו את המדליה לחסידי אומות העולם.
שמו יונצח לעד על לוח-כבוד בחורשת חסידי אומות העולם ביד ושם.

Jerusalem, Israel
FEBRUARY 7, 1999

ניתן היום בירושלים
כא שבט תשנ"ט

Avner Shalev
בשם רשות הזיכרון יד-ושם
ON BEHALF OF THE YAD VASHEM DIRECTORATE

בשם הועדה לציון חסידי אומות העולם
ON BEHALF OF THE COMMISSION FOR THE DESIGNATION OF THE RIGHTEOUS

Gerechter unter den Völkern.

Postskriptum

Ich verdanke meine Freundschaft mit Pjotr Ruwinowitsch Rabzewitsch Frau Elisabeth Erb, der ehemaligen Geschäftsführerin des Maximilian-Kolbe-Werkes. Seit 1982 hatte sie als Nachfolgerin ihres Vaters, des Gründers Alfons Erb, ihre schier unerschöpflich scheinende Kraft und ihr ganzes Leben in diesem Versöhnungswerk für die Überlebenden der Konzentrationslager und Ghettos in Polen und in den Ländern der früheren Sowjetunion eingesetzt. Als der Eiserne Vorhang noch existierte und das Kriegsrecht in Polen herrschte, fand sie Mittel und Wege, diesen in Deutschland weitgehend vergessenen Menschen zu helfen. Sie hat das Maximilian-Kolbe-Werk zu einem Werk der Hilfe von Mensch zu Mensch gemacht. Ihre Berichte und Erzählungen von Einzelschicksalen und ihren Begegnungen haben mich tief bewegt. Sie hat mich mit ihrem Verantwortungsgefühl für die Folgen des Nationalsozialismus und ihrer Tatkraft angesteckt. Elisabeth Erb wurde mir Vorbild. Ihr waren die persönlichen Begegnungen das Wichtigste. Ich konnte mich als ehrenamtlicher Mitarbeiter des Maximilian-Kolbe-Werkes für diese neuen Erfahrungen öffnen und versuchen zu lernen, die Welt der Überlebenden mit deren Augen zu sehen.

Sie hat die Entstehung dieses Buches mit großer Anteilnahme verfolgt, ist aber vor der Veröffentlichung plötzlich am 4. Februar 2000 im Alter von 67 Jahren nach kurzer schwerer Krankheit gestorben. Ohne Elisabeth Erb hätte diese Geschichte so nie geschrieben werden können.

Bei einem Hilfsgütertransport in die Ukraine traf Elisabeth Erb auch mit Überlebenden der Ghettos zusammen. Dabei kam ihr die Idee, sie zu einem Erholungs- und Begegnungsaufenthalt mit Überlebenden des Warschauer Ghettos nach Polen einzuladen. Sie suchte für diese Begegnung zwei deutsche Betreuer. Spontan haben meine Frau und ich uns für diese Aufgabe zur Verfügung gestellt.

Als Pjotr Ruwinowitsch uns 1996 in Warschau seine Geschichte erzählte, saßen wir zum ersten Mal einem Juden gegenüber, der die Katastrophe überlebt hat und jetzt seine ganze Hoffnung und Erwartung auf uns setzte. Wir konnten nicht anders, als Pjotr Ruwinowitsch zu versprechen, wir würden alles versuchen, seinen Retter zu finden. Aber wir hatten Angst, ihn zu enttäuschen.

Pjotr Ruwinowitsch hat in der Vergangenheit sehr darunter gelitten, dass ihm viele nicht geglaubt haben. Es war zu außergewöhnlich, was er erlebt hatte. Er hatte niemanden um seine Rettung gebeten, sondern ein deutscher Soldat, Günter Krüll, hatte aus eigenem Antrieb sein Leben riskiert, um einen Juden zu retten. Seine Kinder und Enkel leben in dem Bewusstsein, ihr Leben diesem Retter zu verdanken.

Vor der Begegnung mit Pjotr Ruwinowitsch hatten wir noch nicht einmal den Namen des Ghettos Pińsk gehört, ganz zu schweigen von der Ermordung der 28 000 Juden in Pińsk. Uns wurde bewusst, wie wenig wir über die Verbrechen der Deutschen in der Sowjetunion und das Leid der Bevölkerung wussten. Die Namen der Ghettos in Weißrussland und in der Ukraine und die unzähligen Vernichtungsorte sind uns kaum bekannt. Das sind nicht nur weiße Flecken auf den Landkarten, sondern auch in unserem kollektiven Gedächtnis.

Auch andere aus der Gruppe erzählten uns von ihrer Rettung. Sie waren alle Überlebende der Massenmorde in den Ghettos der Ukraine und in Babij Jar. Klara Vinokur, die Vorsitzende der »Organisation der jüdischen Überlebenden der Ghettos und Konzentrationslager in Kiew« sagte einmal zu uns, ihre wichtigste Aufgabe sei es: »Retter suchen, Retter suchen, Retter suchen«. Aber viele beklagen es bis heute, dass sie ihre Retter nicht namentlich kennen und ihre Dankbarkeit nicht zeigen können.

Sie erzählten zum Beispiel: »Einer hat nicht geschossen. Ich hatte mich in einem Bauernhaus versteckt. Bei einer Razzia kam ein Deutscher mit einem Schäferhund in das Haus. Der Hund bellte, und der Deutsche entdeckte mich. Da schoss der Soldat in die Luft. Ein Offizier rief von draußen: ›Was ist los?‹. Der Soldat antwortete: ›Das Judenkind ist kaputt‹. Dann verließ er das Haus, und ich war gerettet.«

Igor Kogan erzählte: »Ich war vier Jahre alt und lebte im Ghetto Krasnoye, Gebiet Vinnicja. Einmal war ich nach der Kommandantenzeit noch auf der Straße, nicht weit von unserem Haus, als mir ein Offizier und zwei Soldaten entgegenkamen. Sie hätten mich erschießen können. Meine Mutter schrie laut auf, als sie das sah. Die Nachbarn mußten sie festhalten, damit sie nicht auf die Straße lief. Ich höre noch heute diesen Schrei in meinen Ohren. Der Offizier gab den Soldaten ein Zeichen, sie sollten weitergehen. Er blieb stehen, bückte sich zu mir herunter, nahm mich in die Arme und drückte mich fest an sich. Als sich die Soldaten umdrehten, stieß er mich von sich und sagte: ›Lauf schnell‹. Meine Mutter kam mir schreiend entgegen. Am Abend, als die Mutter mich auszog, fand sie in meiner Jackentasche ein Stück Schokolade und einen Apfel. Es war die erste Schokolade, die ich in meinem Leben sah. Das war auch ein Retter, aber ich kenne ihn nicht.«

Im Februar 1997 haben wir Pjotr Ruwinowitsch und seine Frau Ewgenia Abramowna zu uns nach Köln eingeladen. Wir wollten seinen sehnlichsten Wunsch erfüllen, sich bei der Witwe seines Retters zu bedanken und das Grab seines Retters zu besuchen.

In den vier Wochen, die Pjotr Ruwinowitsch bei uns war, hat er siebenmal seine Geschichte im Zusammenhang erzählt. Mehrmals vor einem größeren Zuhörerkreis. In erster Linie hat er von seiner Rettung berichtet, zugleich aber auch von seiner Familie und den ermordeten Juden von Pińsk. Er hat versucht, das Vermächtnis seiner Mutter zu erfüllen, dass die Welt erfahren soll, was man den Juden angetan hat. Jedes Mal war es eine große psychische Belastung für ihn. Er hat mir einmal gesagt, es sei ihm dabei mehr zum Weinen als zum Erzählen zumute, aber es müsse sein. Da ich stets neben ihm saß und aus seiner Sprache übersetzte, spürte ich seine innere Anspannung und sein Aufgewühltsein sehr deutlich.

Er hat alle, die ihm zuhörten, tief beeindruckt. Das Bewegende war, wie er über das Erlebte sprach. Als er 1999 im Dreikönigsgymnasium in Köln über das Leben im Ghetto, die Ermordung der Juden in Pińsk und seine Rettung berichtete, kam eine Schülerin auf ihn zu und sagte: »Ich danke Ihnen, dass Sie uns *so* eine Geschichte erzählt haben. Das hilft uns, mutig und couragiert zu sein.«

Der Völkermord an den Juden ist kein Thema mehr, mit dem ich mich nur hin und wieder einmal befassen kann. Die Begegnung mit Pjotr Ruwinowitsch hat mein Denken und Fühlen verändert. Durch ihn und sein Zeugnis bin ich mit den nationalsozialistischen Verbrechen in einer bisher nicht erlebten Weise konfrontiert worden. Abstraktes und Allgemeines wurde schmerzlich konkret. Die Ermordeten waren nicht mehr anonym, einige wenige hatten für mich Namen und Gesichter bekommen. Und doch kann ich die unbegreifliche Katastrophe nicht erfassen. Sie bleibt dem, der diese Hölle nicht selbst durchlebt hat, unvorstellbar. Ich spüre aber stärker als je zuvor als Angehöriger der zweiten Generation die Verantwortung, die wir für den Völkermord an den Juden haben. Je öfter ich die Geschichte hörte, um so klarer wurde mir, daß ich alles aufschreiben muss, um der Stimme dieses Zeitzeugen Gehör zu verschaffen und das Vermächtnis seiner Mutter zu erfüllen.

Pjotr Ruwinowitsch lebt mit seiner Familie in Kiew. Wie die Mehrzahl der Bevölkerung hat er unter der großen wirtschaftlichen Not der Ukraine zu leiden. Er hat die zwei großen Katastrophen, die das Land heimsuchten, überlebt. Den Völkermord an den Juden und Tschernobyl. Von beiden Katastrophen ist er schwer gezeichnet. Mit der Veröffentlichung seiner Geschichte geht für ihn ein Lebenstraum in Erfüllung.

Ich danke all denen, die mich immer wieder ermutigt und unterstützt haben, diese Geschichte aufzuschreiben und zu veröffentlichen.

Besonders zu erwähnen sind Erich Mirek in Berlin, Rita Margolina vom Archiv in Yad Vashem, Nahum Boneh in Israel und Dieter Trein in Bergisch Gladbach für ihre Unterstützung.

Erich Mirek hat in dem Buch »In den Wäldern Belorusslands« über die Mordaktion vom August 1941 berichtet. Sein Bericht ist ungekürzt im Dokumentenanhang abgedruckt. Er hat mir weitere Fotos dieser schrecklichen Ereignisse aus seinem Privatbesitz zur Verfügung gestellt, die für die Gedenkstätten in Brest und Yad Vashem in Jerusalem wichtig sind.

Rita Margolina hat mir wertvolle Hinweise gegeben. Sehr hilfreich war eine Ablichtung des Buches von Nahum Boneh »The Holocaust and the Revolt in Pińsk 1941-1942«, die ich von ihr erhielt. Nahum Boneh hat in seinem Buch unter anderem einige Berichte über die Rettung von Juden in Pińsk abgedruckt. Mit seiner freundlichen Genehmigung konnte ich diese Berichte in den Dokumentenanhang aufnehmen. Sie ergänzen die Erzählung von Pjotr Ruwinowitsch, der die Ermordung der Juden nicht innerhalb des Ghettos erlebt hat und deshalb nicht darüber berichten kann. Die Namen auch dieser Retterinnen und Retter sollen weiter verbreitet werden. Ein Vergleich dieser Berichte mit Pjotr Ruwinowitschs Geschichte macht noch einmal das Außergewöhnliche seiner Rettung deutlich. Ihn hat ein Deutscher aus eigenem Antrieb gerettet. Doch leider stellt er die große Ausnahme dar.

Dieter Trein hat alle Fotos und Dokumente von Pjotr Ruwinowitsch gescannt und es so ermöglicht, dass mir qualitativ gute Bilder zur Verfügung stehen.

Nicht zuletzt gilt mein Dank meiner Familie, besonders meiner Frau, die meine Arbeit stets kritisch begleitete, mir wertvolle Anregungen gab und vor allen Dingen unermüdlich Korrekturen gelesen hat.

Köln, im November 2000
Werner Müller

Anmerkungen

Einführung von Werner Müller

1 Der Begriff »Soldat« wird von Pjotr Ruwinowitsch jeweils in der Bedeutung »Angehöriger der deutschen Wehrmacht« benutzt. Es handelt sich nicht um die Bezeichnung eines Dienstgrades.

2 Marek Halter, *Auf der Suche nach den 36 Gerechten*, sieht im »Gedächtnis des Guten« vielleicht die einzige Hoffnung und unsere letzte Chance. Fragt aber zugleich: »Was ist eigentlich das Gute?«

Meine Familie

3 Durch den Frieden von Riga am 18. März 1921, der den polnisch-sowjetischen Krieg beendete, kam dieses Gebiet zu Polen.

4 Gerlach, *Kalkulierte Morde*, Seite 560: Am Morgen des 1. August 1941 wurde im SS-Kavallerie-Regiment 2 ein Funkspruch verbreitet: »Ausdrücklicher Befehl des RF-SS. Sämtliche Juden müssen erschossen werden. Judenweiber in die Sümpfe treiben.«
Die Reitende Abteilung des Regiments 2 unter dem Kommandeur Franz Magill – auf Schimmeln reitend – ermordete Juden in Drogitschin, Janow, Pińsk, David-Grodek, Luniniez, Lunin, Pogost Zagorodski und zahlreichen ande-

ren Orten, jedoch »nur« Männer etwa zwischen 18 und 60 Jahren.

Wiesenthal, *Jeder Tag ein Gedenktag*: 16. August 1942: In Pohost in Wolhynien ermorden Nazis und ukrainische Freiwillige 2 000 Juden.

5 Ehrenburg, *Das Schwarzbuch*, Seite 349 ff: Von Mai bis Juni 1942 begannen die Deutschen im Gebiet Bronnaja Gora, 400 Meter nordwestlich der Eisenbahnstation Bronnaja Gora, Gruben auf einer Fläche von 16 800 Quadratmetern ausheben zu lassen. Zum Ausheben der Gruben wurden zwischen 600 und 800 Menschen pro Tag aus den umliegenden Dörfern herangezogen. Nachdem die Gruben ausgehoben waren, begannen die Deutschen von Mitte Juni 1942 an, per Eisenbahn Transporte sowjetischer Bürger verschiedener Nationalitäten, Russen, Belorussen, Juden und Polen – vom Säugling bis zu hochbetagten Greisen – zur Station Bronnaja Gora zu leiten. Es trafen Waggons u.a. aus Drogitschin ein. Die Waggons waren von Kommandos des SD und der SS begleitet. Die Todgeweihten mussten sich ausziehen und in die Gruben steigen, wo sie erschossen wurden.

Wiesenthal, *Jeder Tag ein Gedenktag*: 26. Juli 1941: In Drohiczyn in Wolhynien ermordeten die Nazis 1 700 Juden.
15. Oktober 1942: SS-Angehörige ermorden 2 500 Juden aus dem Ghetto von Drohiczyn in Wolhynien.

Boneh, *The Holocaust And The Revolt*, Seite 117: Am 25. Juli 1942 wurden die Juden von Drohiczyn ermordet.

Im Dorf Mokraja Dabrowa vor dem Zweiten Weltkrieg

6 Gross, *Und wehe du hoffst …*, Seite 19: Das Territorium Polens war in 17 Woiwodschaften (Regierungsbezirke) aufgeteilt. Diese Woiwodschaften unterteilten sich in Kreise, diese wiederum bestanden aus zahlreichen gminy. Der höchste Beamte in einer Woiwodschaft war ein von der Regierung ernannter Woiwode. Ein Kreis wurde vom Starost, eine

gmina vom Vogt geleitet. Dörfer durften sich ihre eigenen Dorfschulzen (soltys) und Städte ihre eigenen Bürgermeister wählen. Einigen größeren Städten wurde der Status einer kreisfreien Stadt zuerkannt.

7 Rabinowitsch, *Studies in Pińsk Jewry*, Seite 14: Die zionistische Bewegung entwickelte ein Netz von Erziehungseinrichtungen. Der Stolz des Pińsker jüdischen Erziehungssystems war die Tarbut Oberschule. Die Lehrer gaben ihren Schülern eine generelle Erziehung, die sie befähigte, ihre Ausbildung auf Universitätsniveau fortzusetzen.

8 Sholem Alejchem (1859 bis 1916) schrieb die meisten seiner Werke auf Jiddisch, publizierte aber auch zu anderen Zeiten auf Russisch und Hebräisch.

9 Fuks, *Polnische Juden*: Isaak Leib Peretz (1852 bis 1915). Er schrieb zunächst auf Iwrit. Es war die Sprache der jüdischen intellektuellen Elite. Da die Masse des jüdischen Volkes diese Sprache nur in dem Maße kannte, wie es für religiöse Zwecke notwendig war, begannen zahlreiche Schriftsteller im letzten Viertel des 19. Jahrhunderts, in Jiddisch zu schreiben. Zu ihnen gehörte auch Peretz. Durch diese Schriftsteller begann sich das neuzeitliche Jiddisch herauszubilden.

10 Ainsztein, *Jüdischer Widerstand*, Seite 23: Die proklamierte antisemitische Politik des Rydz-Śmigły Regimes legalisierte den Status der Juden als Bürger zweiter Klasse. General Felicjan Sławoj-Składkowski, der Premierminister und Innenminister der am 15. Mai 1936 gebildeten Regierung erklärte dem Sejm, Regierungspolitik sei: »Juden schlagen – Nein. Sie boykottieren – Ja, bitte.«

11 Am 2. Oktober 1937 gründete Oberst Adam Koc unter der Schirmherrschaft von Präsident Moscicki und Verteidigungsminister Rydz-Śmigły die paramilitärische, antisemitische Organisation OZN (Obóz Zjednoczenia Narodowego – Lager der nationalen Einheit). Die Organisation wurde bekannt als OZON. Ein sarkastischer Bezug auf Ozon »reine Luft«.

12 Ainsztein, *Jüdischer Widerstand*, Seite 33: 1937 führte der Erziehungsminister Wojciech Swiętoslawski an den Universitäten für die jüdischen Studenten spezielle Bänke auf der linken Seite der Hörsäle ein.

13 Hashomer Hazair (der junge Wächter). Weltweite zionistische Jugendorganisation, gegründet 1916 durch den Zusammenschluss der Tze'ire Tzion (die Jungen Zions) und der Pfadfinderbewegung ha-Shomer (der Wächter); versuchte eine Synthese zwischen jüdischer und universeller Kultur und Bildung (beeinflusst u.a. vom deutschen »Wandervogel«). Gründung einer Weltorganisation 1924 in Danzig. Höhepunkt 1935 mit ca. 70 000 Mitgliedern. Ihr Ziel war es, jüdische Jugendliche auf das Leben im Kibbuz in Israel vorzubereiten.

14 *Encyclopedia of Zionism*, Bd. I Seite 457: Am 25. Mai 1931 versammelten sich in Lwów Repräsentanten der zionistischen Jugendbewegungen HaShomer HaL'umi, HaNo'ar Ha'Ivri und HaNo'ar HaTziyoni aus Belgien, Ungarn, Irak, Luxemburg und den Vereinigten Staaten und beschlossen, sich unter dem Namen HaNo'ar HaTziyoni zu vereinigen.

15 1925 in Paris gegründet. Ganzer Name: »Union der zionistischen Revisionisten«.

16 Bund ist die Abkürzung von: »Algemeyner Yidischer Arbeter Bund in Lite, Poyln un Rusland« (Allgemeiner Jüdischer Arbeiterbund in Litauen, Polen und Russland). Er wurde bei einem geheimen Treffen in der Zeit vom 7. bis 9. Oktober 1897 in Wilna gegründet und war die älteste jüdische Arbeiterpartei in Litauen, Russland und Polen.

Aly, *Vordenker der Vernichtung*, Seite 82, Fußnote 32: Nach dem Ersten Weltkrieg war der Bund die mitgliederstärkste politische jüdische Organisation in Polen; sie bekämpfte den Zionismus und trat für Gleichberechtigung und kulturelle Autonomie der jüdischen Minderheit ein.

17 In dieser Liste sind die Geburtsdaten von Vater und Mutter vertauscht.

18 Eisenstein, *Jewish Schools in Poland*, Seite 5: Die existierenden Hebräischen und Jiddischen Oberschulen hatten insgesamt nicht die gleichen Privilegien wie die anderen Oberschulen. Den Absolventen dieser Schulen stand nicht das Recht zu, die polnischen Universitäten zu besuchen. Den Hebräischen Gymnasien in Pińsk und Białystok war jedoch dieses Recht für die Dauer ihrer Existenz von der Regierung verliehen.

19 *Enzyklopädie des Holocaust*, Bd. 2, Seite 1113: PIŃSK; Stadt in Polesien in Weißrussland, die zwischen den Kriegen zu Polen gehörte. Vom frühen 16. Jahrhundert an lebten in Pińsk Juden. Im Jahre 1941 zählte die jüdische Bevölkerung von Pińsk 30 000 Menschen, 70 Prozent der Gesamtbevölkerung.

20 *The Einsatzgruppen Reports*, Seite 83: Operativer Situationsbericht UdSSR Nr. 50 des Chefs der Sicherheitspolizei und des SD vom 12. August 1941: Die Volkszählung in einigen Städten hatte folgendes Ergebnis: (...) Pińsk : 30 000 Einwohner, davon 28 000 Juden.

21 Ainsztein, *Jüdischer Widerstand*, Seite 21: National-Demokratische Partei, gegründet 1897, nach ihren Initialen Endecja genannt. Nationalistische Partei, die erste konsistent reaktionäre und antisemitische Partei in Polen.

22 Vishniac, *Verschwundene Welt*, Seite 212: Im Hinblick auf den geplanten Einmarsch in Polen unterstützte Goebbels solche antisemitischen Demonstrationen. Er sorgte dafür, dass die Nationaldemokratische Partei Polens 200 000 Reichsmark erhielt.

23 *Enzyklopädie des Holocaust*, Bd. 2, Seite 1113: PIŃSK; die Stadt war ein Zentrum des Chassidismus (Karlin-Dynastie), der jüdischen Aufklärung (Haskala) und des Zionismus.

24 Fuks, *Polnische Juden:* Hajnt, 1908 gegründete jüdische Zeitung, die bis in die letzten Septembertage 1939 erschien. Im unabhängigen Polen vertrat die Zeitung die Interessen des jüdischen Mittelstandes. In politischer Hinsicht stand die Zeitung auf dem Standpunkt der Loyalität gegenüber dem Staat und des Liberalismus. Eine progressive, demokratische Stellung einnehmend hielt sie sich an eine klar umrissene zionistisch-demokratische und nationale Linie. Zu den führenden Publizisten gehörte u.a. Dawid Ben Gurion.

Der Zweite Weltkrieg beginnt

25 Der deutsch-sowjetische Nichtangriffspakt vom 23. August 1939, der Hitler-Stalin-Pakt, wird in der osteuropäischen Literatur nach den Unterzeichnern Molotow-Ribbentrop-Pakt genannt.
Mit der Unterzeichnung des Nichtangriffspaktes und des geheimen Zusatzprotokolls vom 23. August 1939 zwischen der Sowjetunion und dem Deutschen Reich war die Aufteilung Polens beschlossen worden. Beide Länder vereinbarten ihre Einflusszonen und bestimmten für den Fall territorialpolitischer Veränderungen die zukünftigen Grenzen.
Zum Wortlaut des Hitler-Stalin-Paktes siehe Dokumentenanhang Dokument I.

Pińsk wird von der Roten Armee besetzt

26 Chiari, *Alltag hinter der Front*, Seite 42: Die Sicherheit, welche von der Sowjetmacht auszugehen schien, war freilich erkauft mit der Sowjetisierung jüdischen Lebens in den »Beitrittsgebieten«. Jüdische Organisationen und Einrichtungen wurden liquidiert oder gleichgeschaltet.

27 *Encyclopaedia Judaica*: Pińsk: Als Pińsk von 1939 bis 1941 unter Sowjetherrschaft war, wurden die jüdischen Institutionen, einschließlich der politischen Parteien und Schulen, geschlossen.

28 Chiari, *Alltag hinter der Front*, Seite 46: Im gesamten sowjetisch besetzten Ostpolen lebten 1939 etwas mehr als 13 Millionen Menschen.
5 270 000 von ihnen waren Polen (40%),
4 530 000 Ukrainer (34%),
1 960 000 Weißrussen und »Hiesige« (14,7%) und
1 110 000 Juden (8,4%).
840 000 polnische Einwohner und Flüchtlinge,
280 000 Juden,
217 000 Ukrainer und
91 000 Weißrussen wurden in die UdSSR deportiert.

29 Gerlach, *Kalkulierte Morde*, Seite 92, Anm. 338: Schätzungsweise waren 1939-1941 50 000 Juden aus den deutsch besetzten Teilen Polens nach Weißrussland geflohen. Etwa die gleiche Zahl wurde von den sowjetischen Behörden in diesem Zeitraum verhaftet und deportiert.

30 *Encyclopaedia Judaica*: Pińsk: Eine große Anzahl jüdischer Flüchtlinge aus Westpolen fand Unterschlupf in Pińsk, wurde aber 1940 in das Innere der Sowjetunion deportiert.

31 Diese Deportationen sind ebenfalls eine Folge des Hitler-Stalin-Paktes. Grundlage ist ein geheimes Zusatzprotokoll. Zum Wortlaut siehe Dokumentenanhang Dokument II.

32 *Encyclopaedia Judaica*: Pińsk: Einige Führer der Zionisten und des Bund wurden arrestiert und viele jüdische Geschäftsleute und Mitglieder freier Berufe wurden aus der Stadt vertrieben, als die Rote Armee Pińsk besetzte.

Überfall der Deutschen Wehrmacht auf die Sowjetunion

33 Gerlach, *Kalkulierte Morde*, Seite 381, Anm. 54: Die Jahrgänge 1905-1918 wurden mobilisiert. Die Jahrgänge 1919-1922 befanden sich gerade im Dienst.

34 Wortlaut der Rundfunkansprache abgedruckt im Dokumentenanhang Dokument III.

35 Hilberg, *Täter, Opfer, Zuschauer,* Seite 275: Die Krise der sowjetischen Juden begann mit dem deutschen Angriff am 22. Juni 1941. Auf dem Vormarschweg der Deutschen lebten vier Millionen Juden. Für sie alle war eine Rettung nur möglich, bevor die deutschen Truppen eintrafen. Im äußersten Westen saßen die meisten in der Falle, weil die Deutschen so blitzartig kamen. Pińsk wurde am 4. Juli eingenommen. Während des hastigen, manchmal auch konfusen Rückzugs der Roten Armee fanden Zivilisten kaum Möglichkeiten zu fliehen. Zudem hatte die Sowjetunion zwischen 1939 und 1941 stets über die antijüdischen Maßnahmen der Deutschen geschwiegen, so dass viele Juden nicht oder nicht genau wussten, was ihnen von den Deutschen drohte.

36 Gerlach, *Kalkulierte Morde*, Seite 557: Das XXXV. Armeekorps eroberte Pińsk am 4. Juli 1941 fast kampflos.

37 Gerlach, *Kalkulierte Morde*, Seite 380: Aus Minsk, Witebsk und Mogilew waren die Hälfte bis zwei Drittel der jüdischen Einwohner geflohen, während in Grodno, Brest, Pińsk, Polozk, Bobruisk und Borrisow offenbar nahezu alle in die Hände der Deutschen fielen.

38 *Enzyklopädie des Holocaust*, Bd. 2, Seite 1113: Im Juli 1941 wurde Pińsk von den Deutschen eingenommen. Einen Tag später ermordeten sie 16 Juden.

Anlässlich der Ausstellung »Vernichtungskrieg. Verbrechen der Wehrmacht 1941 bis 1944« in Wien berichtete ein Besucher in einem Interview von diesen Morden. Wortlaut des Interviews Dokumentenanhang Dokument IV.

39 Gerlach, *Kalkulierte Morde*, Seite 537 ff: In vielen weißrussischen Städten und Ortschaften, keineswegs nur vereinzelt, wurden bereits von den deutschen Fronttruppen Juden erschossen. In Pińsk waren es 16. Davon zeugen Tagebücher deutscher Soldaten und Vernehmungen in Strafverfahren.

40 Boneh, *The Holocaust And The Revolt*, Seite 102: Als die deutschen Bataillone durch die Listovsky Straße zogen, die

vollständig von Juden bewohnt wurde, nahmen sie 16 junge Männer, angeblich als Arbeiter, brachten sie in den nahe gelegenen Lishche Wald, wo sie erschossen wurden. Nur einem gelang es, sich verwundet unter dem Berg Leichen zu verstecken und zu entkommen.

41 *Enzyklopädie des Holocaust*, Bd. 2, Seite 1113: In der zweiten Julihälfte 1941 wurde ein aus 28 Mitgliedern bestehender JUDENRAT eingesetzt, dem David Alper, ein ehemaliger Direktor des örtlichen (zionistisch ausgerichteten) Tarbut-Gymnasiums vorstand. Nach seiner Ermordung im August 1941 wurde Benjamin Bokczański sein Nachfolger.

42 Boneh, *The Holocaust And The Revolt*, Seite 103: Vom ersten Tag an gab es antisemitische Erlasse. Die Juden durften die Stadt nicht verlassen, nach sechs Uhr am Abend nicht mehr auf der Straße sein, nicht auf dem Markt einkaufen. Alle Juden, auch die Kinder, mussten ein weißes Band mit einem gelben Davidstern am linken Arm tragen. Wer den Befehlen nicht gehorchte, wurde auf der Stelle erschossen.

Die ersten Massenmorde in Pińsk im August 1941

43 Boneh, *The Holocaust And The Revolt,* Seite 113: Das Brot war von schlechter Qualität. Das Mehl für das Brot wurde aus verbranntem Roggen oder Weizen aus den Silos hergestellt, die von den Sowjets in Brand gesetzt worden waren, als sie sich vor den Deutschen Truppen zurückzogen.

44 Hinsichtlich des genauen Datums ist die Erinnerung von Pjotr Ruwinowitsch ungenau. Nach den neuesten Erkenntnissen des Archivs von Yad Vashem, die mir Rita Margolina dankenswerterweise zugänglich gemacht hat, waren die Massenmorde am 5. August 1941 in der Nähe des Dorfes Poseniczi, etwa fünf Kilometer nördlich von Pińsk und am 7. August 1941 beim Dorf Kozlakovichi, vier Kilometer nordwestlich von Pińsk. Die Zahl der Opfer wird mit 6 000 bis 7 000 angenommen.

45 *Urteil Landgericht Frankfurt gegen Kuhr* u.a., Seite 122: Es war angedroht worden, 300 Geiseln, die tags zuvor gefangen worden waren, zu erschießen, wenn sich nicht die männlichen Juden im Alter von 16 bis 60 Jahren einfinden.

46 *Encyclopaedia Judaica*: Pińsk: Pińsk fiel am 4. Juli 1941 in deutsche Hand. Einen Monat später wurden achttausend jüdische Männer zusammengetrieben und marschierten ein paar Meilen in die Außenbezirke, wo sie ermordet und in Massengräbern begraben wurden. Einige konnten aus den Massengräbern entkommen. Einige Tage später wurden dreitausend jüdische Männer, einschließlich alte Männer und Kinder, in der Nähe des Dorfes Kozlakowicze exekutiert.

47 Über den ersten Massenmord an Juden in Pińsk im August 1941 gibt es in der Literatur sehr unterschiedliche Angaben, sowohl hinsichtlich des genauen Datums, als auch über die Zahl der Opfer. Eine Zusammenstellung der verschiedenen Angaben findet sich im Dokumentenanhang Dokument V.

48 Gerlach, *Kalkulierte Morde*, Seite 418 ff: Aus einer Übersicht über die Bevölkerungsentwicklung weißrussischer Städte ergeben sich für Pińsk folgende Einwohnerzahlen: 1931: 31 913; 1941 (vor Beginn der Besatzungszeit): 80 000; 1941 (August): 70 000.

49 Erich Mirek hat als deutscher Soldat dieses Massaker erlebt und seine Eindrücke beschrieben. Der Bericht ist in dem Buch *»In den Wäldern Belorußlands«* abgedruckt. Er hat den Abdruck seines Berichts erlaubt und auch seine Fotos zur Verfügung gestellt. Der gesamte Bericht ist im Dokumentenanhang als Dokument VI abgedruckt.

50 *Urteil Landgericht Frankfurt gegen Kuhr* u.a., Seite 123: Auf Befehl des stellvertretenden Gebietskommissars E. dem die Judenangelegenheiten in Pińsk unterstanden, mussten von den jüdischen Einwohnern Pińsks in der Folgezeit laufend Abgaben entrichtet werden. Unter der Androhung der Erschießung aller Juden im Weigerungsfalle wurden zunächst 20 Kilogramm Gold und später weitere 50 Kilogramm Gold erpresst.

51 Boneh, *The Holocaust And The Revolt*, Seiten 108, 130: Der russisch orthodoxe Priester spendete das goldene Kreuz der Kirche, das ein halbes Kilogramm wog, um den Juden zu helfen, die Kontribution aufzubringen.

52 *Enzyklopädie des Holocaust*, Bd. 2, Seite 1113: Pińsk wurde dann dem Reichskommissariat Ukraine zugeordnet. Anfang September 1941 trat ein neu ernannter Gebietskommissar sein Amt in der Stadt an. Als ersten Schritt erlegte er den Juden eine kollektive Strafe in Höhe von 20 Kilogramm Gold auf. Von Zeit zu Zeit musste der Judenrat beträchtliche Mengen an Lebensmitteln und Gebrauchsartikeln abliefern.

53 *Enzyklopädie des Holocaust*, Bd. 2, Seite 749 ff.: Juden mussten im nationalsozialistischen Deutschland und in den von Deutschland besetzten Ländern ein Abzeichen tragen, das sie als Juden kenntlich machte. (...)
Noch während der Kämpfe in Polen im September 1939 erließen lokale deutsche Militärbehörden die ersten Verordnungen, in denen jüdische Läden zu einer Kennzeichnung gezwungen wurden. Spätere Verordnungen forderten von Juden, ein besonderes Kennzeichen zu tragen. Im November 1939 erhielten zum Beispiel die Juden von Lublin den Befehl, auf der linken Brustseite ein gelbes Abzeichen mit der Inschrift Jude zu tragen. (...)
Als die Wehrmacht im Juni 1941 die Sowjetunion überfiel, wurden die verschiedenen Kennzeichen und Methoden, die in Polen zur Unterscheidung zwischen Juden und dem Rest der Bevölkerung eingeführt worden waren, für die neu besetzten Gebiete übernommen. Die Richtlinien zur Behandlung der Juden, am 13. August 1941 vom Reichskommissar für das Ostland Hinrich Lose ausgegeben, enthielten die Bestimmung: Es ist anzuordnen, dass die Juden sich durch stets sichtbare gelbe sechszackige Sterne von mindestens 10 cm Durchmesser auf der linken Brustseite und auf der Mitte des Rückens kennzeichnen. (...)
Die besondere Kennzeichnung ermöglichte es den Deutschen, Juden auf den ersten Blick zu erkennen. Die Juden sollten von der übrigen Bevölkerung isoliert werden.

Gerlach, *Kalkulierte Morde*, Seite 517: In Pińsk musste das Judenkennzeichen seit dem 5. Juli 1941 (einem oder zwei Tage nach Eintreffen des Kommandos der Einsatzgruppe z.b.V.) getragen werden.

54 Longerich, *Politik der Vernichtung*, Seite 368: Die SS-Kavalleriebrigade berichtete in ihrer Abschlussmeldung über die Sicherheitsaktionen vom 13. August 1941, dass die beiden eingesetzten Kavallerieregimenter zusammen 13 788 Plünderer erschossen und 714 Gefangene gemacht hatten. Bei den von der Reitenden Abteilung im Rahmen dieser Aktion Erschossenen handelt es sich in erster Linie um jüdische Männer aus Pińsk, nach der Feststellung des Braunschweiger Landgerichts aus dem Jahr 1964 um mindestens 4 500 Menschen im Alter von 16 bis 60 Jahren. Andere Schätzungen liegen noch wesentlich höher. Ein Zeuge der »Außerordentlichen staatlichen Kommission zur Ermittlung von Verbrechen der Besatzungszeit«, ein Überlebender aus Pińsk schildert – aufgrund der Angaben eines anderen Mannes, dem es vor der Exekution zu fliehen gelang – wie bei der ersten Aktion etwa 8 000 Männer in Sechserreihen durch SS-Kavalleristen aus der Stadt herausgetrieben wurden und sich zunächst an einer Straße aufstellen mussten, auf der kurze Zeit später ein Flugzeug mit einem hohen SS-Führer landete, der den Befehl gegeben habe. Dabei dürfte es sich um Bach-Zelewski gehandelt haben, der sich laut seinem Tagebuch seit dem 2.8.1941 mit seinem Fieseler Storch im Einsatzgebiet der Kavallerieeinheiten befand, um die Aktionen persönlich anzuleiten.

55 Die Vertreibung der Juden aus ihren Wohnungen hatte unter anderem das Ziel, in den durch Bomben zerstörten Städten Wohnraum für Nichtjuden zu schaffen. Da Pińsk von der deutschen Wehrmacht kampflos eingenommen wurde, war es nicht zerstört, und es herrschte daher keine so große Wohnungsnot. Aus diesem Grunde wurden die Juden erst relativ spät gezwungen, ins Ghetto zu ziehen.

56 Boneh, *The Holocaust And The Revolt*, Seite 108: Nach dem Massaker im August wurden neue antisemitische Gesetze

eingeführt. Anstelle der weißen Binde mit dem gelben Davidstern mussten die Juden zwei runde gelbe Flecken auf der Brust und dem Rücken tragen, sie mussten auf der Mitte der Straße gehen. Bei einem Verstoß würde man erschossen. Kontakte zwischen Nichtjuden und Juden waren streng verboten.

57 Gerlach, *Kalkulierte Morde*, Seite 520: Meist war eine der ersten antijüdischen Maßnahmen das Handelsverbot. Das Verbot galt nicht nur für gewerblichen Handel, sondern auch für den Kauf von Lebensmitteln und traf die Juden damit empfindlich.

58 Gerlach, *Kalkulierte Morde*, Seite 668: Am Anfang der deutschen Ernährungspolitik gegenüber der jüdischen Bevölkerung standen strenge Verbote, Märkte zu betreten, mit Bauern in Kontakt zu treten, bestimmte Lebensmittel zu kaufen oder zu konsumieren, zum Beispiel Eier, Butter, Milch, Fleisch und Beeren.

59 Gerlach, *Kalkulierte Morde*, Seite 672: Das nannte man »Kleider essen«.

60 Gerlach, *Kalkulierte Morde*, Seite 520: Durch die Verwaltungsanordnung Nr. 16 vom 16.8.1942 des Generalquartiermeisters mussten die Pässe aller Juden mit einem großen »J« gekennzeichnet werden.

61 Nach einer Auskunft, die Pjotr Ruwinowitsch vom Archiv in Brest erhalten hat, existieren diese Unterlagen nicht mehr.

62 Gerlach, *Kalkulierte Morde*, Seite 653 ff: Am 16. August 1941 war der SS-Standartenführer Fritz Allihn vom Reichsverkehrsministerium mit der Leitung der größten Binnenschifffahrtswerft, der Staatswerft in Pińsk, betraut worden. In der Folgezeit bemühten sich die Rüstungsinspektion Ukraine und der Chef des Transportwesens sowie die Feldwasserstraßenabteilung 2, die Werft selbst in die Hand zu bekommen. Im Sommer 1942 wurde Allihn, inzwischen aus der SS entlassen, vom Reichskommissar Ukraine abgelöst.

63 *Enzyklopädie des Holocaust*, Bd. 2, Seite 1113: PIŃSK: Am 30. April 1942 erfolgte ein Befehl, der den Juden für den Umzug ins Ghetto einen Tag Zeit gab – bis zum Nachmittag des 1. Mai 1942. 20 000 Menschen wurden in das in einem ärmlichen Viertel gelegene, sehr kleine Ghetto eingesperrt.

Edelheit, *A World In Turmoil*: 1. Mai 1942: In Pińsk werden im Ghetto 20 000 Juden eingeschlossen.

64 Boneh, *The Holocaust And The Revolt*, Seite 111 ff: Es war nur erlaubt, Küchengeschirr, Bettzeug und Kleidung mitzunehmen. Die Benutzung eines Karren zum Transport war streng verboten. Um vier Uhr am Nachmittag musste der Umzug beendet sein.

65 *Urteil Landgericht Frankfurt gegen Kuhr* u.a., Seite 123: Alle Juden wurden unter Androhung der Erschießung gezwungen, ins Ghetto zu ziehen. Arbeitsgeräte, sowie Spaten, Schaufeln und Äxte waren in den Wohnungen zurückzulassen. Ebenso durften nur die allernotwendigsten Kleidungsstücke ins Ghetto mitgenommen werden.

66 In Yad Vashem existieren zwei weitere Pläne des Ghettos, die jeweils geringfügig voneinander abweichen. Pjotr Ruwinowitsch hält diese beiden Pläne für falsch. Der Vollständigkeit halber sind sie im Dokumentenanhang Dokument VII abgedruckt.

67 Gerlach, *Kalkulierte Morde*, Seite 676: Im Ghetto Pińsk lebten umgerechnet 80 000 Menschen pro Quadratkilometer, meist in ein– bis zweistöckigen Holzhäusern.

68 *Urteil Landgericht Frankfurt gegen Kuhr* u.a., Seite 123: Bei der Errichtung (des Ghettos) lebten dort in unerträglicher Enge etwa 20 000 jüdische Menschen aus Pińsk und Umgebung, vorwiegend Frauen, Kinder und ältere Männer. Für jeden Insassen war lediglich 1 m^2 Wohnraum vorgesehen.

69 *Urteil Landgericht Frankfurt gegen Kuhr* u.a., Seite 123: Am 1.5.1942 wurde in der ärmsten Gegend der Ortschaft um den jüdischen Friedhof herum das Ghetto errichtet. Es war mit einem etwa drei Meter hohen Stacheldrahtzaun umgeben, der insgesamt eine Länge von 2,6 km hatte. Das Ghetto stand unter der Verwaltung des Gebietskommissariats. Im Ghetto gab es eine jüdische Ordnungspolizei. Von außen wurde das Ghetto von bewaffneter ukrainischer Miliz bewacht.

70 Gerlach, *Kalkulierte Morde*, Seite 659: In Pińsk arbeiteten die Juden besonders in der Flussschiffwerft, in der Sperrholz- und Streichholzfabrik. Außerdem in allen Pińsker Betrieben der Metall-, Holz- und Lederindustrie.

71 In dieser Liste sind die Geburtsdaten von Vater und Mutter vertauscht. Wahrscheinlich wurden diese falschen Angaben aus der Liste der Hausbewohner der Moniuskistraße übernommen.

72 Wenn Pjotr Ruwinowitsch von »Christen« spricht, meint er ganz allgemein die nichtjüdische Zivilbevölkerung.

73 Gerlach, *Kalkulierte Morde*, Seite 672: Für Juden war es lebensnotwendig, Nahrungsmittel auf andere Weise zu besorgen und ins Ghetto zu schmuggeln. Sie gingen dabei aber ein noch höheres Risiko ein als die übrige Zivilbevölkerung, da sie sich weder frei bewegen durften, und weil die Deutschen sie an den Ghettotoren kontrollierten.

74 *Enzyklopädie des Holocaust*, Bd. 2, Seite 1113: Dem Judenrat unterstand eine jüdische Polizeitruppe, bestehend aus 12 Männern und einem Kommandeur. Als das Ghetto errichtet wurde, erhöhte sich ihre Zahl auf 50.

75 Gerlach, *Kalkulierte Morde*, Seite 670 ff: Die Höhe der Rationen war örtlich verschieden und wurde im GK Weißruthenien bei den Gebietskommissariaten festgelegt. Am 13. Juli 1941 legte die 403. Sicherungsdivision für Juden eine Zuweisung von 125 Gramm Brot, 14 Gramm Mehl und

11 Gramm Grütze täglich fest, weniger als die Hälfte der Sätze für Nichtjuden. Zum Beispiel für Pińsk gibt es Einzelnachrichten über Brotsätze von 150 bis 200 Gramm pro Tag.

Enzyklopädie des Holocaust, Bd. 1, Seite 539: Im Generalgouvernement bestand in der zweiten Hälfte des Jahres 1941 die tägliche Zuteilung durch Lebensmittelkarten für Juden aus durchschnittlich 184 Kalorien. Ein mit leichter Arbeit beschäftigter Mensch benötigt täglich 2400 Kalorien; die Juden erhielten nur 7,5 Prozent des Grundbedarfs.

76 Gerlach, *Kalkulierte Morde*, Seite 670: Die Verteilung der Brotrationen übernahmen die Judenräte nach genauen Namenslisten, teils nach Lebensmittelkarten.

77 Nach Unterlagen des Archivs in Yad Vashem (M-41/912) gab es auf dem Gelände des Ghettos drei Bäckereien. Je eine in der Sumpfstraße 42 (Kuper Straße), Deutsche Straße 45 (Albrechtovska Straße) und in der Südstraße 41 (Listowskiego Straße). Vermutlich wurde dort vor allem Brot für die Deutschen gebacken.

78 Vgl. »Der erste Massenmord in Pińsk« Anmerkung 43.

79 *Urteil Landgericht Frankfurt gegen Kuhr* u.a., Seite 124: Es gab täglich 300 Gramm Brot für Erwachsene und 150 Gramm für Kinder. Fett und Fleisch wurden überhaupt nicht geliefert.

Boneh, *The Holocaust And The Revolt*, Seite 105: Außer Brot verteilten die Deutschen keine anderen Lebensmittel an die Juden.

80 *Urteil Landgericht Frankfurt gegen Kuhr* u.a., Seite 124: Es gab insgesamt nur sechs Brunnen im Ghetto, und davon waren nur zwei mit Pumpen ausgerüstet.

81 *Enzyklopädie des Holocaust*, Bd. 2, Seite 1113: Der Judenrat unterhielt hier verschiedene öffentliche Einrichtungen, ein Krankenhaus, ein Waisenhaus, eine Suppenküche, einen Ge-

richtshof und ein Gefängnis, sowie einige Geschäfte, in denen die rationierten Nahrungsmittel verkauft wurden.

82 Nach in Yad Vashem vorliegenden Unterlagen gab es im Ghetto in der Grünstraße (Silona Straße) ein Hospital.

83 Boneh, *The Holocaust And The Revolt*, Seite 113: Der Judenrat eröffnete ein Hospital vor der kleinen Kirche in der Nähe des Karlin Friedhofs.

Nach dem im Dokumentenanhang Dokument VII abgedruckten Plan des Ghettos lag dieses Hospital außerhalb des Ghettos.

84 Aus den Sterberegistern des Magistrats, die in Yad Vashem vorliegen, ergibt sich, dass viele Totenscheine bis zur Liquidierung des Ghettos von jüdischen Ärzten ausgestellt wurden. In einigen Fällen ist als Todesursache »Mangel an Nahrung« angegeben.

85 Gerlach, *Kalkulierte Morde*, Seite 673: Aus allen Ghettos werden Hungertote gemeldet. In Pińsk dürfte es seit der Ghettobildung am 1. Mai 1942 besonders schlimm gewesen sein.

Urteil Landgericht Frankfurt gegen Kuhr u.a., Seite 124: Viele starben an Hunger. An manchen Tagen gab es bis zu 50 Tote im Ghetto.

86 *Enzyklopädie des Holocaust*, Bd. 2, Seite 1113: Es gab eine Widerstandsgruppe im Pińsker Ghetto, der etwa 50 Männer angehörten. 20 von ihnen flohen in den Wald, kamen jedoch auf Druck des Judenrats wieder zurück, weil als Reaktion auf die Flucht eine Bestrafung des ganzen Ghettos befürchtet wurde.

87 Andreas Hollender in: Projektgruppe Belarus im Jugendclub Courage Köln *»Dann kam die deutsche Macht«*, Seite 125: Jüdischer Widerstand in den Städten und die jüdische Partisanenbewegung wurden im Gegensatz zum sowjetischen Widerstand nicht von außen organisiert, sondern begannen

in den westweißrussischen Ghettos in Białystok, Grodno, Nowogrudok und Pińsk, die die Besatzungsbehörden einrichteten. Träger des Widerstands waren dort in der Hauptsache Mitglieder linker zionistischer Gruppen (z.B. Haschomer Hazair – Junge Garde), des Bund (einer bis 1939 in Polen existierenden sozialdemokratischen jüdischen Partei) und einige Kommunisten. Ziel war die Verhinderung der völligen physischen Vernichtung der jüdischen Bevölkerung. Dabei wurde die Taktik verfolgt, erst in dem Moment den offenen Kampf zu beginnen, in dem die Räumung der Ghettos beginnen würde. Bis dahin beschränkten sich die Untergrundgruppen auf das Sammeln von Waffen sowie Propaganda- und Sabotageaktionen außerhalb des Ghettos. Es wurde versucht, die Existenz des Untergrunds auch unter der Ghettobevölkerung geheim zu halten, da die KämpferInnen auch dort nicht vor Denunziationen sicher waren und sie die Existenz der Ghettos nicht durch vorzeitige Aktionen gefährden wollten.

88 Gerlach, *Kalkulierte Morde*, Seite 388: In Pińsk konnte ein industrieller Kern festgestellt werden, der auf dem Grundstoff Holz aufbaute. Dazu gehörte das Sperrholzwerk Tobal mit anfangs 450, später 1 100 Arbeitskräften und einem Ausstoß von monatlich 300 m^3, die Zündholzfabrik, die mit mindestens 500 Leuten 500 000 Schachteln am Tag produzierte, früher eine der größten der Sowjetunion beziehungsweise Polens, und die sogenannte Staatswerft mit zuerst 400, dann 900 Beschäftigten. Viele dieser Arbeiter und Arbeiterinnen waren Juden.

89 Boneh, *The Holocaust And The Revolt*, Seite 117: Jedes kleines bisschen Fett, das unter Einsatz des Lebens durch die Ghettotore oder unter dem Zaun hindurch ins verhungernde Ghetto geschmuggelt wurde, jedes Stückchen Brot oder jede Hand voll Kartoffeln oder Graupen, die Kinder vom nächsten Dorf brachten, indem sie unter dem Stacheldrahtzaun hindurchkrochen, war eine Großtat von Mut, ein Akt des Widerstandes gegen den satanischen Plan der Nazis, die Juden durch Hunger und Krankheit zu vernichten.

90 Boneh, *The Holocaust And The Revolt*, Seite 112: Das Lieblingsspiel der Kinder wurde »Beerdigungen«. Sie bedeckten einen Stuhl mit einem Stück schwarzen Stoffs und simulierten Schreien und Weinen.

91 Boneh, *The Holocaust And The Revolt*, Seite 114: Wenn sich Menschen begegneten, sprachen sie über zwei Themen: Brot und wie lange sie noch zu leben haben. Das zweite Thema endete meist mit dem Wunschdenken: »Mögen wir den Untergang der Nazis sehen, bevor wir sterben«.

92 Boneh, *The Holocaust And The Revolt*, S. 114: Irgendwie haben die Deutschen die Juden nicht gezwungen, am Schabbat zu arbeiten.

93 Gerlach, *Kalkulierte Morde*, Seite 715 ff: Anfang Oktober 1942 existierte im Polesje nur noch eine jüdische Gemeinde, die damals größte in Weißrussland überhaupt: das Ghetto in Pińsk. Am 12. September 1942 bezifferte der Wehrmachtsbefehlshaber Ukraine die Zahl der Ghettobewohner auf bis zu 27 000. Die Vernichtung dieses Ghettos wurde in der Forschung als typisches Beispiel für eine Judenvernichtungsaktion angesehen, die Himmler persönlich anordnete. Himmler erteilte am 27. Oktober 1942 den Befehl zur Vernichtung des Ghettos. (Wortlaut des Befehls siehe Dokumentenanhang Dokument VIII.)
Es handelt sich aber keineswegs um einen einsamen Entschluss Himmlers, da Reichskommissar Koch diese Weisung schon mindestens sieben Wochen früher gegeben hatte. Außerdem dauerte die Aushebung der neun Massengräber von jeweils mindestens 40 Metern Länge, vier Metern Breite und drei Metern Tiefe 15 Tage, hatte also lange vor dem 27. Oktober begonnen.

Ein deutscher Soldat will mich retten

94 Absolon, *Die Wehrmacht im Dritten Reich,* Bd. V, Seite 183 ff; Bd. VI, Seite 417: Die Sonderführer. Für bestimmte Arbeitsgebiete, die besondere Fachkenntnisse erforderten,

wurden während des Krieges Personen ohne oder mit nur geringer militärischer Ausbildung aufgrund ihrer zivilen Fachkenntnisse und führenden Stellungen außerhalb der Wehrmacht als »Sonderführer« in Offizierstellen der Stellengruppen Z bis B eingesetzt. Sie wurden wie jeder Wehrpflichtige zum aktiven Wehrdienst einberufen und waren damit Soldaten im Sinne des Wehrgesetzes. Ihre Verwendung als Sonderführer sollte nur eine Übergangsmaßnahme darstellen und auf ein Mindestmaß beschränkt bleiben.
Sonderführer wurden nach den Bestimmungen der HDv g 151 – Mob.Plan – Anlage 12 zu Ziff. 91 mit einer jederzeit widerruflichen Kriegsstelle beliehen, wenn und solange für die Besetzung der Stelle kein geeigneter Offizier vorhanden war oder überragende Fachkenntnisse für die Wehrmacht nutzbar gemacht werden sollten.
Für die Dauer der Beleihung mit Offizierstellen erhielten Sonderführer den ihrer Beleihung zukommenden Offizierrang, jedoch keinen Offizierdienstgrad. Die Anrede lautete allgemein »Herr Sonderführer«.
Sonderführer konnten nach entsprechender Ableistung von Truppendienst im militärischen Dienstgrad aufrücken. Als Truppendienst rechnete auch die Dienstleistung als Sonderführer in einer Offizierstelle bei folgenden Einheiten des Feldheeres:
(…)
Feldwasserstraßen-Abt.
Günter Krüll war von Beruf Schiffsbauingenieur.

95 Wiesenthal, *Jeder Tag ein Gedenktag*: 2. Juni 1942: Die Juden des Ghettos B in Kobryn werden in Haft genommen und nach Bronna Gora deportiert. Dort bringen SS-Leute sie um. Im Ghetto A findet eine Selektion statt. Auf diese Weise wird die Hälfte der jüdischen Bevölkerung von Kobryn ermordet.
6. Juni 1942: SS und örtliche Polizei ermorden in Kobryn bei einer dreitägigen Aktion fast 4 000 Juden.
25. Juli 1942: 2 000 Juden aus dem Ghetto von Kobryn werden von den Nazis ermordet.

96 Boneh, *The Holocaust And The Revolt*, Seite 117: Vor Jom Kippur 1942 kamen Flüchtlinge aus dem nahe gelegenen Ort Pohost-Zagorodzki und berichteten vom bitteren Ende ihrer Gemeinde.

97 Vergleiche Kapitel »Meine Familie« Anmerkung 5.

98 Nach der 1. Verordnung zum Reichsbürgergesetz vom 14. November 1935 wäre Eruchim-Fischl dann kein Volljude sondern ein »Mischling« gewesen.

Die Ermordung der Juden im Ghetto Pińsk und meine Rettung

99 Boneh, *The Holocaust And The Revolt*, Seite 119: Am 22. Oktober verbreitete sich ein Grücht im Ghetto, dass auf dem Flugplatz Dobrowole lange und tiefe Gräben ausgehoben würden, und dass dort nur Nichtjuden beschäftigt würden. Es war auch bekannt, dass dort eine Wagenladung Kalk abgeladen worden war und dass man eine Wasserleitung gelegt hatte.
(Es handelt sich um den Flugplatz Dobrayavola, etwa fünf Kilometer nordöstlich von Pińsk, der zur Ortschaft Galewo gehörte.)

100 *Deutsch-Russisches Museum Berlin:* Die erste Aktion erfolgte vom 29. Oktober bis 1. November 1942. Während der Liquidierung wurde das Ghetto von der 1. Kompanie des Polizeibataillons 306 bewacht. Den Kompanieangehörigen wurde der Befehl erteilt, das Entweichen von Ghettobewohnern zu verhindern.
In Kolonnen von etwa 150 Menschen wurde die Mehrzahl der Ghettobewohner von SD-Angehörigen und berittener Polizei aus dem Ghetto zu bereits ausgehobenen Gruben außerhalb der Stadt geführt, wo sie erschossen wurden.

Zu »Erfahrungsberichten« von Beteiligten siehe Dokumentenanhang Dokument IX und Dokument X.

101 *Urteil Landgericht Frankfurt gegen Kuhr* u.a., Seite 133: Die Opfer wurden zu den etwa 4 Kilometer vom Ghetto entfernten neun Gruben getrieben, die jeweils eine Breite von vier Metern, eine Tiefe von drei Metern und eine Länge von 50 Metern hatten.

102 *Encyclopaedia Judaica:* Pińsk: Am 28. Oktober 1942 fand die letzte Aktion statt, und alle Pińsker Juden bis auf 150 Handwerker wurden getötet.
Während der Aktion machte die Widerstandsgruppe den verzweifelten Versuch, den Gürtel der deutschen Soldaten zu durchbrechen. Einigen gelang es, den Wald zu erreichen, aber sie wurden von der örtlichen Bevölkerung eingefangen. Sehr wenigen gelang es, die Partisanen zu erreichen.
Am 23.12.1942 wurden die verbliebenen 150 Handwerker auf dem örtlichen Friedhof exekutiert. Das Ghetto war liquidiert.

103 *Deutsch-Russisches Museum Berlin*: Am zweiten Tag der Massenvernichtung wurden auch innerhalb des Ghettos Menschen getötet. So wurden Kranke und Gebrechliche aus den Fenstern der oberen Etagen des jüdischen Krankenhauses geworfen und im Hof des Krankenhauses erschlagen oder erschossen. An diesen Verbrechen waren auch einzelne Angehörige der Wachkompanie beteiligt. In einer Holzbaracke wurden die Angehörigen des Judenrates erschossen. Insgesamt dürfte es sich um etwa 200 bis 300 im Ghetto ermordete Menschen gehandelt haben.

104 Boneh, *The Holocaust And The Revolt*, Seite 125 ff: Als das Ghetto im Oktober 1942 liquidiert wurde, wählten die Nazis 143 Handwerker aus, die sie im neu eingerichteten sogenannten kleinen Ghetto unterbrachten. Am 23. Dezember 1942 wurden alle Insassen des kleinen Ghettos ermordet.

105 Pjotr Ruwinowitsch geht bei seinen Angaben von der Gesamtzahl der Juden aus, die sich nach dem 1. Mai 1942 im Ghetto aufgehalten hat, und die er mit 28 000 angibt. Wenn er bei der Liquidierung des Ghettos auch diese Zahl nennt,

hat er die täglich verstorbenen oder erschossenen Juden nicht gesondert gezählt.
Das Archiv von Yad Vashem geht von 17 000 bis 18 000 Ermordeten aus.
Die Angaben über die Zahl der Ermordeten schwanken. Eine Zusammenstellung verschiedener Angaben enthält Dokument XI im Dokumentenanhang.

Mit einem neuen Namen in Kiew

106 Bogdan Chmelnitzki war der Anführer des Kosakenaufstandes gegen den polnischen Adel und die jüdische Mittelschicht in den Jahren 1648/49 in der Ukraine. Der Aufstand forderte viele Todesopfer unter den Juden Osteuropas und leitete eine Phase des allgemeinen Niedergangs sowie messianische Hoffnungen ein.

Nach der Befreiung durch die Rote Armee

107 Nach dem Zweiten Weltkrieg wurde die polnische Armee von der Sowjetunion beherrscht. Bis 1956 waren viele hohe Offiziere Sowjetbürger.

108 Schulman, *Die Schreie meines Volkes*, Seite 263: 3. Juli 1944: Sowjetische Truppen befreien das Partisanengebiet der Brigade Molotow; die Nazis werden endgültig vertrieben. Die Partisanen der Brigade Molotow befreien die Stadt Pińsk.

Boneh, *The Holocaust And The Revolt*, Seite 129: Am 14 Juli 1944 befreite die Rote Armee Pińsk. 17 ausgezehrte Juden kamen aus ihren Verstecken.

109 Wiehn, *Die Schoh von Babij Jar*, Seite 15: Am 29. und 30. September 1941, in den letzten der zehn Bußtage vor Jom Kippur, dem Versöhnungstag als höchstem jüdischen Feiertag, erschossen deutsche Sonderkommandos in Kiew-Babij Jar 33 771 Menschen, jüdische Kinder, Frauen und Männer. Nur einige wenige konnten dem Inferno durch Zufall entkommen.

Bis zur Befreiung Kiews durch die Rote Armee am 5. November 1943 dürften in Babij Jar mindestens 150 000 Menschen ermordet worden sein, darunter wahrscheinlich mehr als 80 000 Juden aus Kiew und Umgebung.

110 *Encyclopaedia Judaica:* Pińsk: Nach dem Krieg wurde unter dem Sowjetregime das jüdische Gemeindeleben in Pińsk nicht erneuert, obwohl jüdische Familien dort siedelten. 1970 wurde die jüdische Bevölkerung auf 1 500 geschätzt.
Es gab keine Synagoge. Das letzte Gebetshaus wurde 1966 von der Polizei geschlossen.
Der alte Karlin-Friedhof, von den Nazis entweiht, wurde 1959 von den Sowjetbehörden in einen Park verwandelt. Die Juden kamen der Aufforderung der Behörden, die Gebeine zu exhumieren, um sie auf dem Pińsker Friedhof wieder zu bestatten, nicht nach.
Nach Auskunft von Pjotr Ruwinowitsch handelt es sich um den Friedhof, der innerhalb des Ghettos lag.

111 Diana Siebert in: Projektgruppe Belarus im Jugendclub Courage Köln, *»Dann kam die deutsche Macht«*, Seite 190: In der BSSR (Belorussische Sozialistische Sowjetrepublik) wurde die Vernichtungspolitik der Nazis auf Faschismus und Antikommunismus reduziert. Im Minsker Museum der Geschichte des Großen Vaterländischen Kriegs wurde die Existenz der Konzentrationslager und Ghettos nur mit ein, zwei Objekten erwähnt, während die Tätigkeit der Partisanen und der heldenhafte Kampf aller Waffengattungen hervorgehoben wurde. Dasselbe ist bei der Denkmalpflege zu sehen: während die Vernichtung der – belarussischen – Landbevölkerung durch Monumente wie das von Chatyn in Erinnerung gehalten wird, wurde die Erinnerung an den Genozid an den Juden nicht wach gehalten. Auch in den Geschichtsbüchern und Bildbänden über den zweiten Weltkrieg finden wir dieses Ungleichgewicht. Im Ergebnis sind heutzutage sogar BelarussInnen immer wieder erstaunt, wenn man ihnen erzählt, dass vor hundert Jahren die Mehrheit der Stadt- und Schtetlbevölkerung Juden waren.

112 Die in Yad Vashem verzeichneten Überlebenden sind:
1. Malkah Schenberg-Finkel,
2. ihre 9-jährige Tochter Renya,
3. ihr Schwager Mark Schenberg,
4. dessen Freund Sioma Yelinski,
5. Tamara (Tema) Kobrinchuk-Garbuz,
6. ihr 6-jähriger Sohn Hayim,
7. ihre Schwägerin Fira Silberman-Tantzman,
8. deren 16jähriger Sohn Lolek,
9. Milya Cohen-Ratnovsky,
10. ihre Mutter Zlata Ratnovsky,
11. der Bäcker Cooper,
12. seine Frau Havah,
13. seine Tochter Sonya,
14 die Tochter seines Bruders Haya (Chaja),
15. Haya (Chaja) Scherman,
16. Yehoshua Naidich,
17. Julius Preminger,
18. seine Mutter,
19. eine Schwester,
20. eine zweite Schwester,
21. Dina Posker (Schowel Galina Ignatewna),
22. Stanislaw Ziporin,
23. Motl Schuchman,
24. Sara Elstein.

Von einigen dieser Geretteten ist die Geschichte ihrer Rettung bei Boneh, *The Holocaust And The Revolt*, Seite 130 ff aufgeschrieben. Dort sind auch einige Namen erwähnt, die nicht in der Liste von Yad Vashem aufgeführt sind. Die Geschichten sind abgedruckt im Dokumentenanhang Dokument XII.

113 *Enzyklopädie des Holocaust*, Bd. 1, Seite 10 ff: Aktion 1005, Deckname für ein Unternehmen, mit dem die Spuren des Mordes an den Millionen Menschen im besetzten Europa verwischt werden sollten. Die Entscheidung zur Durchführung fiel Anfang 1942 in Berlin. Der Leiter der Aktion 1005, SS-Standartenführer Paul Blobel, entwickelte Systeme für die Verbrennung auf Scheiterhaufen, Einrichtungen zur

Zerkleinerung der Knochen und Methoden zur Verstreuung der Asche.
Das Sonderkommando 1005-Mitte begann seine Tätigkeit mit der Verbrennung der Leichen aus Minsk. Die Einheit setzte ihre Aktion in verschiedenen Städten des Gebietes Minsk und Molodetschno fort, und von dort wurde sie in die Bezirke Brest-Litowsk, Pińsk, Kobrin und Łomiza verlegt.

Vernichtungskrieg. Verbrechen der Wehrmacht 1941 *bis* 1944. Ausstellungskatalog Seite 175: Aussage des ehemaligen SD-Mannes A. Rübe am 28.6.1961:
Es war alles auf Vernichtung eingestellt in Minsk. Den gesamten Umfang habe ich allerdings erst später bei der Enterdung gesehen. Ich habe mir über die Enterdungsstellen Notizen gemacht, die ich zur Vernehmung mitgebracht habe.
(...) Etwa 6 km nördlich von Pińsk, in der Nähe der Ortschaft Halewo, waren 2 Stellen mit Massengräbern. An einer Großstelle lagen ca. 20 000 Leichen und an einer anderen Stelle etwa 1 000 Leichen.

Die Suche nach meinem Retter

114 Auszüge aus der Begrüßungsrede siehe Dokumentenanhang Dokument XIII.

Die Familie meines Retters ist gefunden

115 Günter Krüll hat unter der Nummer 8339 das Diplom »Gerechter unter den Völkern« postum erhalten. Das Diplom und die Medaille wurden am 9. September 1999 in der Israelischen Botschaft in Bonn-Bad Godesberg der Witwe überreicht.

Es gibt drei Hauptkriterien für die Anerkennung als »Gerechter unter den Völkern«:
1. eine konkrete Rettungsaktion oder Hilfe bei der Rettung;

2. unter persönlichem Risiko ausgeführte Hilfeleistungen und
3. für die Rettung oder Hilfe keine Entschädigung verlangt oder erhalten zu haben.

ANHANG

Verzeichnis der Dokumente

Dokument I

Nichtangriffsvertrag zwischen Deutschland und der Union der Sozialistischen Sowjetrepubliken und Geheimes Zusatzprotokoll

Nichtangriffsvertrag zwischen Deutschland und der Union der Sozialistischen Sowjetrepubliken.

Die Deutsche Reichsregierung und die Regierung der Union der Sozialistischen Sowjetrepubliken geleitet von dem Wunsche die Sache des Friedens zwischen Deutschland und der UdSSR zu festigen und ausgehend von den grundlegenden Bestimmungen des Neutralitätsvertrages, der im April 1926 zwischen Deutschland und der UdSSR geschlossen wurde, sind zu nachstehender Vereinbarung gelangt:

Artikel I.

Die beiden Vertragschließenden Teile verpflichten sich, sich jeden Gewaltakts, jeder aggressiven Handlung und jedes Angriffs gegen einander, und zwar sowohl einzeln als auch gemeinsam mit anderen Mächten, zu enthalten.

Artikel II.

Falls einer der Vertragschließenden Teile Gegenstand kriegerischer Handlungen seitens einer dritten Macht werden sollte, wird der andere Vertragschließende Teil in keiner Form diese dritte Macht unterstützen.

Artikel III.

Die Regierungen der beiden Vertragschließenden Teile werden künftig fortlaufend zwecks Konsultation in Fühlung miteinander bleiben, um sich gegenseitig über Fragen zu informieren, die ihre gemeinsamen Interessen berühren.

Artikel IV.

Keiner der beiden Vertragschließenden Teile wird sich an irgend einer Mächtegruppierung beteiligen, die sich mittelbar oder unmittelbar gegen den anderen Teil richtet.

Artikel V.

Falls Streitigkeiten oder Konflikte zwischen den Vertragschließenden Teilen über Fragen dieser oder jener Art entstehen sollten, werden beide Teile diese Streitigkeiten oder Konflikte ausschließlich auf dem Wege freundschaftlichen Meinungsaustausches oder nötigenfalls durch Einsetzung von Schlichtungskommissionen bereinigen.

Artikel VI.

Der gegenwärtige Vertrag wird auf die Dauer von 10 Jahren abgeschlossen mit der Maßgabe, dass, soweit nicht einer der Vertragschließenden Teile ihn ein Jahr vor Ablauf dieser Frist kündigt, die Dauer der Wirksamkeit dieses Vertrages automatisch für weitere fünf Jahre als verlängert gilt.

Artikel VII.

Der gegenwärtige Vertrag soll innerhalb möglichst kurzer Frist ratifiziert werden.[1] Die Ratifikationsurkunden sollen in Berlin ausgetauscht werden. Der Vertrag tritt sofort mit seiner Unterzeichnung in Kraft.

Ausgefertigt in doppelter Urschrift, in deutscher und russischer Sprache.

Moskau, am 23. August 1939.

Für die Deutsche Reichsregierung: v. Ribbentrop

In Vollmacht der Regierung der UdSSR: W. Molotow

1 Der Austausch dert Ratifikationsurkunden fand am 24. September 1939 in Berlin statt.

Geheimes Zusatzprotokoll

Aus Anlass der Unterzeichnung des Nichtangriffsvertrages zwischen dem Deutschen Reich und der Union der Sozialistischen Sowjetrepubliken haben die unterzeichneten Bevollmächtigten der beiden Teile in streng vertraulicher Aussprache die Frage der Abgrenzung der beiderseitigen Interessensphären in Osteuropa erörtert. Diese Aussprache hat zu folgendem Ergebnis geführt:

1. Für den Fall einer territorial-politischen Umgestaltung in den zu den baltischen Staaten (Finnland, Estland, Lettland, Litauen) gehörenden Gebieten bildet die nördliche Grenze Litauens zugleich die Grenze der Interessensphären Deutschlands und der UdSSR. Hierbei wird das Interesse Litauens am Wilnaer Gebiet beiderseits anerkannt.

2. Für den Fall einer territorial-politischen Umgestaltung der zum polnischen Staate gehörenden Gebiete werden die Interessensphären Deutschlands und der UdSSR ungefähr durch die Linie der Flüsse Narew, Weichsel und San abgegrenzt.

Die Frage, ob die beiderseitigen Interessen die Erhaltung eines unabhängigen polnischen Staates erwünscht erscheinen lassen und wie dieser Staat abzugrenzen wäre, kann endgültig erst im Laufe der weiteren politischen Entwicklung geklärt werden.

In jedem Falle werden beide Regierungen diese Frage im Wege einer freundschaftlichen Verständigung lösen.

3. Hinsichtlich des Südostens Europas wird von sowjetischer Seite das Interesse an Bessarabien betont. Von deutscher Seite wird das völlige politische Desinteressement an diesen Gebieten erklärt.

4. Dieses Protokoll wird von beiden Seiten streng geheim behandelt werden.

Moskau, den 23. August 1939

Für die Deutsche Reichsregierung: v. Ribbentrop

In Vollmacht der Regierung der UdSSR: W. Molotow

Dieses geheime Zusatzprotokoll wurde am 28. September 1939 wie folgt geändert:

Geheimes Zusatzprotokoll

Die unterzeichneten Bevollmächtigten stellen das Einverständnis der Deutschen Reichsregierung und der Regierung der UdSSR über folgendes fest:
Das am 23. August 1939 unterzeichnete geheime Zusatzprotokoll wird in seiner Ziffer 1 dahin abgeändert, dass das Gebiet des litauischen Staates in die Interessensphäre der UdSSR fällt, weil andererseits die Woiwodschaft Lublin und Teile der Woiwodschaft Warschau in die Interessensphäre Deutschlands fallen (vgl. die Karte zu dem unterzeichneten Grenz- und Freundschaftsvertrag). Sobald die Regierung der UdSSR auf litauischem Gebiet zur Wahrnehmung ihrer Interessen besondere Maßnahmen trifft, wird zum Zwecke einer natürlichen und einfachen Grenzziehung die gegenwärtige deutsch-litauische Grenze dahin rektifiziert, dass das litauische Gebiet, das südwestlich der in der anliegenden Karte eingezeichneten Linie liegt, an Deutschland fällt.
Ferner wird festgestellt, dass die in Geltung befindlichen wirtschaftlichen Abmachungen zwischen Deutschland und Litauen durch die vorstehend erwähnten Maßnahmen der Sowjetunion nicht beeinträchtigt werden sollen.

Moskau, den 28. September 1939

Für die Deutsche Reichsregierung: v. Ribbentrop

In Vollmacht der Regierung der UdSSR: W. Molotow

Quelle: Gerhard Hass: 23. August 1939. Der Hitler Stalin Pakt.

Dokument II

Geheimes Zusatzprotokoll vom 28. September 1939 zum Nichtangriffsvertrag zwischen Deutschland und der Union der Sozialistischen Sowjetrepubliken

(Am 28. September 1939 wurde der Hitler-Stalin-Pakt durch ein weiteres geheimes Zusatzprotokoll ergänzt.)

Geheimes Zusatzprotokoll

Die unterzeichneten Bevollmächtigten haben bei Abschluß des deutsch-sowjetischen Grenz- und Freundschaftsvertrages ihr Einverständnis über folgendes festgestellt:
Beide Teile werden auf ihren Gebieten keine polnische Agitation dulden, die auf die Gebiete des anderen Teiles hinüberwirkt. Sie werden alle Ansätze zu einer solchen Agitation auf ihren Gebieten unterbinden und sich gegenseitig über die hierfür zweckmäßigen Maßnahmen unterrichten.

Moskau, den 28. September 1939.

Für die Deutsche Reichsregierung: v. Ribbentrop

In Vollmacht der Regierung der UdSSR: W. Molotow

Quelle: Gerhard Hass, 23. August 1939. Der Hitler Stalin Pakt.

Dokument III

Rundfunkrede Molotows vom 22.6.1941

Bürger und Bürgerinnen der Sowjetunion!

Die Sowjetregierung und ihr Oberhaupt, Genosse Stalin, haben mich beauftragt, folgende Erklärung abzugeben:
Heute, um 4 Uhr früh, überfielen die deutschen Truppen, ohne bei der Sowjetunion irgendwelche Ansprüche erhoben zu haben, ohne Kriegserklärung unser Land, indem sie unsere Grenzen an vielen Stellen angriffen und mit ihren Flugzeugen unsere Städte Shitomir, Kiew, Sebastopol, Kaunas und einige andere bombardierten, wobei über 200 Personen getötet und verwundet wurden. Auch von rumänischem und finnischem Gebiet aus wurden feindliche Luftangriffe und Artilleriebeschießungen unternommen.
Dieser unerhörte Überfall auf unser Land stellt einen in der Geschichte der zivilisierten Völker beispiellos dastehenden Treubruch dar. Der Überfall auf unser Land wurde unternommen, trotzdem zwischen der Sowjetunion und Deutschland ein Nichtangriffsvertrag abgeschlossen war und die Sowjetregierung alle Bedingungen dieses Vertrages mit voller Gewissenhaftigkeit einhielt. Der Überfall auf unser Land wurde unternommen, trotzdem die deutsche Regierung während der ganzen Gültigkeitszeit dieses Vertrages kein einziges Mal auch nur einen einzigen Anspruch an die Sowjetunion bezüglich der Einhaltung des Vertrages erheben konnte. Die ganze Verantwortung für diesen räuberischen Überfall auf die Sowjetunion lastet voll und ganz auf den deutschen faschistischen Machthabern.
Erst nach verübtem Überfall gab der deutsche Botschafter in Moskau, Schulenburg, mir als Volkskommissar für Auswärtige Angelegenheiten um 5 Uhr 30 Minuten früh im Namen seiner Regierung eine Erklärung darüber ab, dass die deutsche Regierung beschlossen hat, in Verbindung mit der Zusammenziehung

von Truppenteilen der Roten Armee an der deutschen Ostgrenze, den Krieg gegen die Sowjetunion zu beginnen.
In Beantwortung dessen erklärte ich im Namen der Sowjetregierung, dass die deutsche Regierung bis zur letzten Minute keinerlei Ansprüche an die Sowjetregierung gestellt hat, dass Deutschland ungeachtet der friedliebenden Position der Sowjetunion einen Überfall auf die Sowjetunion verübt hat und dass das faschistische Deutschland somit die angreifende Seite ist.
Im Auftrag der Regierung der Sowjetunion muss ich ferner erklären, dass unsere Truppen und unsere Luftwaffe an keinem einzigen Punkt eine Verletzung der Grenze verübt haben, und dass deshalb die heute früh erfolgte Erklärung des rumänischen Rundfunks, dass die Sowjetluftwaffe angeblich rumänische Flugplätze beschossen habe, von Anfang bis Ende eine Lüge und Provokation darstellt. Eine ebensolche Lüge und Provokation ist die ganze heutige Deklaration Hitlers, der den Versuch macht, hinterher ein Anklagematerial über die Nichteinhaltung des sowjetisch-deutschen Pakts seitens der Sowjetunion zusammenzubrauen.
Jetzt, da der Überfall auf die Sowjetunion schon zur Tatsache geworden ist, hat die Sowjetregierung unseren Truppen den Befehl erteilt, den räuberischen Überfall zurückzuschlagen und die deutschen Truppen vom Territorium unserer Heimat zu vertreiben.
Dieser Krieg ist uns nicht vom deutschen Volk, nicht von den deutschen Arbeitern, Bauern und Intellektuellen aufgezwungen, deren Leiden wir sehr gut verstehen, sondern von der Clique der blutrünstigen faschistischen Machthaber Deutschlands, die die Franzosen, Tschechen, Polen, Serben, Norwegen, Belgien, Dänemark, Holland, Griechenland und andere Völker unterjocht haben.
Die Regierung der Sowjetunion bringt die unerschütterliche Zuversicht zum Ausdruck, dass unsere ruhmvolle Armee und Flotte und die kühnen Falken der Sowjetluftwaffe ihre Pflicht der Heimat, dem Sowjetvolk gegenüber in Ehren erfüllen und dem Aggressor einen vernichtenden Schlag zufügen werden.
Es ist nicht das erste Mal, dass es unser Volk mit einem übermütigen angreifenden Feind zu tun hat. Seinerzeit antwortete unser Volk auf den Feldzug Napoleons gegen Russland mit dem Vaterländischen Krieg, und Napoleon erlitt eine Niederlage und erlebte

seinen Zusammenbruch. Dasselbe wird mit dem außer Rand und Band geratenen Hitler geschehen, der einen neuen Feldzug gegen unser Land verkündet hat. Die Rote Armee und unser ganzes Volk werden wieder einen siegreichen Vaterländischen Krieg für die Heimat, für die Ehre, für die Freiheit führen.

Die Regierung der Sowjetunion bringt die feste Überzeugung zum Ausdruck, dass die ganze Bevölkerung unseres Landes, alle Arbeiter, Bauern und Intellektuellen, Männer und Frauen sich mit dem gebührenden Bewusstsein zu ihren Pflichten, zu ihrer Arbeit verhalten werden. Unser ganzes Volk muss jetzt einig und geschlossen sein, wie noch nie. Jeder von uns muss von sich selber und von anderen die Disziplin, die Organisiertheit und den Opfermut fordern, die eines wahren Sowjetpatrioten würdig sind, um alle Bedürfnisse der Roten Armee, der Flotte und der Luftflotte zu befriedigen, um den Sieg über den Feind zu sichern.

Die Regierung ruft Euch, Bürger und Bürgerinnen der Sowjetunion auf, Eure Reihen noch enger um unsere ruhmvolle bolschewistische Partei, um unsere Sowjetregierung, um unseren großen Führer, Genossen Stalin, zu schließen.

Wir kämpfen für eine gerechte Sache. Der Feind wird zerschlagen werden, der Sieg wird unser sein!

Quelle: Überschär, Der Überfall auf die Sowjetunion, Seite 271 ff.

Dokument IV

Jenseits des Krieges. Verbrechen der Wehrmacht. Besucher der Ausstellung und ihre Reaktionen

Interview eines Besuchers:

Frage: Sie sind hierher gekommen, um sich die Ausstellung anzuschauen. Warum kommen Sie und schauen so etwas eigentlich an?

Antwort: Na, um das wieder zu sehen, was ich selbst erlebt habe. Es stimmt hundertprozentig.

Frage: Haben Sie da was gesehen?

Antwort: Ja natürlich, ich war bei einer Luftwaffen Felddivision und man hat dann, wenn man einen Ort erobert hat, Freiwillige gesucht. Ich hab mich nicht dazu gemeldet. Und die sind dann stolzgeschwellt zurückgekommen, jetzt haben wir wieder zwanzig erschossen. Die haben sich richtig gefreut darüber. Es war die typische Mentalität des deutschen Soldaten.

Frage: Waren das die meisten, die sich freiwillig gemeldet haben zu Erschießungen?

Antwort: Es wurde immer nur eine gewisse Anzahl gebraucht. Sie brauchten zwanzig Leute, es wären auch hundert möglich gewesen, die Leute waren da. Es haben sich immer die selben hemdsärmeligen Typen gemeldet, die heute sozusagen den Söldner abgeben.

Frage: Wo war das?

Antwort: Das war in Pińsk, in Polen. Dort sind auch am Marktplatz die Galgen gewesen mit den aufgehängten Leuten. Ich war einmal in einer Kirche drinnen, die haben mich alle glutvoll angestarrt, die Einheimischen, als wär' ich der letzte Dreck. Irgendwie haben sie nicht Unrecht gehabt. Danke.

Quelle: Sendung 3sat vom 22.11.1998 von der Ausstellung in Wien.

Dokument V

Zusammenstellung von Angaben zum ersten Massenmord in Pińsk

Edelheit, A World In Turmoil: 5. bis 8. August 1941: Mindestens 11 000 Juden wurden in Pińsk während eines Zeitraums von vier Tagen ermordet.

Boneh, The Holocaust And The Revolt, Seite 106 ff: Am 5. und 7. August 1941 fand die erste große Mordaktion in Pińsk statt. Am ersten Tag wurden auf einem Kartoffelacker in der Nähe des Dorfes Posenicz 8 000 männliche Juden im Alter von 16 bis 60 Jahren ermordet. Am zweiten Tag wurden 2 500 bis 3 000 Menschen ermordet, einschließlich Kinder und alte Menschen.

Raul Hilberg, Die Vernichtung der europäischen Juden, Bd. 2, Seite 344: Ein Kommando des BdS Generalgouvernement meldete die Liquidierung von 4 500 Juden in Pińsk, weil ein Jude auf einen örtlichen Milizangehörigen Schüsse abgegeben habe und ein weiterer Milizsoldat tot aufgefunden worden sei. (Anm.: RSHA IV-A-1, Ereignismeldung USSR Nr. 58, 20. August 1941, NO-2846).

Simon Wiesenthal, Jeder Tag ein Gedenktag: 4. August 1941: Einen Monat nach dem deutschen Einmarsch in Pińsk, heute Weißrussische SSR, wo 20 000 Juden leben, werden 8 000 von ihnen zu vorbereiteten Gräbern geführt und ermordet. Einigen, die nicht tot sind, gelingt es, sich aus den Leichenhaufen zu befreien und zu fliehen. In Pińsk gab es seit dem 15. Jahrhundert Juden.

Wassili Grossman, Ilja Ehrenburg, Das Schwarzbuch, Seite 1031: In der Stadt Pińsk (Ostpolen) wurden innerhalb von drei Tagen von 20 000 Juden 4 500 Männer ermordet (5.-7. August 1941). Anderen Quellen zufolge lebten im Ghetto von Pińsk ungefähr 30 000 Juden und ungefähr 15 000 von ihnen wurden getötet.

Enzyklopädie des Holocaust, Bd. 2, Seite 1113: PIŃSK: Unter dem Vorwand, dass man sie für Reparaturarbeiten an der Eisenbahnlinie brauche, wurden am 5. August 1941 8 000 jüdische Männer zusammengetrieben, darunter auch 20 Mitglieder des Judenrats und ihr Vorsitzender. Sie wurden aus der Stadt verschleppt und ermordet. Zwei Tage später trieben die Deutschen weitere 2 500 bis 3 000 Männer zusammen, darunter auch alte Männer und Kinder. Man brachte sie zu offenen Massengräbern und erschoss sie.

Ulrich Herbert, Nationalsozialistische Vernichtungspolitik 1939-1945, Seite 278: ...SS-Kavallerie-Brigade. (...) Insgesamt ermordete die Brigade bis Mitte August 1941 zwischen Baranowitschi und Pińsk mindestens 15 000 Menschen – zu 95% Juden. In den meisten betroffenen Orten wurde wiederum die jüdische Intelligenz im weiteren Sinne umgebracht. Das SS-Kavallerie-Regiment 1 tötete dagegen alle Juden in einigen kleinen Marktflecken, während es sie in anderen Orten ganz verschonte.
Das Regiment 2 erschoss in Pińsk am 5. August 4 000 - 8 000 jüdische Männer, zwei oder drei Tage später in einer gesonderten Aktion 2 000 Frauen, Kinder und alte Leute.[1]

Gerlach, Kalkulierte Morde, Seiten 561 u. 563: Der Judenrat registrierte 6 500 Vermisste, 4 500 nach der ersten und 2 000 nach der zweiten Aktion.
(...) In Pińsk kann der Ablauf am besten rekonstruiert werden. Am 5. August hat dort die Reitende Abteilung des SS-Kavallerie-Regiments 2 mit Unterstützung der Sipo-Einsatzgruppe zbV nach Zeugenaussagen 5 000 bis 8 000 Männer etwa zwischen 18 und 55 Jahren zusammengetrieben, nach außerhalb geführt und erschossen, und zwar besonders jüngere Männer. Zwei oder drei Tage später gab es noch eine Erschießung von etwa 2 000 Men-

1 Erkenntnisse aus dem Verfahren ZstL 204 AR-Z 393/59 und LG Braunschweig 2 Ks 1/63, in: Staatsarchiv Wolfenbüttel 62 Nds Fb. 2, Nr. 1264 ff.

schen, und hier wurden Kinder zwischen sechs und 13 oder zehn und 13 Jahren, vornehmlich Jungen, sowie Männer über 60 und Frauen ermordet.[2] Wie erwähnt, landete Bach-Zelewski einmal mit seinem Flugzeug der Marke Fieseler Storch direkt neben dem Exekutionsplatz. Über diese Massaker gab es unter in Pińsk stationierten Wehrmachtsoldaten heftige Diskussionen: die Mehrheit bejahte sie.[3]

2 Bei den genannten Altersgrenzen gehen die Aussagen auseinander, im Grundsatz ist am Sachverhalt aber nicht zu zweifeln.
3 Vergleiche die Erinnerungen Erich Mireks: In den Wäldern Belorusslands (Siehe Dokument VI)

Dokument VI

Erich Mirek: Enthüllung faschistischer Grausamkeiten

Aus: »In den Wäldern Belorusslands«, Seite 175 bis 179

Die 293. Infanteriedivision der Wehrmacht, der ich angehörte, stieß gleich zu Beginn des Überfalls auf die Sowjetunion bei Brest über den Bug und rückte dann über die Stadt Pińsk bis zu den Pripjatsümpfen vor. Aufgrund meines Berufs als Kraftfahrzeughandwerker war ich bei einem kleinen Instandhaltungstrupp eingesetzt. Da die Sümpfe für unsere Fahrzeuge unpassierbar waren, blieb ich mit den Wagen in Pińsk.

War es für mich als deutschen Kommunisten schon entsetzlich, als Soldat am faschistischen Krieg teilzunehmen, so empfand ich es als etwas ganz Ungeheuerliches, nun gegen das Land des Sozialismus marschieren zu müssen. Obwohl die faschistische Wehrmacht gerade erst in die Sowjetunion eingefallen war, merkten wir, daß sich der Widerstand organisierte und daß sich in den Wäldern Partisanengruppen bildeten. Auf den Autostraßen lagen plötzlich riesige Baumstämme oder andere Hindernisse. Der Kraftfahrzeugoffizier unseres Divisionsstabes, ein Leutnant Kalbfell, war bisher mit seinem Mercedes immer stolz an der Spitze unserer Kolonne gefahren. Als er aber merkte, daß wir Gegenden durchfuhren, die partisanenverdächtig waren, ließ er uns vorfahren und blieb selbst am Ende.

Durch meine Arbeit beim Instandhaltungstrupp für Kraftfahrzeuge war ich beweglicher als viele andere Soldaten, da ich oft Dienstfahrten zu machen hatte, um Kraftfahrzeuge und Ersatzteile zu besorgen. Ich wurde nach Berlin und in viele okkupierte Gebiete der Sowjetunion geschickt. Überall bemühte ich mich, Kontakte zur Bevölkerung zu finden, um zu zeigen, daß es auch Deutsche gab, die anders dachten als die Faschisten.

Dabei bediente ich mich einer besonderen Methode.
Ich hatte von 1930 bis 1933 in Berlin der kommunistischen Agitpropgruppe Rotes Sprachrohr angehört. Dort sangen wir auch viele revolutionäre sowjetische Lieder. Nun summte ich diese oder sang sie vor mich hin, um mich den Sowjetmenschen als Antifaschist zu erkennen zu geben. Mit dieser Methode hatte ich oft Erfolg. So auch in Pińsk, wo ich auf diese Weise eine jüdische Familie kennenlernte. Es war eine große Familie. Sehr schnell hatte ich guten Kontakt zu diesen Menschen. Die Tochter war Funktionärin des Komsomol, aus irgendwelchen Gründen im besetzten Gebiet zurückgeblieben. Ich half dieser Familie und auch anderen, wo ich konnte, vor allem mit Lebensmitteln, die ich außerhalb der Stadt einkaufen konnte. Denn mit dem Einzug der faschistischen Wehrmacht durfte die Bevölkerung die Stadt nicht mehr verlassen, und alle Waren wurden knapp.

ALS WEHRMACHTSSOLDAT IM WARSCHAUER GHETTO

Eines Tages bekam ich den Befehl, zur Beschaffung von Ersatzteilen nach Warschau zu fahren. Ich erzählte meinen jüdischen Freunden von diesem Auftrag. Kurz vor der Abfahrt kam die junge Komsomolzin zu mir und bat mich, von einer ihrer Bekannten für deren Eltern ein Bündel mit Kleidern und Lebensmittel nach Warschau mitzunehmen. Selbstverständlich versprach ich, die Sachen zu übergeben. Da ich allein fahren sollte, machte das keine Schwierigkeiten.
In Warschau angekommen, orientierte ich mich auf einem Stadtplan, wo sich die angegebene Adresse befand, und machte mich mit meinem Fahrzeug auf den Weg. Plötzlich stand ich vor der Ghettomauer. Die Straße lag also innerhalb des Ghettos. Auf meine Frage am Ghettotor erfuhr ich von der SS-Bewachung, daß Wehrmachtsangehörige zwar die durch das Ghetto führende Hauptstraße befahren durften, es jedoch nicht gestattet war, von ihr abzubiegen oder sich irgendwo aufzuhalten. Ich erklärte, daß ich nur durchfahren müsse, und gelangte so in das Ghetto hinein. Als ich merkte, daß mir keiner folgte und mich niemand beobachtete, bog ich rasch in eine Seitenstraße ein, um zu der mir angegebenen Adresse zu gelangen.

Ich trat in ein Haus mit einem düsteren Eingang. Der Anblick eines Mannes in Wehrmachtsuniform löste bei den Bewohnern eine regelrechte Panik aus. Gestalten mit hohlen Wangen starrten mich wortlos an und verschwanden blitzschnell. Eine Frau, die mir wie gelähmt im dunklen Hausflur gegenüberstand, fragte ich nach der Familie, zu der ich wollte. Ich hatte Glück: Es war die Mutter meiner Auftraggeberin aus Pińsk. Ich informierte sie, daß ich ein Paket für sie habe. Sie bat mich, in ihre Wohnung zu kommen. Dort gab es zunächst ein riesiges Erschrecken, aber die Frau beruhigte die Familie sofort. Nachdem ich das Paket übergeben hatte, wurde ich von allen umarmt. Besonders der alte Vater küßte mich immer wieder.
Ich wußte nicht, was ich den Menschen in ihrer trostlosen Lage sagen sollte. Viele Grüße und gute Wünsche nahm ich für die Tochter nach Pińsk mit.
Auf der Rückfahrt ging mir das Furchtbare, das ich im Ghetto erblickt hatte, nicht aus dem Sinn. Doch bald sollte ich noch schrecklichere Dinge erleben.

ICH FOTOGRAFIERTE DAS GRAUEN

In Pińsk erwartete mich Entsetzliches. Gerade an dem Tag, an dem ich in Warschau war, hatte die SS mit Massenerschießungen von männlichen Einwohnern der Stadt begonnen. Einer der Soldaten meiner Einheit sagte gleich nach meinem Eintreffen: Du, gestern haben sie hier ein paar tausend Juden erschossen.
Ich hatte schon persönlich erfahren, zu was für Grausamkeiten der Faschismus fähig war, denn im November 1933, zu Beginn der Hitlerherrschaft, war ich verhaftet worden und hatte am eigenen Leibe die Foltermethoden der Gestapo kennengelernt. Was ich aber jetzt erfuhr, schien mir einfach unfaßbar. Ich nahm daher am nächsten Tag ein Motorrad mit Beiwagen und machte mich mit einem Kameraden, der sich schon des öfteren abfällig über die Nazis geäußert hatte, dorthin auf den Weg, wo die Erschießungen stattgefunden hatten. Hier bot sich uns ein schreckliches Bild. Auf dem ein bis eineinhalb Kilometer langen Feld lagen Hunderte und aber Hunderte von Leichen.
Das Gemetzel wurde an diesem Tag und an den nächsten Tagen fortgesetzt. Wie es hieß, hatte man in drei Tagen etwa achttausend Personen der männlichen Bevölkerung – es waren größten-

teils Juden – getötet. Wir wurden Zeugen von furchtbaren Szenen. Die SS-Banditen nahmen ihre Stahlhelme ab, gingen durch die Reihen und zwangen die Opfer, ihre Wertsachen in die Helme zu legen. Ringe, Geld, ja sogar Zahnprothesen mußten abgegeben werden. Die Männer waren völlig hilflos. Wer sich widersetzte, wurde sofort brutal zusammengeschlagen. Die armen Leute waren zusammengeholt worden unter dem Vorwand, daß sie zu bestimmten Arbeiten benötigt würden. Daher folgten sie am ersten Tag verhältnismäßig ruhig den Anweisungen. Erst als die Nachricht von dem furchtbaren Massaker durchsickerte, setzte der Widerstand ein, und viele versuchten, in die Wälder zu flüchten. Mit welchem Zynismus diese Massenmörder ans Werk gingen, dafür ein Beispiel: Die SS-Offiziere ließen sich einige der besten Schuhmacher kommen und befahlen ihnen, in einer Nacht für sie ein Paar Stiefel nach Maß anzufertigen. Am Morgen zogen die SS-Banditen die Stiefel an und trieben die Handwerker zur Erschießung.

Da ich einen Fotoapparat bei mir trug, machte ich zahlreiche Aufnahmen. Ich sagte mir: Die ganze Welt muß von diesen Grausamkeiten erfahren, und ich überlegte, wie und an wen ich den Film weiterleiten sollte.

Als meine sowjetischen Bekannten erfuhren, daß ich wieder in Pińsk war, kamen die Frauen zu mir und flehten mich in ihrer Verzweiflung an, ihre Männer – meist Handwerker, die zuvor für die Wehrmacht gearbeitet hatten – vor dem sicheren Tod zu retten. Sie drückten mir Zettel mit den Namen ihrer Männer und Söhne in die Hand und beschworen mich, etwas zu unternehmen. Mit einem großen Personenwagen, der mir damals zur Verfügung stand, fuhr ich zu der SS-Sondereinheit, die die Männer zusammengetrieben hatte. Die SS-Leute waren alle recht jung, sehr überheblich und offenbar noch stolz auf ihre Untaten.

Ich nannte ihnen die mir übergebenen Namen und erklärte, daß diese Leute für uns einfach unentbehrlich seien. Wenn wir sie nicht herausbekämen, müßten wir Soldaten für die Arbeiten einsetzen, und die hätten ja wohl andere Aufgaben. Es gelang mir tatsächlich, etwa zwanzig Männer zu befreien – eine verschwindend kleine Zahl im Vergleich zu den Tausenden von Getöteten. Aber meine Möglichkeiten waren begrenzt, und ich war glücklich über jeden, den ich dem Tode entreißen konnte. Ich riet den

Leuten, so schnell wie möglich in den weiten Wäldern um Pińsk zu verschwinden. Gewiß haben sich einige von ihnen dann den Partisaneneinheiten angeschlossen. Gern würde ich erfahren, ob sie den Krieg überlebt haben.

Zu den von mir Geretteten gehörten eine Tischlerfamilie mit ihrem zehnjährigen Sohn und ein Schmied von riesiger Statur. Von einer jungen Frau, deren Bild ich noch heute besitze, konnte ich den Vater zurückholen. Unglücklicherweise war ihr Bruder bereits am ersten Tag erschossen worden, und mein Bemühen um ihn kam zu spät. Einige dieser der SS entrissenen Menschen nahm ich in meinem PKW von der Sammelstelle mit. Das wurde von einem der vielen Spitzel gemeldet. Aber die Meldung erreichte nie ihr Ziel, sie verschwand in der Schublade eines Schreibtisches meiner Einheit, dessen Besitzer offensichtlich auch nicht zu den Bewunderern des Hitlerregimes zählte.

In meiner Einheit wurde das Geschehen natürlich heftig diskutiert. Viele bejahten infolge ihrer faschistischen Erziehung die Erschießungen. Ich kann mich erinnern, daß ein Soldat, der mit der Aktion überhaupt nichts zu tun hatte, sich sogar freiwillig zur Verfügung stellte, nachts die Männer aus ihren Wohnungen zu holen. Ich habe offen erklärt, daß ich das Vorgehen der SS für verabscheuungswürdig halte, aber es gab nur wenige, die meine Meinung teilten. In den folgenden Tagen habe ich mich sowenig wie möglich auf der Straße blicken lassen, so schämte ich mich über das verbrecherische Verhalten meiner Landsleute.

Die von mir gemachten Aufnahmen ließ ich später entwickeln, und bei meiner nächsten Dienstreise nach Berlin gab ich sie dem Genossen Walter Husemann, mit dem mich seit unserer gemeinsamen Tätigkeit im Kommunistischen Jugendverband eine enge Freundschaft verband. Walter Husemann gehörte zu der großen Schulze-Boysen/Harnack-Organisation, die im faschistischen Deutschland einen erfolgreichen Widerstandskampf führte. Diese Bilder und eine Schilderung der Grausamkeiten von Pińsk wurden von ihm weitergegeben und sind im Ausland veröffentlicht worden. Nach 1945 erschienen sie auch in der Berliner Zeitung. Meinen Freund und Genossen Walter Husemann sah ich nie wieder. Im Herbst 1942 kamen die Gestaposchergen der Schulze-Boysen/Harnack-Organisation auf die Spur. Über hundertdreißig Antifaschisten wurden verhaftet.

Mehr als fünfzig Männer und Frauen mußten ihren mutigen Kampf mit dem Leben bezahlen, unter ihnen auch Walter Husemann.

Quelle: Erich Mirek

Dokument VII

Pläne des Ghettos Pińsk

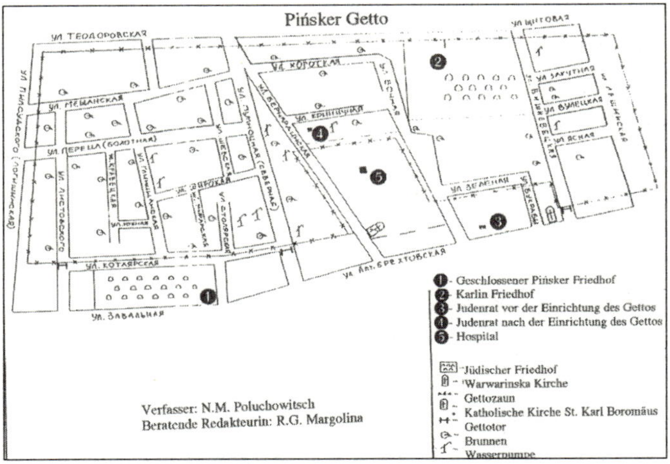

Plan des Ghettos Pińsk (Yad Vashem).

Ein weiterer Plan des Ghettos ist in Boneh, The Holocaust And The Revolt, Seite 111 abgedruckt. Er beschreibt die Grenzen des Ghettos wie folgt:

Im Süden: Zavalna und Albrekhtovska Straße, von Lahishinska (Piłsudskiego) bis Wishniovietska Straße (ein Block vor dem Lishche Wald). Im Osten: Wishniovietska Straße von Albrekhtovska Straße bis Theodorovska Straße. Im Norden: Theodorovska Straße, dem Zaun des Karlin Friedhofes folgend zur Lahishinska Straße. Im Westen: Lahishinska Straße von der Theodorovska Straße bis zur Zavalna Straße.

Die Hauptstraßen Zavalna, Albrekhtovska, Wishniovietska und Lahishinska Straße lagen nicht innerhalb der Ghettogrenzen.

Der Stacheldrahtzaun war entlang den Höfen hinter den Häusern dieser Hauptstraßen gezogen. Gebäude, die im Wege standen, mussten abgerissen werden. Die Gründe dafür waren:
1) Jede Möglichkeit des Kontaktes zwischen Bewohnern des Ghettos und Passanten der oben genannten Straßen zu verhindern.
2) Vor der nichtjüdischen Bevölkerung zu verbergen, was innerhalb des Ghettos geschah.

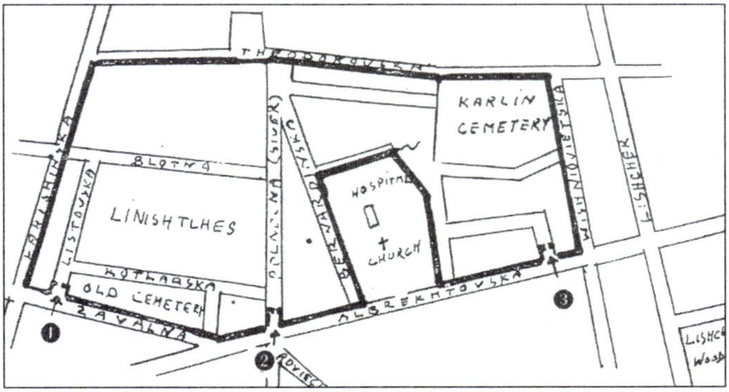

Plan des Ghettos Pińsk (Boneh).

Es gab drei Eingänge ins Ghetto:
1) In der Listovska Straße einige Dutzend Meter von der Ecke Zavalna Straße entfernt.
2) In der Polnotsna Straße (Siver) in einiger Entfernung von der Ecke Albrekhtovska Straße.
3) In der Albrekhtovska Straße hinter der kleinen Kirche.

Nach Angaben von Pjotr Ruwinowitsch waren die drei Ghettotore nur bis zum 1. Mai 1942 geöffnet, als alle Juden ins Ghetto ziehen mussten. Der Umzug der Juden ins Ghetto sollte schnell gehen. Später war nur noch das Tor in der Nordstraße geöffnet, damit man weniger Wachpersonal benötigte.
Es stimme auch nicht, dass in den Hinterhöfen des Ghettos so viele Brunnen waren. Es gab nur zwei Wasserpumpen im Ghetto.

Dokument VIII
Befehl von Heinrich Himmler an SS-Obergruppenführer und General der Polizei Hans-Adolf Prützmann, Höherer SS- und Polizeiführer Ukraine, vom 27. Oktober 1942 zur Vernichtung des Ghettos von Pińsk

Der Wehrmachtsführungsstab teilt mir mit, dass die Strecke Brest - Gomel immer mehr durch Bandenüberfälle leidet und dadurch der Nachschub für die kämpfende Truppe in Frage gestellt wird. Aufgrund der mir vorliegenden Meldungen ist das Ghetto in Pińsk als Zentrale der gesamten Bandenbewegung in den Pripjat-Sümpfen anzusehen.
Ich befehle Ihnen daher, trotz Bestehen wirtschaftlicher Bedenken das Ghetto in Pińsk sofort auszuheben und zu vernichten. 1 000 männliche Arbeitskräfte sind, falls es die Aktion erlaubt, sicherzustellen und der Wehrmacht für die Fabrikation der Holzhütten zu überstellen. Die Arbeit dieser 1 000 Arbeitskräfte darf jedoch nur in einem geschlossenen und sehr bewachten Lager stattfinden. Falls diese Bewachung nicht garantiert ist, sind auch diese 1 000 zu vernichten.

Quelle: Europa unterm Hakenkreuz, Seite 343

Dokument IX

Text einer deutschen Meldung, die im Gebiet Rossosch unter den Stabsdokumenten des 15. Deutschen Polizei-Regiments gefunden wurde

Abschlussbericht

Nachdem der Befehl über den sofortigen Abmarsch aufgehoben worden war, erhielt unsere Kompanie am 27. Oktober 1942 den Befehl, am 28. Oktober um 21 Uhr in Kobrin einzutreffen. Gemäß diesem Befehl traf die Kompanie mit Lkws in Kobrin ein und wurde dann zu Fuß nach Pińsk in Marsch gesetzt. Die festgelegte Ausgangsstellung in Pińsk erreichte die Kompanie am 29. Oktober um 4 Uhr morgens.

Auf der Besprechung, die am 28. Oktober beim Regimentskommandeur in Pińsk stattgefunden hat, war entschieden worden, dass zwei Bataillone, und zwar das 2. Bataillon des 15. Polizei-Regiments und die 2. Kavallerie-Division, die äußere Absperrung übernehmen, während das 10. Bataillon des 15. Polizei-Regiments und das 11. Bataillon des 11. Polizei-Regiments mit Ausnahme zweier Züge zum Durchkämmen des Ghettos eingesetzt werden. Das 10. Bataillon des 11. Polizei-Regiments - ohne den 1. Zug, der abends zum Durchkämmen befreit wurde, wurde zur Sicherung des Sammelpunktes, zur Sicherung der einzelnen Übergänge zur Hinrichtungsstätte, die vier Kilometer von Pińsk entfernt lag, und zur Abriegelung der Hinrichtungsstätte eingesetzt. Diese letzte Aufgabe wurde später teilweise den Kavalleristen übertragen. Diese Maßnahme hat sich hervorragend bewährt, da bei einem Fluchtversuch von 150 Juden alle wieder eingefangen werden konnten, obwohl es einigen von ihnen gelungen war, mehrere Kilometer weit zu entkommen.

Die Umzingelung war für 4.30 Uhr angesetzt, und es zeigte sich, dass sie dank der vorausgegangenen persönlichen Erkundung

durch die Kommandeure und der Geheimhaltung in kürzester Zeit durchgeführt werden konnte und ein Ausweichen der Juden unmöglich war. Mit dem Durchkämmen sollte laut Befehl um 6 Uhr begonnen werden; angesichts der Dunkelheit wurde die Operation jedoch um eine halbe Stunde hinausgeschoben. Die Juden begannen, sich bald zur Überprüfung einzufinden. Die Überprüfung konnte allerdings infolge der massiven und unerwarteten Konzentration von Leuten nicht am Sammelpunkt vorgenommen werden (am ersten Tag des Durchkämmens war lediglich mit 1 000 bis 2 000 Menschen gerechnet worden). Das erste Durchkämmen wurde um 17 Uhr ohne besondere Vorkommnisse beendet. Am ersten Tag wurden etwa 10 000 Personen exekutiert. Nachts befand sich die Kompanie im Soldatenclub in Gefechtsbereitschaft.
Am 30. Oktober wurde das Ghetto ein zweites Mal durchkämmt, am 31. Oktober ein drittes und am 1. November ein viertes Mal. Insgesamt wurden etwa 15 000 Juden zum Sammelpunkt getrieben. Kranke Juden und in den Häusern zurückgelassene Kinder wurden direkt im Ghetto exekutiert. Im Ghetto wurden etwa 1 200 Juden exekutiert. Besondere Vorkommnisse waren, von einer Ausnahme abgesehen, nicht zu verzeichnen. Bei uns erschien ein Jude und erklärte unter Hinweis darauf, dass Juden, die uns mitteilten, wo sie Gold verborgen hielten, das Leben geschenkt werde, er habe eine große Menge Gold versteckt. Wir schickten einen Wachmeister mit. Der Jude zog die Geschichte in die Länge und bat den Wachmeister, mit ihm auf den Dachboden zu steigen. Da brachte ihn der Wachmeister zum Sammelpunkt ins Ghetto zurück. Hier weigerte sich der Jude, sich wie alle anderen auf die Erde zu setzen. Plötzlich stürzte er sich auf einen der Reiter aus der Eskadron, entriss ihm das Gewehr und begann, den Reiter zu schlagen. In dem dann folgenden Handgemenge erhielt der Jude einen Schlag mit der Axt gegen den Kopf, fiel zu Boden und erhob sich nicht mehr.
Am 1. November um 17 Uhr wurde der Kompanie befohlen, die äußere Absperrung zu übernehmen, während sich die 2. berittene Abteilung in ihr Quartier begab. Es ereigneten sich keine besonderen Vorkommnisse. Am 2. November 1942 um 8 Uhr wurde die Kompanie aus Pińsk entlassen und setzte sich zu Fuß zu ihrem Standort in Marsch. Sie erreichte Kobrin um 17 Uhr und kehrte in ihren Stützpunkt zurück.*

Schlussfolgerungen:
1. Die zum Durchkämmen eingesetzten Abteilungen sollten unbedingt mit Äxten und anderen Werkzeugen ausgerüstet sein, da sich zeigte, dass fast alle Türen verschlossen waren und nur mit Gewalt geöffnet werden konnten.
2. Selbst dann, wenn innerhalb des Hauses keine direkten Zugänge zum Dachboden auszumachen sind, ist davon auszugehen, dass sich Leute auf dem Dachboden versteckt haben. Deshalb müssen die Dachböden gründlichst durchsucht werden.
3. In Häusern ohne Keller hält sich eine erhebliche Zahl von Leuten in dem schmalen Zwischenraum unter den Dielen verborgen. Solche Zwischenräume sind aufzubrechen oder es müssen Diensthunde hineingeschickt werden (in Pińsk hat sich die Hündin Astra außerordentlich bewährt); man kann aber auch Handgranaten hineinwerfen, da die noch lebenden Juden dann sofort hervorkriechen.
4. Um die Häuser herum muss alles mit festem Gerät abgeklopft werden, da unzählige Leute sich in gut getarnten Gruben verstecken.
5. Es empfiehlt sich, Minderjährige zum Aufspüren von Verstecken heranzuziehen und ihnen dafür zu versprechen, sie am Leben zu lassen.
Hauptmann der Schutzpolizei und Kompanieführer
SAUER

Quelle: Wassili Grossman, Ilja Ehrenburg, Das Schwarzbuch, Seite 988 ff

*Allein von September bis zum 24. November 1942 wurden durch das 3. Bataillon des 15. Polizeiregiments 44 837 Menschen, darunter 41 848 Juden, erschossen.

Dokument X

Aussage des Obergefreiten der Feldgendarmerie der 359. Infanterie-Division, Peter Goritz

Der Obergefreite der Feldgendarmerie der 359. Infanterie-Division, Peter Goritz, sagt aus:
»Wir haben vor allem Kommunisten und Juden erschossen. Frauen und Kinder begannen wir vom Dezember 1941 an zu erschießen. Ich nahm an der Säuberung von Pińsk, Priluk und Sewska teil. Vor dem Erschießen haben wir die Leute ausgezogen, dann ließen wir sie mit dem Gesicht zur Grube Aufstellung nehmen. Solche Aktionen fanden gewöhnlich früh am Morgen statt und dauerten nicht länger als zwei bis drei Stunden. Ich persönlich habe etwa 150 Einwohner und 200 Kriegsgefangene erschossen. Ich erinnere mich, in Pińsk persönlich etwa 30 Personen erschossen zu haben – ein Teil von ihnen waren Juden, die anderen Kommunisten. Ich hielt solche Exekutionen im Interesse der Sicherheit unserer Armee für richtig – und ich habe starke Nerven.«

Quelle: Wassili Grossman, Ilja Ehrenburg, Das Schwarzbuch, Seite 991

Dokument XI
Zusammenstellung der Angaben in der Literatur über die im Oktober 1942 in Pińsk ermordeten Juden.

E. Rosenblat, Irina Elenskaja, Pińsker Juden 1939-1944, Seite 166: Die Pińsker Regierungskommission gibt folgende Zahlen an: 30 006 erschossen, davon 8 600 Männer, 14 200 Frauen, 5938 Kinder und 1 268 alte Menschen. Namenslisten gibt es von 19 000 Ermordeten.

Urteil Landgericht Frankfurt gegen Kuhr u.a. Seite 125: Anhand eines nach dem Krieg im Gebäude des Judenrates von Pińsk aufgefundenen Brotkartenverzeichnisses steht fest, dass kurz vor der Liquidierung 17 913 Brotkarten ausgegeben wurden. Diese Bewohnerzahl hatte das Ghetto, als die Vernichtung am Morgen des 29.10.1942 begann.

Wassili Grossman, Ilja Ehrenburg, Das Schwarzbuch, Seite 1043: (...) Zwischen dem 29. Oktober und dem 1. November 1942 wurden ungefähr 17 000 Juden in der Stadt Pińsk erschossen und das Ghetto auf diese Weise vollständig liquidiert.

Edelheit, A World In Turmoil: 28. Oktober 1942: Im Ghetto Pińsk fand die letzte Aktion statt. Alle im Ghetto verbliebenen 16 000 Juden, mit Ausnahme von 150 Handwerkern, wurden innerhalb der nächsten fünf Tage getötet.
23. Dezember 1942: Die verbliebenen 150 jüdischen Handwerker im Ghetto Pińsk wurden zum jüdischen Friedhof gebracht, wo sie hingeschlachtet wurden. Pińsk wurde offiziell als »Judenrein« erklärt.

Enzyklopädie des Holocaust, Bd. 2, Seite 1113: PIŃSK: Der Untergrund plante, das Ghetto am Vorabend der erwarteten Ver-

nichtung anzuzünden. Als jedoch am 28. Oktober 1942 Gerüchte über eine bevorstehende Auflösung des Ghettos in Umlauf kamen, veröffentliche der Judenrat eine Stellungnahme des Gebietskommissars, der diese Gerüchte zurückwies, worauf der Untergrund seinen Plan aufgab.
Zwischen dem 29. Oktober 1942 und dem 1. November 1942 wurden fast alle Bewohner des Ghettos zusammengetrieben und ermordet. Einige Dutzend Juden entkamen oder konnten sich verstecken. Die Deutschen ließen 143 Facharbeiter am Leben, die sie in ein kleines Ghetto sperrten; zusätzlich verließen Juden ihre Verstecke und zogen in das kleine Ghetto. Am 23. Dezember 1942 löste man dieses Ghetto ebenfalls auf, seine Bewohner wurden ermordet.

Simon Wiesenthal, Jeder Tag ein Gedenktag: 29. Oktober 1942: Über vier Tage hinweg werden insgesamt 20 000 Juden aus der Stadt Pińsk in Weißrussland herausgeholt und von SS-Angehörigen erschossen.
23. Dezember 1942: Die letzten in Pińsk, heute Weißrussische SSR, übrig gebliebenen Juden sind 150 Handwerker. Sie werden auf den jüdischen Friedhof getrieben und dort erschossen und begraben.

Wolfgang Benz, Dimensionen des Völkermords, Seite 548: (...), ein Gleiches gilt für die Meldung über die Morde im Ghetto Pińsk, die die 10. Kompanie des 15. Polizei-Regiments mit der 11. Kompanie des 11. Polizei-Regiments am 28. Oktober 1942 verübte, sie forderte mindestens 26 200 Opfer.

Dokument XII
Nahum Boneh (Mular), The Holocaust and the Revolt in Pińsk 1941-1942, Berichte von Überlebenden*

Jeder, der alleine im Versteck lebte, hatte seine eigene wunderbare Geschichte, wie er dem Tod entrann. Es waren nichtjüdische Frauen oder Männer, die ihr Leben riskierten, um das Leben von Juden zu retten.

Für Nichtjuden war es sehr gefährlich, Juden zu verstecken, denn dieses Vergehen wurde mit dem Tode bestraft. Es gab verschiedene Gründe aufseiten der Nichtjuden für ihr Verhalten: Einige der Retter wurden durch ihr bloßes menschliches Gewissen getrieben, aus einem Gefühl menschlicher Verantwortung, oder wegen früherer Freundschaft; einige zogen Vorteil aus der Situation, um ihre eigene Vermögenslage zu verbessern, indem sie alles, was wertvoll war und was die versteckten Juden besaßen, übernahmen; einige versteckten auch weiterhin Juden aus Angst vor der Todesstrafe, die Nichtjuden drohte, wenn versteckte Juden in ihrem Haus entdeckt wurden. Solche Nichtjuden gab es wenige, und man konnte sie an den Fingern einer Hand zählen. Abgesehen von einigen wenigen Ausnahmen, wie zum Beispiel dem orthodoxen Priester, der sein goldenes Kreuz spendete, als die Goldkontribution gefordert wurde, und den anderen Nichtjuden, die wir später erwähnen werden, wartete die ganze nichtjüdische Bevölkerung passiv und sogar freudig auf die Ausrottung der Juden und die Möglichkeit, ihren Besitz zu stehlen.

Obwohl die Deutschen, einige Zeit bevor das Ghetto zerstört wurde, eine Anordnung veröffentlicht hatten, »bei Androhung der Todesstrafe kein Regierungseigentum anzurühren«, hofften die nichtjüdischen Einwohner der Stadt, dass auch sie trotz die-

*Aus dem Englischen übertragen von Werner Müller. Die englische Transliteration der Namen wurde beibehalten.

ser Anordnung ihren Anteil an der Beute bekommen würden, nach dem offiziellen Raub der Deutschen. Wir tun deshalb gut daran, die Namen der Retter zu erwähnen, wenn wir die wunderbare Rettung der Überlebenden beschreiben, in dankbarer Anerkennung dieser wenigen außergewöhnlichen Nichtjuden. Unglücklicherweise sind wir nicht in der Lage, einen vollständigen Bericht über alles zu geben, was den 17 Geretteten zustieß. Die Geschichten, die hier erzählt werden, sagen uns jedoch etwas über das, was den Überlebenden widerfuhr.

Malkah (Manya) Shenberg-Finkel (Tel Aviv) erzählt uns die folgende Geschichte:

»Zusammen mit meiner acht Jahre alten Tochter Renya lebte ich im Ghetto in der Nähe der Lahishinska Straße, zwischen Bolotna und Zavalna Straße. Zusammen mit vier anderen Personen bauten wir ein Versteck. Wir konnten uns nach der Zerstörung des Ghettos zwei Wochen lang verstecken, aber wegen des Mangels an Nahrung und Wasser waren wir gezwungen, unser Versteck zu verlassen. Gegen Abend zog ich den warmen Mantel meines verstorbenen Ehemannes an und ging mit meiner Tochter hinaus auf die Straße. Durch schmale Gassen und über Hinterhöfe erreichten wir unser Haus in der Karmelitska Straße 30. Wir hatten dort zwei Häuser – das eine im Hinterhof war zerstört und leer. Dort gingen wir hinein. Aber meine Tochter, die nur zehn Kilogramm wog und wie ein fünfjähriges Kind aussah, war erschöpft, und deshalb entschied ich gegen vier Uhr morgens in das zweite Haus auf der Rückseite der Straße zu gehen, wo unsere nichtjüdischen Nachbarn wohnten. Als sie mich an die Tür klopfen hörten, begannen die Hunde im Haus zu bellen. Nina, die 12 Jahre alte Tochter unseres Nachbarn, Shura Dohmatska, schaute aus einem der Fenster. Als sie uns sah, öffnete sie die Tür. ›Was ist los mit Euch‹, sagte die Mutter ärgerlich zu uns, ›wollt Ihr den Tod in unser Haus bringen?‹ ›Keine Sorge‹, antwortete ich ihr, ›wir werden hier nur heute bleiben, und wenn es dunkel wird, gehen wir wieder. Gib uns etwas Wasser und ein Stück Brot‹. Sie gab uns Wasser und Brot und verschwand. Als sie nach einigen Minuten zurückkam, sagte sie mir, dass mein Schwager, Marek Schenberg, sich schon seit einigen Tagen im Keller versteckt hatte. Ihm war es gelungen, sich zu verbergen und der Kolonne der Menschen zu entkommen, die an dem Tag, als das Ghetto zerstört wurde, in

ihren Tod geführt wurden. Sie ging zu ihm hinunter, um ihm zu sagen, dass wir gekommen waren. (Marek Schenberg wurde 1955 bei einem Autounfall in Europa getötet).
Wir beide gingen in den Keller und blieben dort. Nach der Vernichtung des kleinen Ghettos kam Mareks Freund, Sioma Yelinski, zu unserem Versteck (er lebt jetzt in Deutschland). Er wurde auf Bitten von Alek, Siomas polnischem Freund, von Dohmatska hergebracht. Von Januar 1943 an waren wir vier dort.
Um den Keller zu tarnen, zerstörte die nichtjüdische Frau den Teil des Hauses über dem Keller und verteilte den Schutt darüber. Der Teil des Hauses, der intakt geblieben war, bestand aus zwei Teilen. Einen Raum und die Küche bewohnten Dohmatska und ihre zwei Töchter, Nina und die drei Jahre alte Lolya. Zwei andere Räume mit einem separaten Eingang bezog ein deutscher Offizier. Dohmatska nahm die Kleidung, die wir ihr zur Aufbewahrung gegeben hatten, und tauschte sie bei den Bauern gegen Lebensmittel ein. Sie versorgte uns mit Kartoffeln, Brot und Wasser. An Feiertagen versuchte sie, etwas dem »Menu« hinzuzufügen von den Überresten der deutschen Küche, wo sie arbeitete.
Alek, Sioma Yelinskis Freund, war Kontaktmann zu den Partisanen. Im September 1943 brachte er zwei Pistolen in unser Versteck, um den beiden Männern zu ermöglichen, zu den Partisanen zu gehen. Marek und Sioma stahlen aus dem Quartier des Deutschen zwei Granaten. Eines Tages kamen zwei Nichtjuden, um sie in den Wald zu führen. Als sie dabei waren, den Fluss zu überqueren, forderten die beiden sie auf, sich nackt auszuziehen. Marek und Sioma erkannten, dass die Männer beabsichtigten, sie ihrer Kleidung zu berauben und dann zu töten. Nach einem heftigen Kampf mit den Männern flohen Marek und Sioma und kehrten zu unserem Versteck zurück. Marek war schwer verwundet, und ich kümmerte mich um ihn, bis er wieder gesund wurde.
Im März 1944 entdeckten die Deutschen in den Wäldern nahe bei Pińsk ein Partisanenlager. Meine Adresse, die unser Kontaktmann den Partisanen gegeben hatte, war unter den Papieren im Lager. Die Deutschen kamen zu Dohmatskas Haus, um uns zu suchen. Nina, ihre Tochter, die allein zu Hause war, begann zu schreien und sagte, es seien keine Juden in ihrem Haus, sie hasse sie alle, und wenn sie kämen, würde sie sie sofort den Deutschen

ausliefern. Die Deutschen durchsuchten natürlich das Haus. Nina war sehr geschickt und setzte den Hund und ihre Puppen auf den Kellereingang, so dass unser Versteck nicht entdeckt wurde. Wir waren entschlossen, die Pistolen und Granaten zu gebrauchen, wenn wir von den Deutschen entdeckt würden. Nach einigen ruhigen Tagen kehrten wir in den Keller zurück, wo wir weitere vier Monate blieben. Vor dem Rückzug zündeten die Deutschen viele Häuser in der Stadt an, darunter auch das Haus Karmelitska Straße 30. Irgendwie gelang es uns, den Keller des brennenden Hauses zu verlassen und uns im Hinterhof zu verstecken. Drei Tage später kamen die Russen«.

Tamar (Tema) Kobrinchuk (aus der Familie Garbuz), Ramat Gan, gibt folgenden Bericht:
»In der Nacht des 27. Oktober 1942 erwachte ich durch das Geräusch von Schüssen und ging wie alle Bewohner des Ghettos nach draußen. Meinen vier Jahre alten Sohn an der Hand haltend, rannte ich in Panik und versuchte, einen Platz zu finden, wo ich mich verstecken konnte. Plötzlich hörte ich die Stimme meiner Mutter Hanah, die mich rief. Ich ging zu ihr. ›Geh in den Keller, ich werde bleiben, und wenn nötig, mein Leben für Euer Leben geben‹, sagte sie zu mir. Sie schob den Geschirrschrank beiseite, der den Eingang des Kellers verdeckte, und wir gingen hinunter. Ich hörte, wie sie den Geschirrschrank zurückschob. Im Keller waren viele Menschen. Wir legten uns hin und erwarteten das Schlimmste. Nach kurzer Zeit hörten wir die Nazis schreien: ›Alle raus!‹ Ich hörte einen hereinkommen und meine Mutter fragen: ›Wo sind sie alle?‹, und sie antwortete: ›Sie sind schon gegangen‹. Er sagte zu ihr, sie solle mit ihm hinausgehen, und alles wurde wieder still. Wir lagen drei Tage lang in dem Keller. Am vierten Tag hörten wir, wie sich die Deutschen unserem Versteck näherten. Als sie uns entdeckten, begannen sie, die Fußbodenbretter herauszureißen und zogen einige aus unserer Gruppe heraus. Ich, mein Sohn und meine Schwägerin, Fira Silberman (aus der Familie Tantzman, sie lebt jetzt in Ramat Gan), und ihr 14 Jahre alter Sohn Lolek drängten mit all unserer Kraft, und es gelang uns, unter die Heizkesselinstallation zu kriechen. Die Nazis drohten weiterhin, sie würden Granaten in den Keller werfen, wenn wir nicht herauskämen. Ich flüsterte meiner Schwägerin zu: ›Lieber von einer Granate in Stücke gerissen werden, als

ihnen in die Hände fallen‹. Und so blieben wir, wo wir waren. Die Nazis gingen mit ihren Opfern und ihrer Beute weg, und für die nächsten Wochen lagen wir unter der Heizkesselinstallation. Wir aßen etwas verfaultes Gemüse, das im Keller zurückgelassen worden war, und gingen oft in der Nacht hinaus, um in der Nähe des Hauses nach etwas Brot zu suchen. Wir gaben den Kindern alles, was wir fanden.

Eines Tages, etwa zwei Wochen später, hörten wir im Haus über uns einen Juden beten. ›Ich glaube, es ist dein Vater‹, sagte ich zu meiner Schwägerin. Sie ging vorsichtig hinaus und in der Tat, es war ihr Vater, David Tantzman. Anscheinend hatte er sich die ganze Zeit im Brennholzschuppen versteckt und von Zucker ernährt. Er hatte durch das viele Leiden den Verstand verloren. Wir holten ihn mit Gewalt in unseren Keller, aber er bestand darauf, am nächsten Tag zu dem Haus zurückzugehen und sich in sein Bett zu legen. Wir hörten die Stimme eines der Männer, die kamen, um das Haus zu durchsuchen, und die Tantzman an die Nazis auslieferten. Sie nahmen ihn nach draußen und erschossen ihn. Am nächsten Tag hörten wir, wie nichtjüdischen Leute aus Pińsk unter Aufsicht der Nazis durch das Haus gingen und alles mitnahmen. Wir hörten sie sagen: ›Ich hätte nie gedacht, dass die Juden so viel zurücklassen würden. Wir wollen zurückkommen und morgen den Keller durchsuchen; vielleicht haben sie ihre Wertsachen dort versteckt‹.

Wir wussten, dass wir dann entdeckt würden, und wir beschlossen, unser Versteck zu verlassen. Ich dachte daran, zu versuchen, den Christen Medianovsky zu erreichen, der Aufseher an meiner Arbeitsstelle im Hafen während der Ghettozeit gewesen war, und von dem ich wusste, dass er ein anständiger und rechtschaffener Mann war. Mit der schwachen Hoffnung, dass er zustimmen würde, uns zu verstecken, verließen wir am frühen Abend den Keller. Wir tasteten in der Dunkelheit herum, stolperten über Leichname und Gegenstände, die überall auf der Straße verstreut waren. Ganz plötzlich hörten wir Leute sprechen. Es waren Polen und Nazis. Wir eilten zurück in den Keller. Am nächsten Abend, es war ein Schabbat, wagten wir uns wieder hinaus. Wir hatten uns verirrt und wussten nicht, wohin wir uns wenden sollten. Mein vier Jahre alter Sohn sah unsere Verwirrung und sagte: ›Mutter, ich werde dir zeigen, wie wir heraus kommen‹. Er brachte uns zum Zaun des Ghettos. Hier war ein niedriger Tunnel, den die Kinder gemacht hatten, als sie im Ghetto spielten. Wir krochen durch den Tunnel und fanden uns auf dem alten Friedhof wieder. Von hier gingen wir zur Zavalna Straße. Auf dem Weg entschieden wir, wenn Medianovsky nicht zu Hause wäre, würden wir uns selbst im Abort auf dem Hinterhof einschließen und hier auf ihn warten. Aber als wir zur Krayevska Straße kamen, wo er in einem zweistöckigen Haus lebte, sahen wir Licht in seiner Wohnung im zweiten Stock. Wir stiegen die Treppe hoch und klopften an die Tür. Medianovsky öffnete selbst die Tür. Als er uns sah, begann er vor Angst zu zittern. Er ließ uns herein und verriegelte die Tür. Es vergingen einige Minuten, bevor er sich beruhigte und uns fragte: ›Wo seid Ihr bis jetzt gewesen und was ist Euch geschehen?‹ Während er mit uns sprach, bereitete er etwas zu essen vor. Wir fielen über das Essen her und verschlangen es. ›Jetzt‹, sagte er zu uns, ›steigt auf den Dachboden und schlaft, aber morgen Abend werdet Ihr das Haus verlassen müssen. Jeder Christ, der einen Juden in seinem Haus versteckt, ist in Gefahr, gefoltert und erschossen zu werden. Diese Woche zum Beispiel‹, fuhr er fort, ›wurde ein Christ gefasst, der Juden versteckt hatte. Die Nazis schleppten ihn zum Marktplatz und rissen ihn dort in Stücke‹. Am nächsten Tag hatte Medianovsky Besucher, die gekommen waren, um mit ihm über den Handel mit jüdischem Eigentum zu diskutieren, so dass er sich nicht mit uns in Verbindung setzen konnte. Am nächsten Tag ging er zur Arbeit, und als er am Abend zurückkehrte, kam er zu uns herauf und sagte uns, dass wir gehen müssten, weil unser Aufenthalt für ihn die Todesstrafe bedeute. Ich antwortete ihm: ›Wenn Sie uns rausschmeißen, werde ich gehen und erzählen, dass Sie uns zwei Wochen lang versteckt haben‹. Der Mann begann, im Zimmer auf und ab zu gehen und sich eine Zigarette nach der anderen anzuzünden. Endlich entschied er: ›In der Zwischenzeit könnt Ihr hier bleiben, und bei der ersten Gelegenheit werde ich Euch woanders hin bringen‹. Er bekam nie eine Gelegenheit, und wir blieben für ungefähr 20 Monate auf dem Dachboden. Das waren Monate immerwährender Leiden durch Hunger, Kälte und Schmutz. Unsere Hauptnahrung bestand aus Kartoffeln, an jedem zweiten Tag. Das Schlimmste von allem war das Gefühl der Unsicherheit und die Angst um unser Leben und die Furcht, dass Medianovsky uns einsperren oder töten würde. Mein Sohn, der damals viereinhalb Jahre alt war, schrie vor Hunger, was uns alle in Gefahr brachte. Ich ergriff ihn und versuchte, ihm seinen Mund zuzuhalten. Sehr oft zerkratzte ich sein Gesicht, bis es zu bluten begann. Dreimal versuchte Medianovsky das schreiende Kind zu ergreifen und würgte es, und mit der schwachen Kraft, die ich noch hatte, wehrte ich ihn ab und rette das Kind. Als wir bewaffnete Soldaten durch die Straßen marschieren sahen, wagten wir nicht zu glauben, dass es wirklich russische Soldaten waren. Es verging noch ein halber Tag, bis wir unseren Mut zusammennahmen, auf die Straße zu gehen. Ich traf zwei Soldaten und stand verblüfft vor ihnen. Ich sah, dass sie auch überrascht waren, und sie fragten mich erstaunt ›Wer sind Sie?‹ ›Eine Jüdin‹, antwortete ich. Einer von ihnen sagte: ›Jetzt steht Ihnen die ganze Welt offen‹.«

Hayah Sherman (Tel Aviv) erzählt uns diese Geschichte:
»Mein Vater war der Leiter der Schneiderwerkstatt im Ghetto. Am 22. Dezember 1942, dem Tag vor der Vernichtung des kleinen Ghettos, holten die Deutschen ihre Kleider zurück, die sie uns zum Nähen gegeben hatten, und die noch nicht fertig waren. Das war ein Zeichen, dass unser Ende nahe war. Als es dunkel wurde, führte mein Vater mich aus dem Ghetto zur Albrekhtovska Straße, wo Bronislav Niemotko auf mich wartete und mich mit in sein Haus in der Unitska Straße nahm. Niemotko war zur Zeit der russischen Besetzung aus einem Dorf in der Nähe von Białystok nach Pińsk gekommen, um an der Automechanikerschule zu studieren. Er blieb, als die Deutschen kamen. Er war der Sohn eines Bauern, und die Deutschen vertrauten ihm drei Stücke Land an, auf denen Gemüse für die Armee angebaut wurde. Er lernte meinen Vater kennen, als er sich einen Anzug bestellte. Er wohnte bei einer nichtjüdischen Familie, und neben ihrem Haus war das verlassene Haus von Feldman mit dem Gemüsegarten in der Nähe. Eine der jüdischen Frauen, die in dem Garten arbeitete, hatte in jenem Haus ein Versteck eingerichtet, aber sie verlor bei der letzten ›Aktion‹ auf dem Weg zum Versteck ihr Leben. Niemotko brachte mich in dieses Versteck und brachte mir täglich etwas zu essen. Im Februar 1943 kam mein Bruder zu meinem Versteck. Nicht lange vor der Vernichtung des kleinen Ghettos hatte er versucht, die Partisanen zu erreichen, aber er war auf dem Weg in die Wälder angegriffen und ausgeraubt worden und musste in

die Stadt zurückkehren, wo er sich eine Zeit lang im alten Badehaus in der Brovarna Straße versteckte. Von dort kam er zu mir. Er blieb zwei Monate bei mir. Das Haus, in dem wir lebten, war zur Zerstörung bestimmt worden. Mein Bruder versuchte noch einmal, die Partisanen zu erreichen, und wir verloren seine Spur. Ich begann in Niemotkos Zimmer zu leben, nicht länger im Versteck. Zusammen mit Bronislav Niemotko beabsichtigte ich, zu den Partisanen zu gehen, aber ich wollte einen Ausweis als Arierin. Ich schnitt mein Bild aus einem Klassenfoto der Polnischen Oberschule, die ich besucht hatte, und Niemotko ging damit zu einem Fotografen, um den gewünschten Ausweis anzufertigen. Unglücklicherweise war der Fotograf ein Schüler der gleichen Oberschule, und er erkannte mich. Er informierte die Polizei, aber wir wurden rechtzeitig gewarnt, und ich versteckte mich für eine Woche bei einer polnischen Frau. Während dieser Woche mietete Niemotko ein neues Zimmer mit einem separaten Eingang, in das ich einzog. Ich saß in dem Zimmer, ohne es jemals zu verlassen und las Bücher, die Niemotko bei einem polnischen Rechtsanwalt lieh (der sehr überrascht war von der Anzahl der Bücher, die er las). Schließlich bekam ich einen Ausweis von den Bauern auf den Namen Helena Sholomitska, denn die Ausweise der Bauern hatten keine Fotos. Eines Tages kam ein polnischer Polizist zufällig in das Zimmer und fand mich, aber er lieferte mich nicht den Deutschen aus. Er riet mir, in ein Dorf zu ziehen, und wir gingen zu dem Bauer, der mich mit dem Ausweis ausgestattet hatte. Er stand in Verbindung mit den Partisanen, aber er weigerte sich, uns in die Wälder zu den Partisanen mitzunehmen. Er versuchte sogar, mir den Ausweis abzunehmen, aber er hatte keinen Erfolg. Im Mai 1944 kehrten wir in die Stadt zurück und bezogen ein Zimmer in einem entfernten Vorort hinter der Eisenbahnlinie. Es war gefährlich in der Stadt zu sein, und nach zwei Wochen zogen wir in das Dorf Lubel, in die Wohnung einer Putzfrau, die einst für uns gearbeitet hatte. Dort hörten wir die Nachricht der Befreiung.«

Milya Cohen (aus der Ratnovsky Familie) - Ramath Gan.
Sie ist die einzige der Überlebenden, deren Geschichte von ihrer Retterin, Zofia Fiodorchenko, aufgeschrieben wurde, und die in der jüdischen Zeitung »Volksstimme« in Warschau abgedruckt

wurde. In der Ausgabe vom 15. April 1958 unter der Rubrik »Die Retter«, beschreibt Fiodorchenko das Leben von Milya und ihrer Mutter, und ihr Bericht wird durch das Zeugnis von Milya bestätigt.

»Zofia Fiodorchenko, eine fromme Christin, ungefähr 70 Jahre alt, arbeitete viele Jahre in unserem Haus. Als die Deutschen kamen, mussten wir den Kontakt zu ihr abbrechen, weil jeder Kontakt zwischen Nichtjuden und Juden streng verboten war. Die Frau arbeitete dann im Bäckerladen, und trotz des Verbotes half sie uns im Austausch gegen Geld oder Wertgegenstände, aber auch, um sich mit Alkohol zu versorgen, dem sie sehr zugetan war. An dem Tag, an dem wir ins Ghetto ziehen mussten, befestigte sie einen gelben Fleck auf ihrem Kleid und half uns, unsere Habseligkeiten und etwas Brennholz zu transportieren. Während wir im Ghetto waren, arbeitete ich in der Poliklinik. Bei diesen Gelegenheiten ging ich zu Fiodorchenkos Haus in der Marshalka Fosha Straße und aß nach Herzenslust. Wir trafen ein Übereinkommen, dass, wenn die Zeit käme, wo wir uns verstecken müssten, wir uns in ihrem Haus verstecken würden, meine Mutter Zlate (die 1962 in Ramat Gan starb) und ich.

Vier Tage vor der Vernichtung des Ghettos erzählte uns eine Freundin, die Frau des Bäckers Cooper, von den Gruben in Dobrowole und von ihrem Versteck im Hause eines Nichtjuden, der, als die Zeit gekommen war, sich weigerte, sein Versprechen zu halten. Wir fragten Fiodorchenko, ob sie zustimme, die vier Mitglieder der Familie Cooper zusätzlich zu uns zu verstecken. Cooper bestach sie mit Alkohol und Zigaretten, und sie stimmte unserer Bitte zu. Wir teilten den Keller in Fiodorchenkos Haus in zwei Teile und versteckten uns (sechs Personen) in dem verborgenen Teil. Eine Freundin Fiodorchenkos, Elshbieta Baranovska, lebte auch im Zimmer der alten Frau. Wir gaben ihr auch einige Wertsachen (eine Uhr und einen Ring), und die beiden sorgten für uns. Zweimal am Tag erhielten wir Hungerrationen: ein wenig Suppe und ein Stück Brot.«

Fiodorchenko schreibt in ihrem Bericht in der Zeitung: »Ich hatte eine sehr schwere Zeit, ich kochte und backte Brot für mich und die sechs Menschen im Keller. Ich hatte die zusätzliche Aufgabe, für die Deutschen Unterwäsche zu waschen, um meinen Nachbarn und Bekannten zu beweisen, dass ich nur von meinem

Einkommen lebte. Einmal hörte ich um drei Uhr morgens Klopfen an der Tür. ›Das sind Polizisten‹, sagte ich zu Baranovska. Und ich hatte Recht. Als erstes stürzte ein großer Hund ins Zimmer. Ganz plötzlich geschah etwas Unerwartetes. Unsere Katze, die gerade einen Wurf Junge hatte, sprang aus ihrem Weidenkorb in der Ecke des Zimmers und zerkratzte die Augen des Hundes. Die Polizisten hatten große Mühe, sie von dem Hund wegzujagen. Sie achteten nicht mehr darauf, was im Zimmer vor sich ging, sie nahmen ihren Hund und gingen.«

»Ein paar Monate später begannen die nichtjüdischen Frauen uns aufzufordern, unseren Glauben zu ändern, sie sagten, sie könnten nicht gutheißen, Juden zu verbergen, sondern nur Nichtjuden. Sie fuhren fort, uns mit ihren Forderungen zu belästigen, bis zum 9. August 1943. An diesem Tag beruhigte ihr Priester sie und sagte ihnen, sie sollten für uns sorgen, so wie wir wären, er würde die Verantwortung für diese ›Sünde‹ auf sich nehmen.

Wir gingen in ein hohes Kornfeld, aber wir konnten uns dort nicht länger verbergen, deshalb gingen wir zurück in den Stall im Hinterhof von Fiodorchenkos Haus, wo wir noch viereinhalb Monate blieben. Ende Dezember 1943 kehrten wir in den Keller zurück. Die alte Frau Baranovska konnte sich nicht beherrschen, ihrem Sohn, einem Polizisten, und seiner Familie von uns und unserem Versteck zu erzählen. Zu unserer Überraschung informierten sie nicht die Deutschen. Unsere Lage besserte sich etwas, als sie begannen, uns einige Strickarbeiten zu bringen. Mit dem Geld, das wir verdienten, waren wir in der Lage, für Lebensmittel und Medikamente, die wir benötigten, zu bezahlen, denn wir litten unter häufigen Krankheiten aufgrund der schrecklichen Lebensbedingungen.

Etwa einen Monat vor der Befreiung wurde intensiv nach Partisanen in der Stadt gesucht. Der Polizist Baranovsky warnte uns rechtzeitig, und wir konnten unser Versteck erfolgreich befestigen und es besser verbergen. Nach der Befreiung blieben wir mit den beiden Frauen in Verbindung. Die Familie Cooper kümmerte sich um Fiodorchenko, und meine Mutter und ich um Baranovska. Bis sie starb, schickten wir ihr Pakete, und nach ihrem Tod bezahlten wir den Grabstein auf ihrem Grab.«

David Globe-Gleibman* (New York) schreibt über diese Zeit im Verlauf seines Berichts im nächsten Kapitel: »Allein in der Partisanen-Division«.

»Jetzt, nachdem ich eine Pistole und Munition hatte, fühlte ich mich sicherer. Ich wusste, die Deutschen würden es teuer bezahlen müssen, wenn sie mich schnappten, und dass ich nicht lebend in ihre Hände fallen würde.

Als ich nach einer Zuflucht suchte, erinnerte ich mich an zwei über 70 Jahre alte nichtjüdische Frauen, die einigen Juden in den Tagen des ersten Massakers im August 1941 geholfen hatten, Antonina Skrabchevska und Stanislava Tshegotska, die in der Vodoprovodna Straße wohnten. Am Abend klopfte ich an ihre Tür und trat ein. Sie waren äußerst überrascht, mich zu sehen, fragten nach den Angehörigen meiner Familie und wie ich es angestellt hätte zu überleben. Sie teilten meine Sorgen. Ich sagte ihnen, dass es schon spät sei und dass ich nicht auf die Straße gehen könnte. Irgendwie wüßte ich nicht, wo ich hingehen sollte. Aber ich hätte Kleider und andere Dinge versteckt. Wenn sie mich verstecken würden, könnte ich ihnen die erforderlichen Mittel geben, um Nahrungsmittel zu beschaffen. Es wäre genug für uns alle, für sie und für mich. Als ich ihnen versichert hatte, dass mich niemand gesehen hatte, als ich in ihr Haus kam, stimmten sie zu, mich hier schlafen zu lassen.

Ich hatte viele Wertsachen zur Aufbewahrung dem Nichtjuden Kosakevich gegeben. Er war früher Sekretär bei der Stadtverwaltung gewesen. Unter der deutschen Besatzung war er verantwortlich für die Lederfabrik, wo ich arbeitete. Glücklicherweise wohnte der Mann in der Nähe, und ich hatte keine Schwierigkeiten, sein Haus am Abend zu erreichen. Er wurde aufgeregt, als er mich sah und sagte zu mir, die Deutschen suchten mich, nachdem sie festgestellt hätten, dass ich entkommen sei. Sein Schwager fing an zu schreien, ich würde Unheil über sie bringen, und ich sollte sofort das Haus verlassen. Ich zog meine Pistole und sagte, ich sei nicht allein und es wäre besser, mir meine Sachen herauszugeben. Ich hätte die Absicht, die Sachen in Abständen zu holen und nicht alle auf einmal. (Ich hatte Angst, alles mitzunehmen, weil ich befürchtete,

*Sein Name ist in der Liste der Geretteten, die Pjotr Ruwinowitsch in Yad Vashem erhalten hat, nicht aufgeführt, vermutlich, weil er bei den Partisanen überlebt hat.

sie würden mich den Deutschen ausliefern, wenn ich nicht länger von Nutzen für sie war.) Meine Worte hatten Erfolg. Mir wurden einige Wertsachen gegeben, und ich nahm sie mit in mein Versteck. Am nächsten Tag tauschte eine der Schwestern sie gegen eine große Menge Lebensmittel, einschließlich einem Stück Butter, was zu der Zeit etwas sehr Seltenes war. Ich versprach ihnen, dass sie nichts vermissen würden, wenn ich bei ihnen bliebe.

Ich richtete ein vorübergehendes Versteck hinter dem Kleiderschrank ein, und später ging ich in den Keller. Ich baute eine doppelte Wand aus Brettern, wo ich im Falle einer Durchsuchung oder einer anderen Gefahr liegen konnte. Von Zeit zu Zeit ging ich zu Kosakevich und nahm einige meiner Sachen. Eines Nachts wurde an die Tür geklopft. Ich rannte schnell in den Keller. Nach dem Besuch kam eine der Schwestern zu mir in den Keller hinunter und sagte mir, der Besucher sei ihr Neffe Kolya gewesen, der von den Deutschen verfolgt würde. Er sei zum Dorf Ochowa gegangen, wo er hoffte, Partisanen zu treffen. Möglicherweise, fügte sie hinzu, werde er bald zurückkehren. Ich bat darum, dass ich ihn treffen könnte, wenn er zurückkehrt. Als ich mit ihm sprach, versprach er mir, herauszufinden, ob die Partisanen zustimmen würden, einen Juden aufzunehmen, und dass er mir bald ihre Antwort geben würde. Sein Familienname war Vlihovich.

Bei seinem nächsten Besuch brachte er mir eine positive Antwort. Er zog mir Bauernkleidung an, und wir fuhren mit seinem Wagen zu dem Dorf. Zwei Tage lang wartete ich im Haus seines Onkels, bis die Partisanen kamen und mich zu ihrem Kommandanten mitnahmen. Ich wurde umfassend befragt. Sie begannen mir erst zu glauben, als sich herausstellte, dass einer der Kommissare, die ich zufällig erwähnt hatte, Mitglied der Partisanengruppe war. ›Wir werden einen Nutzen aus dem Umstand ziehen, dass du Deutsch kannst und dass du ein alter Einwohner von Pińsk bist‹, sagte der Kommandant.

Die erste Aufgabe, die sie mir gaben, war, eine Radiobatterie nach Pińsk zu bringen, um sie wieder aufzuladen. Ich versuchte ihnen zu erklären, dass ich in Pińsk zu bekannt sei, und dass dies den Auftrag gefährden könne, aber sie wollten nicht auf mich hören. Mit Kolya und einem anderen Mann fuhr ich in einem Wagen los, mit der Radiobatterie in einem Bauernkorb. Wir erreichten das Haus der alten Schwestern. Ich brachte ihnen Fleisch und ande-

re Lebensmittel, und am gleichen Abend bekam ich Verbindung zu dem Mitglied der Untergrundbewegung, zu dem mich der Kommandant geschickt hatte. Er war ein Fabrikarbeiter, der die Batterie an seinem Arbeitsplatz aufladen sollte. ›Ich kann das nur in der Nacht machen‹, erklärte er mir, ›und deshalb wird es eine Woche dauern‹. Ich sagte ihm nicht, wo ich mich aufhielt. Am fraglichen Tag schickte ich Kolyas Mutter, die Batterie zu holen. Sie sagte auch Kolya Bescheid, der mich am nächsten Tag mit dem Wagen abholte. Kolya sagte mir, der Kommandant hätte befohlen, ich solle in Pińsk bleiben, bis ich neue Befehle bekäme, und dass ich Artikel von Goebbels übersetzen sollte, die in den deutschen Zeitungen erschienen, und ihm Neuigkeiten über die Bewegungen der deutschen Armee melden sollte. Ich bekam durch Unterstützung meiner Hauswirtin Zeitungen und Informationen über die deutschen Bataillone in der Stadt. Der Bote, der von den Partisanen kam, erhielt das fertig gestellte Material von mir.
Zu jener Zeit war eine von Vlasovs Kompanien in der Stadt stationiert, und aus Furcht vor Entdeckung wurde ich schnell in das Dorf zurückgezogen. Drei Wochen später kehrte ich in die Stadt zurück. Im Juni 1944, ungefähr einen Monat vor der Befreiung, wurde ich in letzter Minute gerettet, als ich, gerade noch rechtzeitig, in mein Versteck im Keller sprang, als vier Deutsche kamen, um im Haus zu wohnen. Sie blieben dort nur drei Tage, und während dieser Tage verließ ich nie den Keller.
Im gleichen Monat war eine Hausdurchsuchung nach Partisanen. Im Haus neben unserem fassten die Deutschen zwei Bauern aus der Nachbarschaft, die gekommen waren, um Lebensmittel zu verkaufen. Ihre ganze Aufmerksamkeit war auf dieses Haus gerichtet. Die Hauswirtin versuchte, mich zu überreden, vom Keller in den Stall im Hinterhof zu gehen. Ich weigerte mich, denn die Deutschen waren draußen mit ihren Hunden. Ich war wieder gerettet.
Kurze Zeit später kam der Tag der Befreiung. Die polnische Familie, bei der ich versteckt war, zog auch nach Polen, und ich half ihnen dort. Als meine Hauswirtin starb, sorgte ich dafür, dass ein Grabstein auf ihr Grab gesetzt wurde.«

Yehoshua Naidich (Tel Aviv) erzählt uns von einem Arbeiter in der Sperrholzfabrik, Volodya Dregach.

»In den ersten Wochen nach der Vernichtung des Ghettos half Volodya mir und einer Gruppe von acht anderen Juden, uns zu verstecken. Für ungefähr zwei Wochen versorgte er uns mit Lebensmitteln, bis unser Versteck entdeckt wurde, und wir es verlassen mussten. Ein nichtjüdisches Mädchen namens Dunya wohnte in der Vodoprovodna Straße. Sie war die Freundin eines der Jungen und stimmte nur zu, uns zu helfen, nachdem der Junge versprochen hatte, sie nach dem Krieg zu heiraten. Wir blieben an diesem Ort bis Mai 1943, als wir zu den Partisanen gingen.«

Tsilya Dolinko (Petach Tikva) erzählt uns die folgende Geschichte:
»Am Abend des 22. Dezember 1942 entschieden mein Mann Aryeh und ich, von unserer Arbeitsstelle im polnischen Druckhaus in der Kosciuszko Straße (früher Gleiberman) nicht ins Ghetto zurückzukehren. Am Ende des Tages marschierten wir wie gewöhnlich unter der Bewachung einer polnischen Eskorte in einer Reihe zurück. An einer bestimmten Stelle verließen wir die Kolonne und versteckten uns. Der polnische Feldscher Martiniak war damit einverstanden, dass wir die Nacht in seinem Vorratsraum Ecke Bernardinska und Albrekhtovska Straße verbrachten. Als wir am nächsten Morgen zum Druckhaus zurückgingen, hörten wir, dass das kleine Ghetto in der Nacht zerstört worden war. Da wir keinen anderen Platz hatten, um uns zu verstecken, entschieden wir, auf den Dachboden des Steingebäudes des Druckhauses zu gehen. Früher war dort ein jüdisches Zimmermannsgeschäft gewesen, aber alles war zerstört worden, die Fenster waren zerbrochen, und wir hatten keinen Schutz gegen die Kälte und den Schnee. Im Erdgeschoss des Gebäudes war das polnische Gericht. Hier arbeitete die nichtjüdische Barbara Maheyska als Putzfrau und Hauswart. Wir hatten keine andere Wahl, als zu ihr hinunterzugehen, ihr unser Geheimnis zu verraten und so unsere Leben in ihre Hände zu legen. Die einfache Frau war eine fromme Christin und enttäuschte uns nicht. Sechs Wochen lang teilte sie ihr Brot mit uns, das zu der Zeit sehr teuer war. Jede Nacht führte sie uns in die geheizten Räume des Gerichts, gab uns gekochte Suppe, bereitete Bohnen oder Perlgraupen, die ich heute noch schmecken kann. Dann verriegelte sie die Tür von außen und nahm die Schlüssel mit sich. Wir schliefen in

relativer Sicherheit bis zum Tagesanbruch. Ihr Sohn und ihre Tochter wussten nichts von unserer Existenz, denn sie traute ihnen nicht.
Nach sechs Wochen, im Februar, begannen wir zu fürchten, der gefrorene Fluss würde tauen, und wir beschlossen, den Fluss jetzt zu überqueren, um einen Weg zu finden, zu den Partisanen zu gehen. Erst als wir gingen, fragte Maheyska nach unseren Namen. Sie brachte uns einen Laib Brot und gab uns die Adresse ihrer neuen Wohnung und sagte: ›Wenn Euch etwas Schlimmes zustößt, kommt zurück zu mir‹. Sie begleitete uns zum Fluss und beobachtete aus der Entfernung, ob uns niemand gefolgt war. Nach der Befreiung kehrten wir in die Ruinen von Pińsk zurück, als befreiende Partisanen. Wir fanden Maheyska und waren überwältigt, uns wieder zu sehen. Unglücklicherweise konnten wir ihr nicht alles zurückzahlen, was sie für uns getan hatte, aber wir blieben von Israel aus mit ihr in Verbindung, schrieben ihr Briefe und schickten ihr regelmäßig Pakete, eine geringfügige Entschädigung für diese einfache Frau und ihren edlen und hervorragenden Charakter.«

Fani Lotz-Solomian (Tel Aviv) gibt den folgenden Bericht:
»Als wir die ersten Schüsse um zwei Uhr am Morgen hörten, bevor die Vernichtung des Ghettos begann, versuchte ich, zu der kleinen Kirche in der Albrekhtovska Straße zu gelangen, um mich dort zu verstecken. Als ich mich der Kirche näherte, sah ich, dass auf dem Kirchturm ein Scheinwerfer angebracht worden war, und dass die Deutschen schon daneben saßen. Dann versuchte ich, zum Kreiskrankenhaus in der Bernardinska Straße zu gelangen, aber vergeblich. Neben dem Gebäude des ›Judenrates‹ kroch ich durch den Zaun und versuchte, die Albrekhtovska Straße zu erreichen. Die deutschen Wachen ergriffen mich, aber zu meiner Überraschung erschossen sie mich nicht, sondern brachten mich zurück ins Ghetto. Ich kehrte zu meinem Vater zurück, der aber schickte mich wieder fort. Eine Axt in der Hand haltend sagte er, es wäre besser, wenn jeder sich um sich selbst kümmert. Ich ging wieder raus und erreichte den Hinterhof des ›Judenrates‹, wo sich Hunderte Juden versammelt hatten. Als ich die Menge Leute in dem Hof sah, kroch ich durch den Zaun zum nächsten Haus, dem des Zahnarztes Gottlieb. Ich sprang in den Keller und schloss den Deckel. Den ganzen Tag hörte ich die Aktion im Ghetto.

Als es dunkel wurde, ging ich raus, und durch die Brovarna Straße erreichte ich den Hinterhof unseres Hauses nahe am Flussufer. Ich stieg in den Dachstuhl eines der Ställe im Hof und versteckte mich dort. Am Morgen kam Jan Shpinak, der Fuhrmann, wie gewöhnlich, um die Pferde zu füttern. Er stand in Diensten der Abwasserabteilung der Stadtverwaltung, und die Pferde waren unter seiner Verantwortung. Ich ging runter und fragte ihn nach Nahrung. Er versprach, mir zu helfen, brachte mir aber erst am Abend etwas zu essen. Er erzählte mir, wie der zweite Tag der Aktion im Ghetto verlaufen war und fügte hinzu, er hätte gehört, dass mein Vater einen Deutschen mit der Axt getötet hätte, als sie kamen, um ihn zu holen.
Ungefähr eine Woche lang sorgte Shpinak für mich, aber als das kleine Ghetto eingerichtet wurde, schlug er vor, dass ich dorthin gehen sollte. Ich lehnte das ab. Ich versuchte, stattdessen mit dem Ingenieur Mechnikovsky in Verbindung zu kommen, der ein Freund von mir war seit den Tagen der Russen. Ich ging am Abend zu ihm, obwohl er nahe bei dem Polizeioffizier Sologub wohnte. Ich bekam eine warme Mahlzeit, aber ich konnte dort nicht bleiben, weil seine Frau schwanger war. Ich ging zurück in den Stall.
In den nächsten vier Wochen besuchte ich auch Dr. Dametzky, den Gefängnisdoktor. Ich kannte ihn, weil ich mit seiner Schwester gearbeitet hatte. Ich hatte einige Sachen bei ihm gelassen, als ich noch im Ghetto war. Dr. Dametzky wohnte in der Krayevska Straße, und ich ging über die Eisenbahnschienen zu ihm, das heißt, ich ging um die ganze Stadt herum, um zu ihm zu kommen.
Ich hatte auch einige Dinge Zielinsky anvertraut, dem Chef der Reinigungsabteilung der Stadtverwaltung. Ich arbeitete in seiner Abteilung als Straßenkehrer und für ein paar Kartoffeln in seinem Haus als Raumpflegerin. Zielinsky und seine Frau hatten es nicht eilig, mir meine Sachen zurückzugeben: ›Warum sie zurücknehmen? Du wirst sowieso getötet werden …‹
Zelent, der Aufseher über die Gesundheitserziehung, ein Absolvent der polnischen Oberschule in Pińsk, hatte mit mir zusammen gearbeitet, als ich während der Zeit der Russen vorübergehend Lehrerin an der jüdischen Oberschule war. Als er mein Versteck herausfand, brachte er mir Geld und nahm meine Schuhe, um sie reparieren zu lassen.

Ende November sagte Shpinak jedoch zu mir, ich müsse den Stall verlassen, weil seine Verwandten, und unter diesen sein deutscher Schwiegersohn, der Polizist Mikhal Wagner, ihn verdächtigten, mich zu verstecken. Ich bat ihn, mir Ski aus Brettern zu machen, damit ich das dünne Eis des zugefrorenen Flusses überqueren könnte. Unglücklicherweise schmolz das Eis an jenem Tag, und ich ging zurück in den Stall. Shpinak bestand darauf, dass ich weggehe, und am nächsten Tag, dem Markttag, einem glücklicherweise kalten und windigen Tag, ging ich fort. Ich überquerte die Brücke und erreichte sicher die andere Seite des Flusses. Ich ging in das Dorf Perechristye, um zu den Partisanen im Zawiszcze Wald zu gehen. Weil der Ingenieur Mechnikovsky ihr Verbindungsmann war, führte er mich. Ich hatte einen polnischen Ausweis auf den Namen Helena Shcherbatsevitch, den ich vorbereitet hatte, als ich noch im Ghetto war.«

Lasst uns als Schlussfolgerung sagen, dass es möglicherweise andere Fälle von Juden gab, denen von Nichtjuden geholfen wurde, aber wir haben nie davon gehört, und deshalb können wir sie hier nicht veröffentlichen.

Diese wenigen Lichtstrahlen, über die wir geschrieben haben, unterstreichen umso mehr die tiefe Dunkelheit, die über die jüdische Bevölkerung kam, verurteilt zum Tod im Ghetto.

Ausnahmen bestätigen die Regel, und die Regel war, dass die nichtjüdische Bevölkerung, die seit Hunderten von Jahren mit den Juden zusammenlebte, ihre Nachbarn schändlich verriet und Handlanger der Nazi-Vernichtungsmaschine wurde, entweder aktiv oder passiv. Auch die örtlichen Nichtjuden wollten das Blut und das Eigentum der Juden. Der Part, den sie beim schrecklichsten Verbrechen der Geschichte spielten, der Ermordung von einem Drittel der Bevölkerung, wird niemals vergessen werden.

Am Tag der Befreiung, nach drei Jahren und zehn Tagen des mörderischen Naziregimes, standen die 17 verwaisten Überlebenden an den riesigen Massengräbern der Tausende von Juden der Gemeinde Pińsk und Karlin, die blutgetränkte Erde brannte unter ihren Füßen, und der Geist der Untergegangenen wehklagte in ihren Ohren: »Hebt eure Füße hinweg von diesem Ort!«

Das jüdische Pińsk ist von der Erde ausgelöscht, und seine Geschichte von Hunderten von Jahren kam zu Ende und ist nicht mehr.

Dokument XIII

Auszüge aus der Begrüssungsrede von Werner Müller am 24. Juni 1996 in Warschau

(...) Als ich auf der Namensliste hinter einem Namen »Babij Jar« las, überkamen mich Entsetzen und Scham. Dieser Name hat für uns den gleichen schrecklichen Klang wie Auschwitz, Sobibór, Majdanek oder Treblinka. Babij Jar steht für uns stellvertretend für die vielen Vernichtungslager und Vernichtungsorte auf dem Gebiet der früheren Sowjetunion, deren Namen und Existenz auch nach 50 Jahren in Deutschland noch unbekannt sind. Es fällt uns nicht leicht, den Überlebenden dieser Schreckensorte gegenüberzutreten, denn sechs Millionen ermordeter Juden stehen zwischen uns.

(...) Sechs Millionen ermordeter Juden. Das übersteigt jedes menschliche Vorstellungsvermögen. Der Vizepräsident des Deutschen Bundesrates, Klaus Wedemeier, hat aus Anlass des 50. Jahrestages der Befreiung des Vernichtungslagers Auschwitz gesagt:

»Wenn die toten Juden aufstünden, und jeder sagte bloß seinen Namen und seine Herkunft, würden zwei Jahre vergehen. Wenn jeder Jude noch meldete, wie er ermordet worden ist: erschossen, erschlagen, erwürgt, vergast, verbrannt, wären vielleicht vier Jahre vergangen. Und wenn sie, angetreten zum Zählappell wie im Lager, abzählten, noch ein Jahr... Viele sagen: sechs Millionen, das ist Statistik. Aber die Zahl wird Fleisch und Blut, wenn die Überlebenden aufzählen, wer in ihren Familien ermordet worden ist. Hinter jedem Zeugen stehen gedrängt die Toten, die Statistik wird lebendig... Vielleicht ist es falsch, von sechs Millionen Ermordeter zu sprechen. Wir sollten sagen: sechs Millionen Mal ist ein Mensch ermordet worden.« (...)

Glossar

Baba Metzi'a Ein Buch der Mischna.

Baba Quama Ein Buch der Mischna.

Bar-mizwe (jidd.; hebr. Bar Mizwa, Sohn des Gebotes) Junge, der das 13. Lebensjahr vollendet hat und fortan zur Haltung der Gebote verpflichtet ist. Am Schabbat nach dem 13. Geburtstag wird der Junge zur Toralesung aufgerufen. Nach der Bar Mizwa gilt der Junge als Erwachsener.

BdS Befehlshaber der Sicherheitspolizei und des SD.

Bejgel (jidd.) Brezel

Bihme (jidd.; hebr. Bimah) Nach talmudischer Vorschrift um höchstens sechs Stufen erhöhte Estrade meist in der Mitte der Synagoge zur Aufnahme des Tisches, von dem aus die Tora-Vorlesung erfolgt.

Chale (jidd.; hebr. Challa Plur. Challot) Im Volksmund Bezeichnung des Weißbrots in Zopfform, das am Schabbat und an den Feiertagen gegessen wird.

Chanukka (hebr. = Einweihung) Achttägiges jüdisches Lichterfest zur Erinnerung an die Wiedereinweihung des Tempels in Jerusalem durch Juda Makkabi nach der Entweihung durch die Seleukiden im Jahr 165 v.d.Z. Nach einer talmudischen Legende reichte das einzige Fläschchen mit reinem Öl, das die Makkabäer im Tempel vorfanden, in wunderbarer Weise acht Tage lang; zur Erinnerung daran wird am Chanukkaleuchter, beginnend mit einem Licht am ersten Tag, acht Tage lang jeweils ein weiteres Licht angezündet.

Chasn (jidd.) Kantor.

Chassidismus, Chassidim, chassidisch Von Chassid (hebr.= Frommer). Im 18. Jahrhundert in der Ukraine begründete Erneuerungsbewegung, Popularisierung der Lehren der Kabbala, Betonung eines Gottesdienstes der Freude und der Frömmigkeit besonders des einfachen Juden und des Charismas des Rebben oder Zaddik.

Cheder (hebr. Stube) Die traditionelle jüdische Elementarschule, die die Jungen vom 4.-5. Lebensjahr an bis zur Bar Mizwa besuchten, gelehrt wurde die Bibel auf hebräisch. Der Melammed, der Kinderlehrer, hatte keine besondere Ausbildung.

Deuteronomium Das 5. Buch Mose (zweite Gesetzgebung).

Endlösung Das umfassende Programm der Nationalsozialisten, um die »Judenfrage« durch die Ermordung aller Juden Europas zu lösen.

Erez Israel Das Abraham von Gott verheißene Land als Wohnort des jüdischen Volkes.

Exodus Das 2. Buch Mose, das den Auszug der Juden aus Ägypten schildert.

Feldscher Veraltet für Wundarzt.

Feldwasserstraße Dienststelle der Deutschen Wehrmacht, zuständig für Belange der Binnenschifffahrt.

Gemara (hebr. Vollendung, erlernte Tradition) Bezeichnet gewöhnlich die Diskussionen der späteren Rabbinen über die Mischna. Mischna und Gemara zusammen ergeben den Talmud.

Gerechter unter den Völkern Titel für Nichtjuden, die während des Nationalsozialismus ihr Leben für die Rettung von Juden riskierten. Der Name stammt aus einem hebräischen Satz des Talmud, der besagt: Die Gerechten unter den Völkern der Welt haben einen Platz in der kommenden Welt. Wer von der durch

Gesetz eingerichteten Gedenkabteilung als Gerechter unter den Völkern anerkannt wird, erhält eine Urkunde und eine Medaille, auf der der Name sowie der Wahlspruch des Talmud eingraviert sind: Wer ein Leben gerettet hat, wird so betrachtet, als habe er das ganze Universum gerettet.

GK Generalkommissar(iat).

Haggada Plur. Haggadot. Volkstümliche Pessach-Erzählung, die vom Hausherrn am ersten (in der Diaspora auch am zweiten) Abend des Pessach-Festes im Rahmen der häuslichen Seder-Feier vorgelesen wird. Diese Sitte stützt sich auf Exodus 12, 26 u. 13, 8. Haggadot wurden oft prächtig verziert und mit Miniaturen versehen.

Halacha Halacha bezeichnet zunächst die feststehende Norm, Regel, Satzung, das einzelne Gebot. Später kann dann die Halacha als Gattungsbegriff das ganze System der religionsgesetzlichen Bestimmungen, der Gebote und Verbote, bezeichnen. Die Halacha regelt also das Leben des Juden in allen Bereichen und Einzelheiten.

HDv Heeresdienstvorschrift.

Holocaust Bereits 1913 prägte der Engländer Duckett Z. Ferriman für das Massaker des Jahres 1909 an 20 000 bis 30 000 Armeniern in Kilikien den Terminus Holocaust. (The Young Turks and the Truth about the Holocaust at Adana in Asia Minor, During April, 1909.)
Unter den verschiedenen Tieropfern im Jerusalemer Heiligtum gab es eines, das weder von den Spendern noch von den Priestern gegessen werden durfte, weil es in der Gänze verbrannt wurde. Das hebräische Wort für dieses Opfer war olá kalil (ganz im Rauch aufgehen), in der griechischen Übersetzung der Tora wurde das Wort holocauston (= gänzlich verbrannt) dafür verwendet. Die olá (holocauston) war, solange der Opferdienst in Kraft war und ausgeführt wurde, der höchste Ausdruck totaler Hingabe an Gott.
Die Massenabschlachtung von Menschen durch die Nationalsozialisten als olá (»Holocaust«) und damit sogar als von der

Tora geboten und Gott wohlgefällig zu bezeichnen, ist nicht nur ein Missverständnis, sondern Blasphemie, Beleidigung der Opfer und Verherrlichung der Mörder.
Elie Wiesel, der zuerst diesen Begriff für den planmäßigen Massenmord an den Juden verwendete, soll dies inzwischen bereuen.
Der treffendere Begriff Schoa wird in der lateinischen Übersetzung der Bibel mit devastatio, pernicies, vastae ruinac übersetzt, zu deutsch Totalvernichtung und -verwüstung (Yehuda Radday).

»Völkermord an den Juden« drückt unmissverständlich aus, was mit »Holocaust« und »Schoa« gemeint ist.

Iwrit Neuhebräisch.

Jeschiwe (jidd.; hebr. Jeschiwa Plur.: Jeschiwot) Talmud-Hochschule, die der Gelehrten- und Rabbinerausbildung dient.

Jiddisch Umgangssprache der Juden in Osteuropa. Die vor den Pogromen zur Zeit der Kreuzzüge nach Polen, Litauen und Russland geflohenen Juden behielten ihre mittelhochdeutsche Umgangssprache bei, die immer schon zahlreiche Wörter aus dem Hebräischen enthielt und in der neuen Heimat auch slawische und litauische Ausdrücke aufnahm. Geschrieben wird Jiddisch in hebräischen Buchstaben.

Jom Kipper (jidd.; hebr. Jom Kippur) (Tag der Sühne) Das Versöhnungsfest ist der höchste Feiertag des jüdischen Jahres, (auch Schabbat Schabbaton genannt, also der Sabbat der Sabbate, weil der Schabbat über allen Festen steht). Jom Kippur ist ein strenger Fasttag. Er beendet die Bußzeit der zehn ersten Tage des Jahres. Man soll diesen Tag in ununterbrochenem Gebet in der Synagoge verbringen.

Judenrat Anders als die vor dem Zweiten Weltkrieg in Polen bestehenden Vorstände der Jüdischen Kultusgemeinden, die ihrem Status nach Selbstverwaltungsorgane der Religionsgemeinschaft waren, hatten die Judenräte nicht die Funktion einer Selbstverwaltung. Sie waren von der deutschen Besatzungsmacht eingesetzte Verwaltungseinrichtungen, deren Aufgabe in der Ausführung der Anordnungen der Besatzungsmacht bestand.

Kabbala wörtl.: Überlieferung; mystische Lehre, die aus spätantiken Quellen schöpft und sich u.a. auf die Deutung der einzelnen Buchstaben und Zahlen stützt, vor allem im mittelalterlichen und früh-neuzeitlichen Judentum.

Kaschrut (Tauglichkeit) Die Bestimmungen, was kascher oder koscher ist, gehen auf Exodus 23, 19 und Leviticus 17, 11 und 25 zurück. Sie betreffen besonders Nahrungsmittel. Strikt verboten ist jeglicher Verzehr von Blut. Tiere müssen so geschlachtet werden, dass das Fleisch kein Blut mehr enthält. Verboten sind Schweinefleisch, Kaninchen, Meeresfrüchte und Krabben. Milch- und Fleischgerichte müssen getrennt bereitet, gegessen und aufbewahrt werden. Eine koschere Küche hat getrennte Schränke für das Geschirr und Besteck von Fleisch- und Milchgerichten.

Kibbuz Plur. **Kibbuzim**, Landwirtschaftliche Genossenschaftssiedlung, in der zionistischen Bewegung auch: Vorbereitungslager.

Kommandantenzeit Die Zeit, in der man während der Besetzung durch die Deutsche Wehrmacht das Haus verlassen durfte.

Kontribution Für den Unterhalt der Besatzungstruppen erhobener Beitrag in besetzten Gebieten.

Koscher siehe Kaschrut.

Levitikus Bezeichnung des 3. Buches Mose.

lichtik (jidd.) hell, befreiend.

Maze (jidd.; hebr. Mazza Plur. Mazzot) Ungesäuertes Brot, das während der acht Tage des Pessach-Festes gegessen wird und an den eiligen Auszug aus Ägypten erinnern soll.

Mein Kampf Das Buch Hitlers, verfasst in der Zeit seiner Festungshaft nach dem Umsturzversuch in München 1923. Es enthält schon die Aussagen über seine Pläne der Vernichtung der Juden.

Menorah (Leuchter) Bezeichnung insbesondere des siebenarmigen Leuchters im Heiligtum. Die Menorah wurde nach der Zerstörung des zweiten Tempels eines der am häufigsten abgebildeten jüdischen Motive und damit das älteste Symbol des jüdischen Volkes.

Mesusa (hebr. = Türpfosten) Eine oft kunstvoll gestaltete Kapsel, die einen Pergamentstreifen mit Texten aus Deuteronomium 6, 4-9 und 11, 13-21 enthält. Die Mesusa wird am rechten Türpfosten des Eingangs jüdischer Häuser und Wohnungen befestigt. Der gläubige Jude berührt die Mesusa, wenn er das Haus betritt, und spricht dabei einen Segensspruch.

Minjan Die vorgeschriebene Zahl von zehn männlichen Betern im Alter von mindestens 13 Jahren, durch die eine Gemeinde konstituiert wird und die daher für den öffentlichen Gemeindegottesdienst notwendig sind.

Mischna Die erste autoritative Gesetzessammlung des nachbiblischen Judentums. Eine Zusammenfassung des in unterschiedlicher Weise aus der Bibel abgeleiteten, vorwiegend halachischen Traditionsstoffes. Teil des Talmud.

NKWD Abk. für russisch »Narodnij Kommissariat Wnutrennich Djel«. Volkskommissariat für Inneres, das 1934 gegründet wurde. Darin die Hauptverwaltung für Staatssicherheit.

NSDAP Nationalsozialistische Deutsche Arbeiterpartei. Die Staatspartei des Dritten Reiches.

Nürnberger Gesetze Am 15. September 1935 wurden in Nürnberg zwei Verfassungsgesetze erlassen, die die Basis für den Ausschluss der Juden aus dem öffentlichen Leben Deutschlands und für die nachfolgende antijüdische Politik bildeten. Das Reichsbürgergesetz legte fest, dass nur Deutsche oder Personen mit art-

verwandtem Blut Bürger des Reiches seien. Durch dieses Gesetz verloren die deutschen Juden ihre politischen Rechte. Sie wurden zu Staatsangehörigen, wohingegen man die arischen Deutschen zu Reichsbürgern erklärte.
Die Nürnberger Gesetze vom September 1935 erwähnten lediglich Juden und Deutsche. Erst in der ersten Verordnung zum Reichsbürgergesetz vom November 1935, in der der Begriff Jude definiert wurde, tauchte als dritte Kategorie die der Mischlinge auf.

Pejes (jidd.) Schläfenlocken. Diese Tracht geht auf das Verbot des Kahlscherens an den Seiten (Levitikus 19, 27) zurück, die in orthodoxen und chassidischen Kreisen bis heute üblich ist.

Pessach (Vorüberschreiten) Frühlingsfest, in biblischer Zeit das erste von drei Wallfahrtsfesten. Pessach erinnert an den Auszug aus Ägypten. Das Fest dauert acht Tage. Es wird mit dem festlichen Seder-Mahl eingeleitet, bei dem man die Pessach-Haggada mit der Geschichte der Sklaverei in Ägypten und des Auszuges von dort verliest.

Polesje (polnisch: Polesie; früher deutsch auch Pripjetsümpfe). Wald- und Sumpfgebiet am Pripjet und seinen Nebenflüssen zwischen dem Dnepr im Osten, dem Weichselnebenfluss Wierpz im Westen, dem Westrussischen Landrücken im Norden und der Wolynisch-Podolischen Platte im Süden der UdSSR.

Purim Das Purimfest wird gefeiert zur Erinnerung an die Rettung der persischen Juden vor der Vernichtung. Charakteristisch für das Purimfest ist die Verlesung der Esterrolle im Synagogengottesdienst und der Brauch, dass die Kinder mit besonderen Purimrasseln lärmen, wenn der Name des Judenfeindes Haman genannt wird, und die Sitte, sich zu verkleiden.

Rabbiner Der Rabbiner war und ist kein Priester. Neben der religiösen Belehrung hatte er auch richterliche Befugnisse im Zivil-, Ehe- und Erbrecht. Heute hat sich die Stellung des Rabbiners stark der des christlichen Geistlichen angeglichen.

Rayon Bezirk, Dienstbereich.

RF-SS Reichsführer-SS

Roscheschone (jidd.; hebr. Rosch Haschana) (Haupt des Jahres) Das jüdische Neujahrsfest. Die Zählung der Jahre bezieht sich auf den biblischen Schöpfungsbericht.

Ruthenen Frühere Bezeichnung für im ehemaligen Österreich-Ungarn lebende Ukrainer.

SA (Sturmabteilung) paramilitärische Organisation der NSDAP, wichtigstes Instrument der Partei bei der Eroberung und Befestigung der innenpolitischen Macht.

Schabbes (jidd.; hebr. Schabbat - Ruhe) Siebenter Tag der Woche, Tag der Ruhe und der Heiligung. Wie alle jüdischen Feiertage beginnt er am Vorabend, dauert also von Freitagabend bis Samstagabend. Wie es in der Schöpfungsgeschichte nach den sechs Schöpfungstagen heißt, dass Gott am siebenten Tag ruhte, so soll der Mensch keinerlei Arbeit verrichten, auch keine Reise unternehmen. Im Mittelpunkt des synagogalen Gottesdienstes steht die Lesung des Wochenabschnittes aus der Tora.

Schawuot Das Wochenfest wird sieben Tage nach Pessach gefeiert. Es erinnert an die göttliche Offenbarung am Sinai.

Schoa (Vernichtung, Heimsuchung) Der in der jüdischen Welt heute gebräuchlichste Begriff für den »Holocaust«, die Verfolgung und Vernichtung der Juden im Zweiten Weltkrieg durch die Nationalsozialisten. Der hebräische Terminus bedeutet Unheil oder Heimsuchung. Er wird erstmals im Jahr 1940 in einem Buch über das Schicksal der polnischen Juden verwendet: Schoat jehudej polin (Unheil der Juden in Polen).

Schojchet (jidd.) Schächter. Fachmann, der mit dem Schächtmesser die rituelle Schlachtmethode nach festgelegten Vorschriften durchführt.

Schtetl (jidd.) Kleinstadtgemeinde in Osteuropa, in der die Juden die Mehrheit der Bevölkerung bildeten. Die Schtetl waren die Zentren der ostjüdischen Kultur, in der die Juden in relativer Isolation von der nichtjüdischen Umwelt ihre Identität, Traditionen und Gesetze pflegten. Sie sprachen Jiddisch und schrieben und lasen Hebräisch. Der Alltag war durch den mühseligen Erwerb des Lebensunterhalts, ständig drohende Angriffe von außen und restriktive Maßnahmen der Obrigkeit bestimmt. Nach 1880 zogen immer mehr Juden in die großen Städte oder wanderten aus. Infolge der Russischen Revolution und des Zweiten Weltkriegs wurde das osteuropäische Schtetl-Leben mit seiner spezifischen Kultur endgültig zerstört.

Schul (jidd.) Seit dem Mittelalter Bezeichnung für den Versammlungsort der Gemeinde, die Synagoge.

SD (Sicherheitsdienst Reichsführer SS) Der Nachrichtendienst der NSDAP, wichtige Institution bei der Durchführung der Endlösung. 1931 richtete Heinrich Himmler die Kernzelle eines Nachrichtendienstes in der SS ein und ernannte Reinhard Heidrich zu dessen Chef.

Seder (Ordnung) Die häusliche Feier beim Festmahl am Vorabend des Pessach-Festes.

Simchat Tora »Freude über die Tora«. Fest, an dem die Verlesung der Tora im Synagogengottesdienst nach dem einjährigen Zyklus beendet und gleichzeitig wieder neu begonnen wird; charakteristisch sind fröhliche Umzüge mit den Torarollen , die die »Freude am Gesetz« zum Ausdruck bringen.

Sipo Sicherheitspolizei

SS (Schutzstaffel) Hitlers Leibgarde, Polizeitruppe der NSDAP und später die Elitegarde des nationalsozialistischen Regimes wie auch sein Hauptinstrument bei der Ausübung von Terror und Massenmord.

Starost (polnisch) früher polnischer Kreishauptmann, Landrat.

Sukkes (jidd.; hebr. Sukkot, Plural von Sukka = Obdach/Hütte) Das Laubhüttenfest. Drittes der ehemaligen Wallfahrtsfeste, Erntedankfest.

Synagoge (griech. Versammlungsort der Gemeinde) Die ersten Erwähnungen von Synagogen stammen aus dem 3. Jhd. v.d.Z.

Tales (jidd.; hebr. Tallit) Gebetsmantel. Viereckiges Tuch zum Umhängen aus Wolle, Baumwolle oder Seide; an den vier Enden werden die Schaufäden (Zizit) angebracht. Die Farbe ist weiß, aber meist mit einigen blauen Streifen. Ursprünglich war es ein gewöhnliches Kleidungsstück und wurde erst nach dem babylonischen Exil auf religiöse Zwecke begrenzt. Es wird heute von männlichen Personen nur beim Morgengebet getragen.

Talmud (Studium, Lehre) Eigentlich Talmud Tora, die von der Schrift ausgehende Belehrung. Im technischen Sinne Bezeichnung der Mischna und des dazu gehörenden Kommentars (Gemara).

Tarbut (hebräisch) Kultur; Schulorganisation der Partei der Allgemeinen Zionisten, die weltliche Schulen mit hebräischer Unterrichtssprache betrieb.

Tfiln (jidd.; hebr. Tefillin) Gebetsriemen. Zwei schwarze Lederkapseln, die von männlichen Juden mit schwarzen Lederriemen am linken Arm (der Seite des Herzens) und an der Stirn festgebunden und beim Morgengebet der Wochentage getragen werden. Sie enthalten, auf Pergament geschrieben, die vier Bibelabschnitte Exodus 13, 1-10; 11-16; Deuteronomium 6, 4-9 und 11, 13-21 und erfüllen damit das biblische Gebot, dass die Tora »zum Zeichen an deiner Hand und zwischen deinen Augen« sein soll.

Tora (Weisung/Lehre) Bezeichnung der fünf Bücher Mose. Die Tora wird für den gottesdienstlichen Gebrauch mit der Hand auf eine Pergamentrolle geschrieben. Torarollen werden im Toraschrein verwahrt und nur zur Toralesung im Gottesdienst entnommen.

UdSSR Union der Sozialistischen Sowjetrepubliken (bis 1991).

Yad Vashem Gedenkstätte für Holocaust und Heldentum in Jerusalem. Der Namen bedeutet: »Dauerndes Gedenken« (wörtlich: »Ein Denkmal und ein Name« siehe Jesaja, Kap. 56, Vers 5).

Zaddik wörtlich: Gerechter, führender, oft auch wundertätiger Chassid.

zbV zur besonderen Verwendung.

Zionismus Nationalbewegung des jüdischen Volkes mit dem Ziel der Rückkehr nach Palästina/Israel und dem Aufbau eines Gemeinwesens dort. Die »zionistische Bewegung« wurde 1897 auf dem 1. Zionistenkongress international organisiert, auf dem auch die »zionistische Weltorganisation« gegründet wurde. Innerhalb der zionistischen Bewegung gibt es unterschiedliche politische und religiöse Gruppen und Parteien mit je eigenen Organisationen und Jugendverbänden.

Verzeichnis der Abbildungen

Zeittafel

25. Mai 1923: Pjotr Ruwinowitsch Rabzewitsch wird in Drohiczin (Polen) als Eruchim-Fischl Ruwinowitsch Rabinow geboren.

23. August 1939: In einem geheimen Zusatzprotokoll zum deutsch-sowjetischen Nichtangriffspakt vom 23. August 1939 beschließen das Deutsche Reich und die Sowjetunion die Aufteilung Polens.

1. September 1939: Polen wird von deutschen Truppen überfallen. Beginn des Zweiten Weltkriegs.

17. September 1939: Die Rote Armee besetzt aufgrund des geheimen Zusatzprotokolls zum deutsch-sowjetischen Nichtangriffspakt vom 23. August 1939 Ostpolen bis zum Bug.

20. September 1939: Pińsk wird von der Roten Armee besetzt.

22. Juni 1941: Deutsche Truppen überfallen die Sowjetunion.

4. Juli 1941: Deutsche Truppen besetzen Pińsk und ermorden 17 Juden.

5. August 1941: In einer mehrere Tage andauernden Aktion werden etwa 10 000 jüdische Männer, darunter alte Männer und Kinder von einem deutschen Sonderkommando ermordet. Unter den Ermordeten sind auch Pjotr Ruwinowitschs jüngere Brüder David und Aron.

1. Mai 1942: Etwa 20 000 Juden werden in einem sehr kleinen Ghetto in Pińsk eingesperrt.

27. Oktober 1942: Befehl von Heinrich Himmler (Reichsführer SS) an den SS-Obergruppenführer und General der Polizei Hans

Adolf Prützmann, Höherer SS- und Polizeiführer Ukraine, zur Vernichtung des Ghettos von Pińsk.

29. Oktober 1942: Das Ghetto von Pińsk wird ausgelöscht. Bis auf 143 Handwerker werden alle Juden ermordet. Eruchim-Fischl Ruwinowitsch Rabinow wird von dem Sonderführer Günter Krüll gerettet, der ihn bis zum 24. November in seinem Haus versteckt.

22. November 1942: Günther Krüll stellt Eruchim-Fischl Ruwinowitsch Rabinow einen Ausweis auf den Namen Pjotr Rabzewitsch aus und schickt ihn nach Kiew.

28. November 1942: Pjotr Rabzewitsch kommt in Kiew an. Bis zur Befreiung Kiews durch die Rote Armee arbeitet er bei der Feldwasserstraßen Abt. 2 als Telefontechniker.

23. Dezember 1942: Die letzten 143 Juden in Pińsk werden ermordet.

6. November 1943: Kiew wird von der Roten Armee befreit.

1946: Pjotr Rabzewitsch sieht seinen Bruder Lew wieder, der als Angehöriger der Roten Armee überlebt hat.

1950: Pjotr Rabzewitsch sieht seine Schwester Riwa wieder, die als Angehörige der Roten Armee überlebt hat.

1956: Pjotr Rabzewitsch kann offiziell wieder seinen jüdischen Vatersnamen Ruwinowitsch annehmen.

26. Juni 1996: Pjotr Ruwinowitsch erzählt dem Ehepaar Müller seine Geschichte und bittet sie, seinen Retter zu suchen.

14. November 1996: Pjotr Ruwinowitsch erfährt, dass die Familie seines Retters gefunden ist.

16. Februar 1997: Pjotr Ruwinowitsch kommt mit seiner Ehefrau Ewgenia Abramowna nach Köln, um die Familie seines Retters kennenzulernen und das Grab seines Retters zu besuchen.

9. September 1999: Günter Krüll wird von der Gedenkstätte Yad Vashem unter der Nummer 8339 postum als »Gerechter unter den Völkern« geehrt. Das Diplom und die Medaille werden am 9. September 1999 in der Israelischen Botschaft in Bonn im Beisein von Pjotr Ruwinowitsch der Witwe überreicht.

Die Familie des Pjotr Ruwinowitsch Rabzewitsch, soweit sie nicht schon vor dem Zweiten Weltkrieg ausgewandert oder gestorben war

Großmutter	Beila Korsh *1868 †25.7.1942 in Drohiczyn ermordet
Vater	Ruwin Schlemowitsch Rabinow *1890 †29.10.1942 im Ghetto Pińsk ermordet
Mutter	Pessel Fischlewna Rabinowa, geb. Korsh *1892 †29.10.1942 im Ghetto Pińsk ermordet
Geschwister des Vaters	Akiwa Rabinow *1886 †1941 in Pohost Zagorodzki ermordet
verheiratet mit	Chawa Rabinowa *1887 †1941 in Pohost Zagorodzki ermordet
ihre Kinder	Jankel Rabinow *1915 †1941 in Pohost Zagorodzki ermordet Riwa Rabinowa *1917 †1941 in Pohost Zagorodzki ermordet Zerl Rabinowa *1919 †1941 in Pohost Zagorodzki ermordet Meir Rabinow *1921 †1941 in Pohost Zagorodzki ermordet Chana Rabinowa *1924 †1941 in Pohost Zagorodzki ermordet
Nach Kasachstan evakuiert und gerettet	Israel Rabinow *1893 †nach 1945 in USA
verheiratet mit	Frieda Rabinowa *1894

ihre Kinder	RIWA RABINOWA *1920 †nach 1945 in USA SCHENA RABINOWA *1922 †nach 1945 in USA GOGL RABINOWA *1924
Geschwister der Mutter	MEIR KORSH *1894 †25.7.1942 in Drohiczyn ermordet
verheiratet mit	RACHEL KORSH *1895 †25.7.1942 in Drohiczyn ermordet
ihre Kinder	NEACH KORSH *1912 †25.7.1942 in Drohiczyn ermordet DWOIRA KORSH *1914 †25.7.1942 in Drohiczyn ermordet N.N. †25.7.1942 in Drohiczyn ermordet N.N. †25.7.1942 in Drohiczyn ermordet
	SARA POPINSKA geb.Korsh *1896 †25.7.1942 in Drohiczyn ermordet
verheiratet mit	MOTL POPINSKI *1895 †25.7.1942 in Drohiczyn ermordet
ihre Kinder	Tochter N.N. †25.7.1942 in Drohiczyn ermordet Tochter N.N. †25.7.1942 in Drohiczyn ermordet Sohn N.N. †25.7.1942 in Drohiczyn ermordet Sohn N.N. †25.7.1942 in Drohiczyn ermordet
	SCHMUEL KORSH *1899 †25.7.1942 in Drohiczyn ermordet
verheiratet mit	GITL KORSH *1891 †25.7.1942 in Drohiczyn ermordet

	Michel Korsh
	*1901 †25.7.1942 in Drohiczyn ermordet
verheiratet mit	Reisel Korsh
	*1900 †25.7.1942 in Drohiczyn ermordet
ihre Kinder	Tochter N.N.
	†25.7.1942 in Drohiczyn ermordet
	Tochter N.N.
	†25.7.1942 in Drohiczyn ermordet
Pjotr und seine Geschwister	Ester Ruwinowna Rabinowa
	*1914 †29.10.1942 im Ghetto Pińsk ermordet
verheiratet mit	Awraam Warschawski
	*1910 †29.10.1942 im Ghetto Pińsk ermordet
ihre Tochter	Gitla
	*1940 †29.10.1942 im Ghetto Pińsk ermordet
	Lew Ruwinowitsch Rabinow
	*1916 (hat in der Roten Armee überlebt)
verheiratet mit	Chaja-Dwejra
	*1911 †29.10.1942 im Ghetto Pińsk ermordet
ihre Tochter	Dina
	*1940 †29.10.1942 im Ghetto Pińsk ermordet
	Riwa Ruwinowna Rabinowa
	*1921 (hat in der Roten Armee überlebt)
	Eruchim-Fischl Ruwinowitsch Rabinow
	*25.5.1923 (von G. Krüll gerettet)
	David Ruwinowitsch Rabinow
	*1925 †7.8.1941 in Pińsk ermordet
	Aron Ruwinowitsch Rabinow
	*1927 †7.8.1941 in Pińsk ermordet

Literatur

Absolon, Rudolf: Die Wehrmacht im Dritten Reich, Bd. V, 1.9.1939 bis 18.12.1941, Bd. VI, 19.12.1941 bis 9.5.1945, Schriften des Bundesarchivs, Boppard 1995.

Ainsztein, Reuben: Jüdischer Widerstand im deutschbesetzten Osteuropa während des Zweiten Weltkrieges, Oldenburg 1995.

Aly, Götz: »Endlösung« Völkerverschiebung und der Mord an den europäischen Juden, Frankfurt am Main 1998.

Arad, Yitzhak / Krakowski, Shmuel / Spector, Shmuel (Hrsg.): The Einsatzgruppen Reports, Jerusalem 1989.

Benz, Wolfgang (Hrsg.): Dimension des Völkermords. Die Zahl der jüdischen Opfer des Nationalsozialismus, München 1996.

Boneh (Mular), Nahum: The Holocaust And The Revolt In Pińsk 1941-1942, Offprint from the book »Pińsk«, vol. I, part 2, Tel-Aviv 1977.

Brocke, Michael (Hrsg.): Beter und Rebellen. Aus 1000 Jahren Judentum in Polen, Frankfurt/Main. 1983.

Brocke, Michael / Jochum, Herbert (Hrsg.)Wolkensäule und Feuerschein, Jüdische Theologie des Holocaust, Gütersloh 1993.

Chiari, Bernhard: Alltag hinter der Front. Besatzung, Kollaboration und Widerstand in Weißrussland 1941-1944, Düsseldorf 1998.

Digitale Bibliothek Band 20: Der Prozeß gegen die Hauptkriegsverbrecher vor dem Internationalen Gerichtshof Nürnberg 14. November 1945 - 1. Oktober 1946. Amtlicher Wortlaut in deutscher Sprache, Nürnberg 1947.

Edelheit, Hershel / Edelheit, Abraham J.: A World In Turmoil.

An integrated Chronology of the Holocaust and World War II, New York, London 1991.
Ehrenburg, Ilja / Grossman, Wassili: Das Schwarzbuch. Der Genozid an den sowjetischen Juden, Reinbek 1995.
Eisenstein, Miriam: Jewish Schools in Poland 1919 - 1939, New York 1950.
Encyclopaedia Judaica: 16 Bände, Jerusalem 1973.
Encyclopedia of Jewish History: Oxford 1986.
Encyclopedia of Zionism and Israel: 2 Bände, New York 1971.
Enzyklopädie des Holocaust: Die Verfolgung und Ermordung der europäischen Juden. 4 Bände. Herausgeber der deutschen Ausgabe: Eberhard Jäckel, Peter Longerich, Julius H. Schoeps, München 1995.
Enzyklopädie des Nationalsozialismus: Herausgegeben von Wolfgang Benz, Hermann Graml und Hermann Weiß, München 1998.
Europa unterm Hakenkreuz. Die faschistische Okkupationspolitik in den zeitweilig besetzten Gebieten der Sowjetunion (1941-1944), Berlin 1991.
Fuks, Marian / Hoffman, Zygmunt / Horn, Maurycy / Tomaszewski, Jerzy: Polnische Juden, Geschichte und Kultur, Verlag Interpress.
Gerlach, Christian: Kalkulierte Morde. Die deutsche Wirtschafts- und Vernichtungspolitik in Weißrussland 1941 bis 1944, Hamburg 1999.
Gilbert, Martin: Endlösung. Die Vertreibung und Vernichtung der Juden. Ein Atlas, Reinbek 1982.
Goldhagen, Daniel Jonah: Hitlers willige Vollstrecker. Ganz gewöhnliche Deutsche und der Holocaust, Berlin 1996.
Gross, Jan: Und wehe, du hoffst ... Die Sowjetisierung Ostpolens nach dem Hitler-Stalin-Pakt 1939-1941, Freiburg 1988.
Halter, Marek: Auf der Suche nach den 36 Gerechten, München 1997.
Hamburger Institut für Sozialforschung (Hrsg.): Vernichtungskrieg. Verbrechen der Wehrmacht 1941 bis 1944, Ausstellungskatalog, Hamburg 1997.
Hass, Gerhard: 23. August 1939. Der Hitler-Stalin-Pakt. Dokumentation, Berlin 1990.
Heinsohn, Gunnar: Lexikon der Völkermorde, Reinbek bei Hamburg 1998.

Herbert, Ulrich (Hrsg.): Nationalsozialistische Vernichtungspolitik 1939-1945, Frankfurt am Main 1998.
Hilberg, Raul: Die Vernichtung der europäischen Juden. 3 Bände, Frankfurt am Main 1997.
Hilberg, Raul: Täter, Opfer, Zuschauer. Die Vernichtung der Juden 1933-1945. Frankfurt am Main 1992.
Katzenelson, Jizchak: Oh, Mein Volk! Mein Volk ... Aufzeichnungen aus dem Internierungslager Vittel, Berlin 1999.
Klee, Ernst / Dreßen, Willi: »Gott mit uns« Der deutsche Vernichtungskrieg im Osten 1939-1945, Frankfurt am Main 1989.
Klein, Peter (Hrsg.): Die Einsatzgruppen in der Sowjetunion 1941/42. Die Tätigkeits- und Lageberichte des Chefs der Sicherheitspolizei und des SD, Gedenkstätte und Bildungsstätte Haus der Wannsee-Konferenz, Band 6, Berlin 1997.
Kohl, Paul: Der Krieg der deutschen Wehrmacht und der Polizei 1941-1944. Sowjetische Überlebende berichten, Frankfurt am Main 1995.
Krausnick, Helmut: Hitlers Einsatzgruppen. Die Truppen des Weltanschauungskrieges 1938-1942, Frankfurt am Main 1993.
Leben im Russischen Schtetl. Auf den Spuren von An-Ski. Katalog zu einer Ausstellung in Zusammenarbeit mit dem Joods Historisch Museum Amsterdam 1993.
Longerich, Peter: Politik der Vernichtung. Eine Gesamtdarstellung der nationalsozialistischen Judenverfolgung, München 1998.
Lötzsch, Ronald: Jiddisches Wörterbuch (Duden), Mannheim 1992.
Lustiger, Arno: Zum Kampf auf Leben und Tod! Vom Widerstand der Juden 1933-1945, München 1997.
Maier, Johann / Schäfer, Peter: Kleines Lexikon des Judentums, Stuttgart 1981.
Meyers Grosses Taschen-Lexikon in 24 Bänden, Mannheim, Wien, Zürich 1983.
Mirek, Erich: Enthüllung faschistischer Grausamkeiten. Abgedruckt in: »In den Wäldern Belorußlands. Erinnerungen sowjetischer Partisanen und deutscher Antifaschisten«, Berlin 1984.
Niezabitowska, Malgorzata / Tomaszewski, Tomasz: Die letzten Juden in Polen, Schaffhausen 1987.
Petri, Walther: Auf unabänderlichen Gründen. Lyrik, Graphik, Prosa, Berlin und Weimar 1989.

Projektgruppe Belarus im Jugendclub Courage Köln e.V. (Hrsg.): Dann kam die deutsche Macht. Weißrussische Kinderhäftlinge in deutschen Konzentrationslagern 1941 - 1945, Köln 1999.
Rabinowitsch, Wolf Zeev: Studies in Pińsk Jewry, Haifa 1983.
Rahe, Thomas: »Höre Israel« Jüdische Religiosität in nationalsozialistischen Konzentrationslagern, Göttingen 1999.
Reitlinger, Gerald: Die Endlösung, Hitlers Versuch der Ausrottung der Juden Europas 1939-1945, Berlin 1992.
Rosenblat, E. / Elenskaja, Irina: Pińsker Juden 1939 - 1944 (russisch), Brester Regierungsuniversität 1997.
Sakowska, Ruta: Die zweite Etappe ist der Tod. NS-Ausrottungspolitik gegen die polnischen Juden, gesehen mit den Augen der Opfer, Gedenkstätte Haus der Wannsee-Konferenz, Band 3, Berlin 1993.
Scheffler, Wolfgang: Judenverfolgung im Dritten Reich. 1933 - 1945, Berlin 1960.
Schulman, Faye: Die Schreie meines Volkes in mir, München 1998.
Shirer, William L.: Aufstieg und Fall des Dritten Reiches, 2 Bände, München/Zürich 1966.
Ueberschär, Gerd R. / Wette, Wolfram (Hrsg.): Der deutsche Überfall auf die Sowjetunion. »Unternehmen Barbarossa« 1941, Frankfurt am Main 1999.
Vishniac, Roman: Verschwundene Welt, München 1996.
Wiehn, Erhard Roy: Die Schoáh von Babij Jar. Das Massaker deutscher Sonderkommandos an der jüdischen Bevölkerung von Kiew 1941 fünfzig Jahre danach zum Gedenken, Konstanz 1991.
Wiesenthal, Simon: Jeder Tag ein Gedenktag. Chronik Jüdischen Leidens, Gerlingen 1989.
Zabarko, Boris (Hrsg.): Wir sind die Einzigen, die überlebt haben, Zeitzeugenberichte und Dokumente (russisch), Kiew 1999.
Zingel, Marianne: Jüdischer Glaube Jüdisches Leben. Zur Ausstellung in Mainz, Haus am Dom, vom 3. bis 26. Juni 1998, Göttingen/Mainz 1998.

Nichtveröffentlichte Quellen

Urteil Landgericht Frankfurt gegen Kuhr u.a. 4 Ks 1/71 (Yad Vashem TR-10/786).

Inhalt

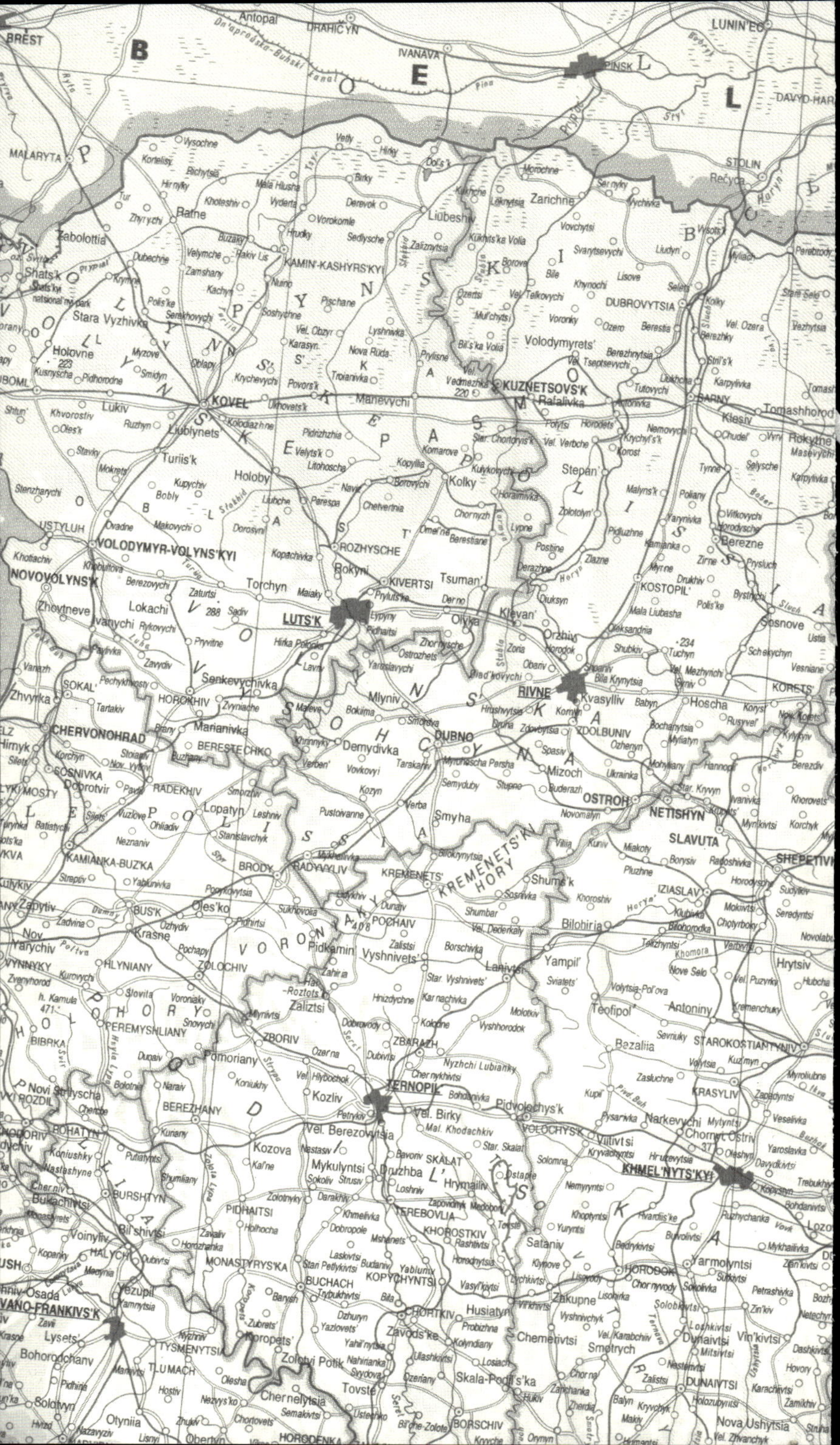

BREST
Antopal
DRAHIČYN
IVANAVA
PINSK
LUNIN'EC
DAVYD-HAR
B
E
L
MALARYTA
STOLIN
Rečyca
Zabolottia
Ratne
Shats'k
KAMIN'-KASHYRS'KYI
Liubeshiv
Zarichne
DUBROVYTSIA
Volodymyrets'
Stara Vyzhivka
Holovne
KOVEL
Manevychi
KUZNETSOVS'K
Rafalivka
SARNY
Tomashhorod
Klesiv
Rokytne
Liublynets'
Lukiv
Turiis'k
Holoby
Kolky
Stepan'
USTYLUH
VOLODYMYR-VOLYNS'KYI
NOVOVOLYNS'K
ROZHYSCHE
KIVERTSI
Tsuman'
Berezne
Torchyn
KOSTOPIL'
Zhovtneve
Lokachi
LUTS'K
Olyka
Klevan'
Sosnove
Ivanychi
Tuchyn
SOKAL'
Zhvyrka
Senkevychivka
HOROKHIV
Mlyniv
RIVNE
Kvasylliv
Hoscha
KORETS'
CHERVONOHRAD
Marianivka
BERESTECHKO
Demydivka
DUBNO
ZDOLBUNIV
Mizoch
RADEKHIV
OSTROH
NETISHYN
Lopatyn
Smyha
SLAVUTA
KAMIANKA-BUZ'KA
BRODY
RADYVYLIV
KREMENETS'
KREMENETS'KI HORY
Shums'k
SHEPETIVKA
IZIASLAV
BUS'K
Oles'ko
POCHAIV
Bilohiria
Krasne
Pidkamin'
Vyshnivets'
Yampil'
Hrytsiv
ZOLOCHIV
Lanivtsi
Zaliztsi
Teofipol'
Antoniny
PEREMYSHLIANY
ZBORIV
ZBARAZH
Bazaliia
STAROKOSTIANTYNIV
BIBRKA
Pomoriany
TERNOPIL'
Kozliv
Pidvolochys'k
KRASYLIV
BEREZHANY
ROHATYN
Vel. Birky
Vel. Berezovytsia
VOLOCHYS'K
Narkevychi
Kozova
Mykulyntsi
SKALAT
KHMEL'NYTS'KYI
Druzhba
Hrymailiv
BURSHTYN
PIDHAITSI
TEREBOVLIA
Bil'shivtsi
KHOROSTKIV
Sataniv
Yarmolyntsi
HALYCH
MONASTYRYS'KA
BUCHACH
KOPYCHYNTSI
HORODOK
Yezupil'
Zakupne
IVANO-FRANKIVS'K
CHORTKIV
Husiatyn
Lysets'
TYSMENYTSIA
Zavods'ke
Chemerivtsi
Smotrych
Dunaivtsi
Vin'kivtsi
Bohorodchany
TLUMACH
Koropets'
Zolotyi Potik
Skala-Podil's'ka
DUNAIVTSI
Solotvyn
Chernelytsia
Tovste
Olyniia
BORSCHIV
Nova Ushytsia
HORODENKA